교실밖 아이들
책으로 만나다

교실밖 아이들
책으로 만나다

고정원 지음 | 조혜원 그림

리더스가이드

관심과 진정성이 답이다

김경연

저자인 고정원 선생을 만난 것은 경기대학교 문화예술대학원 독서지도학과 수업에서입니다. 첫 시간에 자기소개를 하는데, 중학교 복지실에서 근무하고 있고 아이들과 책을 통해 만나고 있다고 했습니다. 대부분의 다른 수강생들처럼 이른바 사교육의 장에서 활동하고 있을 거라고 생각했던 터라 뜻밖이면서도 특별히 반가웠습니다. 특별히 반가웠던 이유는 크게 두 가지였습니다. 하나는 독서 지도가 학부모의 경제력에 맡겨져야 하는 현실에 대해서 대단히 안타깝게 여기고 있던 차, 공교육 현장에서 책을 통해 아이들을 만나는 이를 만났기 때문입니다. 또 하나는 그 아이들이 공교육 현장에서 소외된 아이들이었기 때문입니다.

원론적으로 독서란 개개인의 사적인 활동이며, 여기서 출발해야 자발적 독서의 즐거움을 아는 평생 독자의 길로 들어설 수 있습니다. 독서 지도란 바로 자발적 독서의 즐거움을 알아 가도록 도와주는 것이어야 합니다. 특히 독서 경험이 부족한 독자의 경우에는 그런 매개자의 역할이 매우 중요합니다. 그래서 독서 지도에 대한 고민도 시작되는 것이고요. 말하자면 필독서를 선정하고 읽은 내용을 평가하는 것이 독서 지도는 아닌 것입니다. 그리고 그 평가를 대학 입학과 연계시키는 것은 더더욱 문제입니다. 괴로운 독서를 조장할 뿐만 아니라 길게 보면 자신의 정신적 탐험까지도 통제에 길들여지도록 만들 수 있으니까요.

　다른 한편 독서 지도와 대학 입학의 연계는 대학에 진학하지 않을 아이들을 철저히 소외시킵니다. 그리고 그런 아이들은 이 책에서도 드러나듯이 대부분 독서 환경과는 거리가 먼 환경에서 생활하고 있습니다. 그런 아이들이야말로 가장 절박하게 독서 지도가 필요한데도 말이지요. 많은 도서관의 독서 프로그램 역시 이들에 대한 고려는 거의 없다시피 합니다. 그것도 이해할 만한 일인 것이, 그들을 도서관으로 안내할 기회가 없다면 프로그램이 무슨 의미가 있을까요. 하지만 이 책은 현실을 개탄하고만 있을 필요는 없다는 것을 보여 줍니다. 물론 다 아이들을 책으로 이끌고, 그리하여 삶의 방향을 바꾸도록 도와주는 데 성공적이었던 것은 아닙니다. 바로 이렇게 실패와 문제점까지 진솔하게 다 보여 주고 있다는 것이 이 책의 미덕 가운데 하나입니다. 그러나 가장 큰 미덕은 바로 관심과 진정성만이 아이를 책과 만나게 하는 답임을 다시 한 번 확인시키는 것입니다. 이 점에서 이 책이 독서 지도를 고민하는 많은 이들에게 좋은 자극이 되었으면 좋겠습니다.

김경연 어린이·청소년문학 평론가. 어린이책 번역가. 옮긴 책으로는 『책 먹는 여우』, 『왕도둑 호첸플로츠』, 『행복한 청소부』, 『노란 기사의 비밀』, 『보름달의 전설』, 『완역 그림동화집』, 『바람이 멈출 때』, 『브루노를 위한 책』, 『여왕 기젤라』 등이 있다. 평론집으로 『우리들의 타화상』이 있다. 경기대학교와 중앙대학교에서 어린이·청소년문학을 강의하고 있다.

| 목차 |

추천사_김경연   4

프롤로그   10

1. 변화하는 아이들

학교를 다니지 않는 경진이의 책 읽기   16
  – 사진집으로 책과 친해지기

아빠의 짐까지 짊어지고 사는 기태   26
  – 책을 통해 아빠에게 한발 다가가기

불안한 가정 속에서 고통받는 정민이   34
  – 부모가 준 상처의 치유를 돕는 책

지적 장애 영만이의 30년 후 이야기   44
  – 북아트로 꿈 표현해 보기

자살을 시도한 진숙이가 선택한 꿈   56
  – 생을 끝내고 싶은 아이에게 권하는 죽음과 관련된 책

북한에서 온 윤주   66
  – 울지 않던 아이를 울리는 책

2. 꿈을 찾는 아이들

엄마가 그립기 때문에 미워하는 아이   78
  – 사랑받지 못한다는 상처를 보듬어 주는 책

교사와 싸우고 자퇴서를 던진 창석이　　　　　　　　88
－ 선생님을 이해할 수 있도록 돕는 책

요리사의 꿈을 찾은 성훈이　　　　　　　　96
－ 꿈을 상상하게 하는 책

엄마 노릇이 부담스러운 진희　　　　　　　　104
－ 자신감을 키워 주는 책

내 책을 가져다 꿈을 키우는 성아　　　　　　　　112
－ 아이들과 함께하는 책꽂이 속의 책

빨간 풍선 친구들과 함께 떠나고픈 은희　　　　　　　　120
－ 또래끼리만 사는 세계를 다루는 책

3. 책과 대화하고 싶은 아이들
책 속에 숨은 아이　　　　　　　　132
－ 책 속에 숨은 아이를 현실로 이끌어 내는 책

왕따를 넘어선 공연　　　　　　　　142
－ 무대에 설 수 있는 기회를 주는 책

외로워 둘만 붙어 다니는 아이들   148
– 친구 문제를 고민하는 아이들에게 권하는 책

악몽으로 고통받는 아이   158
– 나만의 책 만들기

우울증으로 극단적 선택을 한 은영이   168
– 책 만들기를 할 때 따라 하기 좋은 책

가정 폭력으로 심하게 삐뚤어진 희주   176
– 주인공의 상황에 마음껏 가슴 아파할 수 있는 책

4. 소통하고 싶은 아이들

엄마 잃은 슬픔을 뒤늦게 겪는 태경이   188
– 등장인물에게 감정 이입이 쉽게 되는 책

뿌리를 잃고 흔들리는 아이   198
– 자연이 아름답게 그려진 책

10년이 넘게 만난 '문제아'   206
– 주위가 만든 문제아에게 주고 싶은 책

비행을 막 시작한 소연이   214
– 장애인 이해를 돕는 책

외계인 명호의 지구 적응기   220
– 징검다리가 될 수 있는 만화책

성 정체성이 조금 다른 아이   230
– 성 정체성에 대한 이야기를 할 수 있게 해 주는 책

너무나도 작아 안쓰러운 민혁이   242
– 외톨이가 된 아이들에게 선물하기 좋은 책

아버지에게서 떼어 내야 했던 아이   250
– 자신의 몸을 지키도록 도와주는 책

가슴에 묻어야만 하는 창훈이   256

에필로그   266
본문에 나오는 책들   268

스무 살, 처음 아이들을 만났습니다. 빈민 지역 공부방에서 자원봉사를 했습니다. 다른 자원봉사자들은 아이들과 함께 할 수 있는 장기가 많았습니다. 저는 내세울 만한 장기가 없었습니다. 하지만 아이들을 만나다 보니, 아이들이 제가 책 이야기하는 것에 빠져든다는 것을 알았습니다. 그때부터 아이들과 함께 책 읽기를 시작했습니다. 경제적으로는 무척 어려웠지만 순수함 자체인 아이들은, 늘 저와 함께 책 세상을 여행했습니다. 어느 날 아이들이 제게 "선생님은 언제 그만두실 거예요?"라고 물었습니다. '내가 싫어서 그런가' 생각하며, 참 많이 서운했습니다. 그런데 알고 봤더니, 제가 금세 떠날까 그렇게 물은 것이었습니다. 자원봉사자들이 워낙 자주 바뀌었다고 하면서요. 아이들은 제게 '제발 그만두지 말라'고 부탁 또 부탁을 하더라고요. 그래서 모두에게 새끼손가락 걸며 약속했어요. '오래 오래 곁에 있겠다'고 말이죠.

대학을 졸업하고 잠시 강남의 독서 지도 학원에서 일을 했습니다. 경제적으로 넉넉하고 공부도 잘하는 아이들과 책으로 만나는 재미가 나름 있었습니다. 하지만 50평 아파트가 기본이라고 생각하는 아이들을 만나면서, 왜 책 읽기 교육을 가진 사람들만 받아야 하는지 의문이 생겼습니다. 독서 교육에 대한 공교육의 문제점에 대해 고민이 시작됐습니다. 처음 만나던 아이들에 대한 그

10

리움과 갈증이 더욱 커져 갔습니다. 그 애들과의 약속을 꼭 지키고 싶었습니다. 다시 그 아이들을 만나기 위해, 대안학교에서 말과 글에 대한 수업을 시작했습니다.

　'지역사회교육전문가*'라는 직책으로 일을 한 지 7년이 넘어서고 있습니다. 어느 덧 지금 일하는 학교가 세 번째입니다. 학교 안에 '교육복지실' 혹은 '도서관'에 자리를 마련해 아이들을 만났습니다. 그렇다고 7년 내내 학교에서만 일을 한 것은 아닙니다. '교육지원센터 위기지원팀**' 소속으로 학교 밖의 아이들도 만났습니다. 아이들은 저를 만나면 항상 묻습니다. 무슨 과목, 몇 학년 담임인지? 담당 과목도 없고 담임도 아니라고 하면, 뭘 하는 선생님이냐고 다시 묻습니다. 뭐라고 답을 해야 할까요? 상담사도 아닌데 상담하고, 교사도 아닌데 가끔 수업에 들어가고, 사회복지사도 아닌데 가정방문도 하고 복지기관과 함께 일을 합니다. 확실한 것은 아이들 곁에 언제나 제가 있다는 것입니다. 아이들과 만나는 많은 방법 가운데 저는 책을 선택했습니다. 책을 가지고 하는 것은 무엇이든 자신이 있었습니다. 독서 신문, 북아트(책 만들기), (책 내용을 각색한) 연극, 표지 그림만 보고 상상하기, 책 읽어 주기 자원봉사⋯⋯. 책으로 할 수 있는 것은 무궁무진합니다. 아이들의 상상력도 무궁무진합니다. 그리고 그 아이들이 하고 싶은 이야기도, 털어 버리고 싶은 고민도 마찬가지입니다.

중학교 무렵의 아이들에게 관심을 가진 적이 있나요? 이 시기는 친구를 위해 목숨까지 바칠 기세로 똘똘 뭉쳐 있고, 소속에서 따돌림을 당할지도 모른다는 불안감에 어쩔 줄을 몰라 합니다. 친구 사귀는 법을 눈여겨본 적이 있나요? 이 아이들은 친구를 통해 소개받는 방식을 가장 믿습니다. 친구에게 한번 믿음을 주면, 그 친구의 친구에게까지 마음을 활짝 엽니다. 그래서 저도 아이들과 마음을 트면, 책이라는 좋은 친구들을 기꺼이 아이들에게 소개해 줍니다. 어쩌면 책이라는 특별한 친구를 소개하기 위해, 아이들에게 더욱 다가가기 위해 애쓰는지도 모릅니다. 선생님이라는 이름으로 아이를 고치려고 하기보다, 친구로서 아이의 고민과 상처를 있는 그대로 들어 주고, 함께 아파하려 합니다. 그리고 100%는 아니지만, 그 상처를 치유하는 데 책이 도움이 된다고 생각합니다.

'너니까…….' 이런 말을 많이 듣습니다. 저를 만나 바뀌는 아이들이 놀랍다며, 주위에서 하는 말입니다. 저는 그저 운이 좋았을 뿐입니다. 교실에 적응 못하는 아이들도 마음속에는 '자신을 바꾸고 싶다'는 생각을 하고 있습니다. 이 아이들의 마음을 열고 함께 이야기 나눌 책들도 있습니다. 저는 이 둘이 만나도록 길잡이를 했을 뿐입니다. 신기하지만 사실입니다. 간절히 바라는 아이들의 마음 때문이겠지요.

처음 아이들에 대한 글을 써 보지 않겠냐는 제의를 받았을 때 많이 망설였습니다. 혹시 아이들이 이 글을 보고, 겨우 아문 상처가 덧나지 않을지 걱정됐습니다. 그리고 아이들의 과거가 주변 사람들에게 알려질까 두려웠습니다. 하지만 제가 아이들과 만나면서 얻은 희망을, 다른 사람들과 나누고 싶어졌습니다. 만난 아이들 모두가 좋은 결과를 보인 것은 아니지만, 변하려고 애쓰는 과정 자체에서 희망을 봤습니다. 그리고 피해자이면서 가해자이기도 한 어른들에게 아이들을 위한 변명을 해 주고 싶었습니다. 온전히 아이들 잘못이 아니라고 말이지요. 이렇게 아픈데도 열심히 살려고 애쓰고 있다고 말이지요. 모쪼록 이 책이 아이들의 목소리에 조금 더 귀를 기울일 수 있는 징검다리가 되었으면 합니다.

*지역사회교육전문가 저소득 지역 내 교육복지투자우선지역지원사업으로 선정된 초·중학교에서 가정·학교·지역사회 연계를 통해 교육취약집단 학생들의 건전한 성장을 도모하기 위해 교육·복지·문화 프로그램을 기획하고, 진행하기 위하여 일선 학교에 배치된 민간 전문 인력.
**교육지원센터 위기지원팀 교육복지투자우선지역지원사업을 진행하던 중 학생들의 위기지원에 대한 심각성을 인식하여 민간투자를 받아 지역에서 만든 비영리센터.

변화하는 아이들

학교를 다니지 않는 경진이의 책 읽기
아빠의 짐까지 짊어지고 사는 기태
불안한 가정 속에서 고통받는 정민이
지적 장애 영만이의 30년 후 이야기
자살을 시도한 진숙이가 선택한 꿈
북한에서 온 윤주

학교를 다니지 않는 경진이의 책 읽기

한 달째 가출 중이라고 했다. 그렇게 지낼 수 있는 것이 놀랍기만 하다. 보통 아파트 옥상이나 공원에서 자는데, 지나가는 아이들에게 빼앗은 돈으로 찜질방이나 PC방에서 자기도 한다. 가끔 집에 아무도 없을 때 들어가 씻고 옷을 갈아입기도 하니 100% 가출은 아니다.

경진이를 만난 것은 교육지원센터 위기지원팀에 있을 때다. 당시 위기 상황에 있는 아이들을 일주일에 한 번 만나 상담하는 것이 일이었다. 나에게 소개한 경진이 친구는 학교에서 가장 싸움을 잘하는 아이라고 했다. 180cm가 훌쩍 넘는 키에 50kg이 약간 넘는 무척이나 마른 아이. 처음 만났을 때는 말의 80%가 욕이었다. 하지만 막상 만나 보니 그렇게 무서워 보이지는 않았다. 말투는 거칠었지만 인상은 좋았다. 우스갯소리도 곧잘 하고 귀여운 웃음도 때때로 지었다.

경진이는 중학교 졸업식을 몇 달 남기고 유예(중학교가 의무 교육이 된 이후 퇴학이 없어졌다. 장기 결석이나 등교 정지 등으로 학교에 등교하지 않는 날이 출석의 1/3이 넘으면 다음 학년으로 올라갈 수 없다)가 돼, 학교에 다니지 않는 친구들과 어울려 지냈다. 가출한 아이들을 따라 경진이도 집을 나왔다. 따로 사는 엄마가 해마다 내년에는 같이 살자고 해 놓고는 몇 년째 약속을 지키지 않는다고 했다. 엄마가 없는 집의 외로움을 친구들과의 어울림으로 채우려고 하는 듯했다.

가출한 아이들을 만나려면 밤을 어디서 보내는지 알아야 한다. 그러다 보니 아이들이 주로 다니는 동네의 찜질방은 다 가게 된다. 교육지원센터에서 꽤 떨어진 경진이 친구네 집을 찾아간 적도 있다. 아이를 찾아다니는 것은 쉽지 않았지만 감수할 수 있었다. 시간이 갈수록 경진이가 마음의 문을 조금씩 열었다.

경진이에게 학교를 다니지 않는 아이들과 함께하는 책 읽기 모임을 제안했다. 어떤 명확한 결과를 기대하기보다 아이들과 함께 책을 읽으며 함께 이야기를 나눠 보면 좋을 듯했다. '르네21'에서 만든 청소년들에게 인문학을 알리는 프로그램의 홍보물 '동네북'을 건네줬다. 경진이

학교를 다니지 않는 아이들을 위하여 준비한 인문학 교실 안내문. '독서대학 르네21'에서 독서 전문강사와 프로그램을 지원하고, '교육지원센터 나란히'에서 프로그램 진행을 함께 하였다. 새로운 청소년 프로그램을 기획하고 진행하기 위해서는 어른들의 많은 시간과 노력이 필요하다.

는 심심한데 잘됐다며 흔쾌히 수락했다.

책을 읽기 위한 준비 1

첫 모임에 친구 하나를 데리고 왔다. 학교에 다니고 있는 착실한 친구라고 소개했다. 방학이 이제 막 끝나 가고 있었는데, 그 친구는 방학 숙제로 고민하고 있었다. 사진전을 보고 보고서를 써야 하는데 어디를 가야 할지 모른다고 했다. 본격적으로 인문학 책 읽기를 하기 전에 교양도 쌓을 겸 함께 찾아가기로 했다. 마침 '매그넘코리아' 전시회가 열리고 있었다.

전시회는 많은 사람들로 북적였지만 아이들의 흥미를 끌지는 못했다. 몇 시간도 모자랄 텐데, 관람 시간이 채 30분도 되지 않았다. 비싼 입장료를 생각해서 본전이라도 뽑을 요량으로 쫓아다니며 설명을 했지만, 듣는 둥 마는 둥이었다.

방법을 조금 바꿔 보기로 했다. 외국 보도 사진 작가들이 우리들과는 다른 시선으로 우리 사회의 풍경을 담은 것이니 사진을 통해 평상시 익숙한 것을 낯설게 보면 어떻겠냐고 제안했다. 그랬더니 재미있는 표정으로 사진 찍기 놀이를 시작했다. 신바람이 나서 사진을 찍는 아이들의 모습을 보니, 마음이 풀렸다.

다음 날 모임에 또 한 명의 친구를 데리고 왔다. 매그넘코리아전 리플릿을 가지고 책을 만들어 보기로 했다. 리플릿에 실린 사진에 대한 느낌도 쓰고 제목도 다시 붙였다. 사진에 대한 나름대로의 해설도 넣었다. 숙제라면 죽어라고 싫어할 아이들이, 즐겁게 작업을 했다. 아이들이 찍은 엉뚱하고 엽기적인 사진도 포함시켰다. "이게 익숙한 것을 새롭게 보는 거 맞죠?"라며 새로운 시각의 사진집을 성의껏 만들려고 열성이었다. 나름대로 멋진 사진 작품집이 탄생했다.

아이들은 학교도 안 다니는데 숙제를 했다며 뿌듯해했다. 숙제도 할 만하다며 웃는다. 학교 다닐 때 이렇게 열심히 했으면 좋았을 텐데, 숙제는 한 번도 해 본 적이 없다며 아리송한 표정을 지었다. 사진집에 대해 더 이야기해 볼 생각으로 『Friendship』이라는 사진집을 꺼내 보여 줬다. 세계 유명 작가들의 사진집이다. 우정을 주제로 한 다양한 사진을 보며 자신들도 이런 사진을 찍을 수 있을 것 같다고 했다.

아이들에게 친구는 서로 없으면 안 되는 존재다. 누군가 비뚤어지면, 흔히 주변 사람들은 그것이 친구 탓이라고 주장한다. 하지만 아이들은 차라리 자신을 욕하라고 한다. 친구를 욕하는 것은 참지를 못한다. 누군가 가출하면 같이 가출해서 외롭지 않게 함께 잠을 자 주는 것이 우정이고, 옳고 그름을 떠나 함께하는 것이 진정한 의리라고 생각한다.

이 아이들을 있는 그대로 받아들이려 노력했다. 오토바이 타는 것, 아이들 돈을 빼앗는 것, 집에 들어가지 않는 것, 담배 피우고 술 마시는 것……. 안 되는 것이 산더미 같았지만 섣불리 고치려 들지 않았다. 이 친구들 속에 들어가기 위해 노력했다. 틈틈이 새로운 세상이 있다는 것을 알려 주려 노력했다.

아이들은 나를 만나서 어느 정도 친해지면 문자와 사진으로 자신의 근황을 알려 준다. 경진이가 찍어서 보여 준 사진은 그 당시 지내고 있던 친구 집 사진이다. 돌봐 주는 어른이 없이 아이들이 드나드는 작은 아파트가 쓰레기로 가득 차 있다.

책을 읽기 위한 준비 2

다음 주에 간 곳은 서울 근교의 계곡이었다. 계곡이라고 하기에는 너무 작고 볼품없었지만, 아이들은 흥분했다. 가재를 잡아 준다고 계곡물에 뛰어들었다. 옷이 젖는 것에는 아랑곳하지 않고 물장난을 했다. 아이들은 역시 아이들이었다. 갈 곳이 없어 방황하고 다른 아이들의 돈을 빼앗아 놀 곳을 찾아다니던 도시 아이들의 모습이 아니었다. 지나가다 만나면 피하고 싶은 아이들이 아니라, 정말 순진무구한 아이들의 모습이었다. 더운 날씨였지만 정말 신 나게 놀았다. 가재도 세 마리나 잡았다. 놔주라는 것을 엄마 보여 준다며 들고 온 녀석도 있었다.

도시는 아이들에게 돈이 없으면 놀 수 없는 곳이다. 만나면 아이들은 서로 돈이 있는지를 묻고, 얼마 있는지에 따라 다음 스케줄을 정한다. 계곡에서는 그럴 필요가 없었다. PC방처럼 돈 때문에 남은 시간을 확인하지 않아도 좋았다. 공원에서 지나가는 사람들의 손가락질을 받지 않아도 됐다. 아이들에게는 자신이 살던 삶과 다른 삶이 존재하는 것들을 느끼게 해 줄 필요가 있다. 골목길 같던 평상시 삶과는 다른 자연 속에서 아이들은 막연하게나마 순수한 마음을 되찾아 가고 있었다.

다음번에는 박물관을 가자고 제안했다. 그러자 반응들이 심드렁했다.

동네 근처 계곡에서 잡은 가재 세 마리. 이것을 잡는 데 두 시간이나 걸린 것 같다. 나는 서울 시내 계곡에서 가재를 잡고 놀 수 있다는 것에, 아이들은 서울 시내에 돈 쓰지 않고 두 시간을 놀 수 있는 곳이 있다는 것에 신기해했다.

재미있는 박물관이 어디 있느냐는 눈치다. 그래서 함께 찾아본 곳이 '아프리카예술문화원'이었다. 왠지 아이들의 원시성과 어울릴 것 같았다. 식인종도 있느냐며 농담을 하기에, 아프리카에 대해 물으니 미국 옆에 있다는 둥, 벌거벗고 산다는 둥 엉뚱한 이야기들만 늘어놓았다.

아프리카예술문화원은 산속에 있고 근처에 건물도 없어서 공기가 맑고 풍경이 좋았다. 평일 낮 시간이어서 사람이 거의 없었는데 각종 전시물들이 좀 무섭게 보이기도 했다. 아이들은 매그넘코리아전과 비교할 수 없을 정도로 '열심히' 관람했다. 남성의 성기와 여성의 가슴을 조각해 놓은 작품들 사진을 찍었다. 문화원을 나올 때는 아이들은 정말 교양인이 된 것 같다며 너스레를 떨었다.

이런 과정 속에서 아이들은 유쾌해했으며 만날 때마다 웃음꽃이 피었다. 아이들이 인문학 수업을 위한 마음의 준비가 끝난 듯싶었다. 본격적인 책 읽기로 들어갈 차례였다.

학교를 떠난 아이들에게 섣불리 책을 권하면 반발을 사기 쉽다. 일단 아이들에게 먼저 다가가야 한다. 그리고 서로에 대한 신뢰감이 생길 때, 책 읽기도 즐거운 만남의 일부라는 것을 서서히 일깨워 줘야 한다. 책을 활용한 여러 가지를 만들어 흥미를 유발하고, 어느 정도 관계가 형성된 후 책으로 본격적으로 들어가는 방법이 좋다.

알에서 태어나고 싶은 경진이

인문학 책을 읽고 토론하는 수업은 다른 선생님이 맡기로 했다. 아이들을 챙기고 수업을 정리하는 것은 내 몫이었다. 첫 시간은 바로 『세계의 위대한 인물 사전』이었다. 아이들이 좋아할 책은 아닌 것 같았지만, 아이들은 책을 받고 좋아했다.

"책표지가 폼 나는데 이거 들고 가면 대학생으로 보이지 않냐? 담배

뚫리겠어(살 수 있겠다는 의미의 속어)."

"근데 이 책 뭐냐? 우리나라 사람은 하나도 없잖아. 우리나라에는 위인이 없는 거야?"

"어디 봐. 여기 있잖아. 공자, 맹자……."

"바보! 그건 중국 사람이잖아. 아, 여기 있네. 석가모니. 자기 성을 부를 때 이가, 박가 이런 것처럼 석가라고 부르는 거야."

"으그……. 그럼 부처님 이름이 석모니냐? 경진이 너 무식해도 너무 무식한 거 아니야?"

"창석이 너 잘났다."

수업을 시작했다. 평소 수업을 잘 안 듣던 아이들이라 그런지 무척 어색해했다. 하지만 나름대로 성의 있는 모습을 보였다. 수업이 끝나고, 학교 다닐 때보다는 백배는 열심히 수업에 참여했다고 스스로 대견해했다. 수업이 끝나고도 책을 보며 누가 더 많이 아는지 서로 묻고 답하며 내기를 했다. 문득 경진이가 어떤 역사적 인물을 닮고 싶은지 궁금했다.

"경진이 너는 역사적 인물이 된다면 누가 되고 싶어?"

"박혁거세요."

"왜? 나라를 세우고 싶은 거야?"

"아니요. 알에서 태어나고 싶어요. 부모, 가족 같은 거 다 끊어 버리고 살고 싶어요."

갑자기 숙연해졌다. 항상 웃고 떠들며 만나다가 이런 이야기가 나오니 어색했다. 하지만 경진이는 아랑곳하지 않고 이야기를 이어 갔다. 가족 이야기는 처음이었다.

지금 있는 곳은 외갓집인데, 아파서 거동도 힘든 할아버지와 할머니, 삼촌과 사촌 형 두 명과 같이 산다고 했다. 아빠는 왜 그런지 모르는데 가끔 와서 술주정과 행패만 부리고 간다고 했다. 거의 못 만나지만 중학교 유예 결정이 났을 때, 엄마가 학교에 찾아간 적이 있다고 했다. 그 후에는 경진이가 연락하고 싶을 때가 아니라 엄마가 연락하고 싶을 때만 연락이 됐다. 만날 때마다 엄마는 경진이가 공부도 잘하고 착하게 살고 있으면 함께 살 수 있을 것이라 했다. 하지만 열 평짜리 아파트에는 경진이만의 공간은 없었다. 잠도 좁은 거실의 신발장 옆에서 잤다. 정작 힘든 것은 좁은 공간보다 삼촌이었다. 삼촌은 경진이만 보면 시비를 걸었다. 자면 잔다고, 먹으면 먹는다고 구박도 그런 구박이 없었다……. 삼촌만 없으면 집에 들어갈 수 있을 것 같다고 했다.

경진이는 인문학 수업 한 달 만에, 긴 가출을 끝내고 집으로 들어갔다. 수업 시간에 받은 책도 읽고, 집에 있는 형들의 책도 찾아 읽기 시작했다. 마지막 수업이 가까워졌을 때 경진이가 내게 이런 말을 했다.

"선생님과는 처음 해 보는 것들이 많아요. 그것이 많은 도움이 된 것 같아요. 참, 그리고 우리 파 이름을 정했어요. 교양파!"

경진이는 이듬해 주부들이 많이 다니는 학력 인정 중학교에 편입해서 무사히 졸업했다. 그 후 2년제 고등학교에 입학해 열심히 다니고 있다. 어느 날 나를 보고 싶다며, 내가 근무하는 중학교까지 먼 길을 왔다. 그러고는 사회 수업 시간에 배운 내용을 자랑스레 설명했다. 왠지 그런 경진이의 모습이 훌쩍 커진 듯 보였다.

사진집으로 책과 친해지기

책에 대한 거부감이 많은 아이들의 경우, 사진집을 이용하면 쉽게 이야깃거리를 찾을 수 있다.

여자아이들은 『The Blue Day Book』(브래들리 트레버 그리브 지음, 바다 출판사)에 나오는 귀여운 동물들의 익살스러운 상황과 표정을 보며 즐거워한다. 그리고 자신이 처해 있는 우울한 상황에 대한 이야기를 이끌어 낼 수 있다. 앞서 소개한 『Friendship』(메이브 빈치 지음, 이레) 외에도 『Family』(메이브 빈치 지음, 이레), 『Love』(메이브 빈치 지음, 이레)를 보며 아이들과 이야기를 나눌 수 있다.

『Love』는 누드나 동성연애자의 사진들이 있어서 아이들에게 변태(?)라는 소리를 듣기도 한다. 하지만 아이들은 여러 가지 느낌이 있는 사진들을 볼 수 있는 좋은 기회를 얻는다. 아이들은 사진집의 인물들 표정을 따라 하기도 하며 제법 재미있게 본다. 강렬한 인상의 사진 한 장만 가지고 이야기를 나눠 볼 수도 있다. 어떤 상황인지 추측해 보며 이야기를 만들어 보기도 한다.

『Friendship』에 친구의 죽음을 곁에서 지키고 있는 할머니의 사진이 있는데, 그 사진을 보며 이야기하다가 마치 자신의 친구가 죽은 듯 우는 아이도 있다.

아래의 사진처럼 주제를 정하여 카메라로 사진을 찍어 컬러프린터 출력해서 사진집을 만들게 하면 멋진 작품이 완성된다. 따로 사진을 찍지 않고 자신의 휴대전화에 있는 사진들로만 골라 제목과 작품 해설만 붙여 사진집을 만들어도 재미있다. 작업을 하기 전 사진집을 미리 보여 주고 주제를 주면, 그것을 모방한 재미있는 작품을 만들기도 한다.

학생 작품: 컬러 찰흙으로 만든 '왕따의 이유'

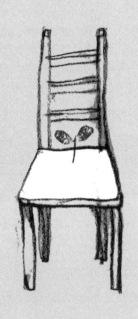

아빠의 짐까지 짊어지고 사는 **기태**

        어른 같은 아이 기태. 중학교 교
육복지실에서 일을 시작한 지 얼마 되지 않아 커다란 아이가 찾아왔다.
덩치는 크고 얼굴은 까만 것이 영락없이 학부모다. 중3인데 얼굴이 너
무 까맣다고 놀렸더니 하루에 담배를 두 갑씩 피우다가 폐 수술을 받은
지 얼마 되지 않아 그렇다며, 진담인지 농담인지 모를 이야기를 했다.
  불량 서클의 일원인데도 아이들은 기태를 무서워하긴 하지만 싫어하
지는 않았다. 좋아하는 여자아이들도 많았다. 알고 보니 모두 아버지가
없는 아이들이었다. 하지만 기태는 좋은 남자 친구는 되지 못했다. 아이
들이 애정 고백을 하면 그냥 장난으로 넘겨 버리며 무시하지만, 계속 잘
해 줘서 포기할 수도 없게 만들었다. 기태가 이성으로 좋아하는 사람들
은 모두 나이 많은 여자 선배들이었다.

기태와는 쉽게 친해졌다. 친해지고 나니 고맙게도 무엇이든 도와주려했다. 시작종이 쳐도 교실로 돌아가지 않는 아이들을 쫓아 주고, 가끔은 아이들에게 그림책을 정말 '재미없게' 읽어 주기도 했다. 새벽에 전화해서 상담해 주라며 방황하는 애를 바꿔 준 적도 있다.

어른의 옷을 입고 있는 어린아이

그러던 어느 날 기태가 사고로 병원에 입원했다. 오토바이를 빌려 타다가 사고가 났다. 오토바이를 운전한 것은 친구지만, 자신이 빌린 거라며 혼자 다 물어 주기로 했다는 이야기를 들었다. 기태다웠다. 하지만 기태네 집도 넉넉한 형편이 아니어서 걱정이 됐다. 괜찮은지 문자를 보냈더니 병문안 오라고 병원의 위치와 병실 번호까지 알려 준다. 심심하니 재미있는 만화책까지 가지고 오라는 부탁도 빼놓지 않았다.

속으로는 이때 책을 읽히면 좋겠다 싶었다. 뼈가 부러져 입원한 경우, 움직이기는 힘들고 시간이 많아 심심해할 것 같았다. 좀체 책을 읽지 않는 기태에게 심심함도 덜고, 책도 읽게 하기 위해 내용과 그림이 좋은 만화책을 골랐다. 퇴근하자마자 병원에 갔다. 병실에 들어가니 기태는 다리에 깁스를 하고 누워 있고, 옆에는 할머니가 앉아 계셨다.

한창 오토바이를 타는 아이들에게는 오토바이가 목숨이다. 사진은 한 아이가 중국집 배달 아르바이트를 해서 모은 돈으로 산 오토바이다. 그냥 지나가는 말로 멋있다고 해 줬더니 알 수 없는 오토바이 관련 용어를 대며 한 시간을 이야기하는 경우도 있었다.

"할머니, 여기 내가 제일 좋아하는 쌤이야. 그리고 쌤, 내가 세상에서 제일 좋아하는 우리 할머니."

"얘기 많이 들었어요. 우리 기태를 예뻐해 주신다고요. 얼마나 고맙던지……. 우리 기태가 아빠 없이 살아도 잘 컸지요……. 얼마나 든든한지 몰라요. 에구…… 주책없이 왜 눈물이 나는지……."

"정말 할머니 주책이네……. 하하하. 쌤 나 매점에 가서 과자 사 주세요. 나 한쪽 다리로도 잘 뛸 수 있어요."

기태와 함께 매점으로 내려갔다. 엘리베이터 기다리기 귀찮다며 한 발로 깡충거리며 계단을 내려간다. 학교에서 볼 때는 어른답다고만 느꼈는데, 병원에서 할머니와 있는 기태를 보니 아빠 옷을 입고 있는 어린 아이라는 느낌이 들었다. 환자복을 입은 모습도 그랬다. 덩치가 커서 어른의 옷을 입었지만, 아직은 누군가의 보살핌이 필요한 어린아이임은 분명했다. 듬직한 기태의 얼굴 속에서 상처받은 어린아이의 불안한 모습도 보였다. 아프냐는 물음에 아프지 않다며 넉살을 피웠다. 함께 오토바이를 탔던 아이는 살갗이 벗겨진 것만으로 죽겠다며 엄살을 피웠는데, 다리까지 부러진 기태가 아프지 않다는 것은 거짓말이었다. 아픈 건 아프다고 해도 혼내는 사람 없을 거라고 하자 말을 돌렸다.

"만화책은요?"

"응, 『열네 살』이란 책을 들고 왔어. 그림이 예술이지?"

"무슨 얘긴데요?"

"어떤 40대 후반의 남자가 갑자기 열네 살이 된 거야. 기억은 모두 그 대로인데 몸만 그 시절로 가 버린 거지. 그래서 공부도 잘하고, 앞으로 일어날 일들을 예언하기도 하며 신 나는 하루하루를 보냈는데 문제는 이 남자의 아빠가 그 시절 갑자기 집을 나갔어. 그 당시 집안 식구들은 아무도 왜 아빠가 집을 나갔는지 모르는데 말이지. 그 다음 이야기해 주면 재미없으니 여기서 그만……."

"재밌겠는걸. 그런데 우리 집 이야긴가? 나중에 아빠 집 나가고 나머지 식구들이 죽어라 고생한 이야기기만 해 봐라."

"어, 미안! 너희 집 그런지 모르고 가지고 온 건데……."

"내가 우리 집 이야기 안 했나요? 우리 아빠는 내가 어렸을 때 가출해서 지금 행방불명이 돼 있어요. 엄마도 아프고, 할머니도 아파서 아빠 주민등록 말소하면 나라에서 도움을 받을 수 있다고 하는데 엄마랑 할머니는 안 하고 저러고 있어. 아주 최고의 궁상 가족이지. 하하하 암튼 이 책이 궁상이라고 하더라도 샘이 무겁게 가져와서 읽을 테니 걱정 마시길……. 알고 가져온 게 아니라면 샘도 이제 자리 깔아야겠다. '이 책 한 번 읽어 봐.' 이런 걸로다……. 하하하. 다음에 올 때 양념 치킨 사다 줘요! 갑자기 그게 먹고 싶네."

처음 듣는 이야기였다. 알았다면 부담스러워서 이 책을 가지고 가지 않았을 것이다. 추천 도서이고 산 지 얼마 되지도 않았더랬다. 기태는 집 이야기를 남 이야기 하듯 했다. 그러면서도 조금만 우울한 이야기가 나오면 애써 외면하려 했다. 슬픔조차 이겨 내려고 애 쓰는 듯했다.

아빠를 용서하기 두려운 기태

다음 날 양념 치킨을 사서 아이들 여섯 명과 병문안을 갔다. 기태가 반갑게 맞았다. 기태는 침대에 앉아서 아이들을 챙겨 주기도 하고, 혼도 내고……. 기태는 한 점도 먹지 않았다. 아이들이 먹는 동안 침대 옆의 『열네 살』 책을 물끄러미 보고 있는데 기태가 의식한 듯 이야기한다.

"책 1권은 읽었는데 2권은 아직……."

"보통 만화책 같지 않지? 그림도 참 좋고……. 이렇게 세밀하게 그리려면 멀미 날 것 같아. 천천히 읽어. 그런 게 어울리는 책이니까. 이 작가의 『느티나무의 선물』이란 책은 정말 그림이 좋아. 내용은 이 책이 더 좋지만……. 대사도 많고 설명도 많아서 쉽게 읽히지는 않을 거야.”

“그런 게 아니라……. 얘가 아빠를 용서해 줄까 봐요…….”

기태의 말에 가슴이 덜컥했다. 기태에게 상처를 줄 수 있다는 생각을 미처 하지 못했다. 막연하게 기태의 사정을 알고, 이 책을 통해 아빠와 화해를 했으면 좋겠다고 생각했다. 만화의 주인공은 열네 살 때, 아빠가 떠나는 것을 알면서도 잡지 못했다. 하지만 시간이 흐르면서 아버지를 이해했다. 책의 내용이 쉽게 아버지를 용서하라는 것처럼 들린다면 오히려 역효과가 날 수도 있었다. 누군가를 용서하는 것은 쉬운 일이 아니다. 기태에게는 그런 이야기가 부담스러울 수도 있었다. 집에서 아빠의 빈자리를 채우면서 어린아이가 얼마나 힘들었을까? 어쩌면 불량 서클에 들어간 것도 힘을 가지고 싶었기 때문이 아닐까? 할머니와 엄마를 든든하게 지켜 주기 위해서 필요한 힘 말이다. 갑자기 많은 생각들이 가슴을 파고들었다. 왠지 조심스러운 마음에 기태가 어떤 말을 할까 기다리고 있는데, 며칠 뒤 다른 아이가 책을 가지고 왔다. 병문안 가서 읽다가 재미있어서 다 읽었는데, 기태가 나에게 대신 가져다주라고 했다는 것이다. 그 책을 받아 책꽂이에 꽂아 두었다.

학교에 다시 온 기태는 오토바이를 타지 말라고 아이들에게 홍보하고 다녔다. 조금만 참았다가 면허 따고 타라고 어른스럽게 타이르기도 했다. 변상은 변상대로 하고, 무면허에 헬멧 미착용에 대한 벌금까지 물어 안 그래도 어려운 기태네 집은 타격이 컸다고 했다.

기태는 그 후로도 나를 가끔 찾아왔지만, 더 이상 가족 이야기를 하지 않았다. 다만, 아버지를 용서하고 자신의 삶을 살았으면 좋겠다는 내 마음을 이해하는 양 미소를 짓곤 했다. 또래보다 속마음이 훨씬 성숙한 기태는 내게 부담을 주기 싫었던 것은 아니었을까?

이제 스무 살 청년이 된 기태는, 배달 일을 하며 열심히 돈을 모으고 있다. 돈을 모아서 식당을 차릴 생각이라고 한다. 우연히 길에서 배달하고 있는 기태를 만났다. 기태가 내게 친구처럼 말을 건다.

"애는 잘 크고요? 딸이라고 했지요? 나중에 신랑은 꼭 좋은 사람 만나게 해요."

이제는 제법 어른의 옷이 어울리는 듯 보였다. 이제는 진짜 친구처럼 지낼 수도 있을 것 같다는 생각이 들었다. 기태가 제발 좋은 아내 만나서 어깨에 있는 짐을 좀 내려놓고 살았으면 좋겠다.

책을 통해 아빠에게 한발 다가가기

시중에 나온 책 가운데 엄마와 아이의 관계를 다루고 있는 책이 많지만, 아빠와 아이의 관계를 다룬 책은 드물다. 하지만 주로 아빠와의 관계가 청소년들의 문제가 된다는 점에서, 사춘기의 아이들과 이야기를 나누기 위해 아빠를 주제로 한 책들을 읽어 볼 필요가 있다. 이때에는 심리학 같은 이론적인 책보다, 감성에 호소할 수 있는 책들이 효과적이다.

『내가 아빠를 얼마나 사랑하는지 아세요?』(샘 맥브래트니 지음, 베틀북)는 그림책이다. '아기 토끼'가 자신이 얼마나 아빠를 사랑하는지를 팔 벌려 펄쩍 뛰며 이야기하면, '아빠 토끼'는 절대 지지 않으며 자신이 더 넓게 팔을 벌리고 더 높게 뛰며 아기 토끼를 아빠가 더 사랑한다고 우긴다. 이 책을 읽고 아이들과 아빠의 고집스러움, 아빠의 자존심에 대한 이야기를 나눌 수 있다.

『세상에서 제일 힘 센 수탉』(이호백 지음, 재미마주)은 '세상에서 제일 힘 센 수탉'이 나이가 들어 감에 따라 힘이 없어지는 것을 보고 자신에 대해 실망하다가 자신과 닮은 자식, 손자들을 보며 힘을 다시 얻는다는 이야기다. 이 이야기를 읽고 있으면 아이들은 어떤 부분에서든 예전보다는 약해진 아빠의 모습을 확인하게 된다.

『완득이』(김려령 지음, 창비)는 집 나간 필리핀 엄마 대신 아들을 키우는 장애인 아빠의 고단한 삶을 보며, 아빠의 심정을 상상해 볼 수 있는 기회를 준다. 한부모 가족 중 특히 모자 가족의 경우 어머니와 자녀가 심리적으로 더 가까워져서 가족 내의 위계질서가 약해진다. 또, 한부모 가족의 경우 결손된 배우자가 수행했던 정서적 지원을 자녀가 대신해 줄 것을 기대하는 경향도 있고, 이러한 새로운 역할은 자녀에게 긴장을 주기도 하여 혼돈의 특성이 강하게 된다.

『걱정쟁이 열세 살』(최나미 지음, 사계절)은 집 나간 아빠 때문에 갑자기 비정상적인 가정이 돼 버렸다고 생각하는 주인공의 이야기다. 엄마와 누나는 아무 일이 없는 것처럼 지내는데 주인공만 모든 생활에 지장을 받는다. 주인공의 심리 상태에 대해 현실적으로 잘 그리고 있는데, 이혼 가정의 아이들은 책을 읽으며 주인공보다 엄마와 누나에게 감정 이입을 하는 모습을 보인다. 없는 부모에 대해 외면하거나 부정하지 않고, 인정하는 것이 가장 건강한 가정의 모습이 아닐까에 대해 아이들과 이야기를 해 볼 수 있다.

불안한 가정 속에서 고통받는 정민이

학교가 좋으냐고? 아이들만큼이나 나도 학교가 마냥 편하기만 한 곳은 아니다. 한 가지 프로그램을 시작하려면 여러 사람의 허락을 받고, 아이들의 안전 등 여러 가지를 점검해야 한다. 그리고 나서도 내가 모든 것을 책임질 수 있으면 시작할 수 있다. 아이들을 만나면 만날수록 정말 많은 위기 상황들을 만난다. 그 상황들을 해결하기 위해 도움받을 곳을 찾으면, 그곳은 아이들을 만날 준비가 되지 않았거나 일손과 예산이 턱없이 부족하다. 그래서 아이들이 안타까워 발만 동동 구르거나 한숨 쉬는 때도 있었다. 어설프게 직접 나서 보기도 하고, 이 정도밖에 안 되는 국가의 복지 정책을 탓하며 속상해하기도 한다. 그래도 학교가 아니면 만날 수 없는 아이들 때문에 학교를 떠날 수가 없다.

부모에 대한 고민으로 엇나가는 아이

그날 나는 무슨 일 때문인지 학교의 불합리한 구조에 대해 잔뜩 짜증이 나 있었다. 하루 종일 자다가 지쳐서 점심시간 때쯤 일어난 정민이에게 뜬금없이 학교가 재미있느냐고 물어봤다.

"재미요? × 같죠. 선생들이고 애들이고 다 짜증 나요. 머리 모양은 목숨인데 그것 가지고 뭐라 하고, 툭하면 젤 소중한 핸드폰 뺏고, 수업시간에 재미있는 영화 보여 준다고 하고는 ×× 유치한 것만 보여 주고……."

"그럼 학교 다니기 싫은 거야?"

"달리 할 것도 없고 학교 안 나오면 더 귀찮아지니까……. 애들 만나려고 해도 학교에서 봐야 하니까……."

"공부는?"

"손 놓은 지가 언젠데요."

"고등학교는 가야잖아."

"그냥 인문계 가면 되죠, 뭐."

중학교 3학년 아이들에게는 고등학교 입시가 가장 큰 문제다. 고등학교가 특목고, 인문계, 특성화고, 실업계 등으로 세분화돼 있기 때문이

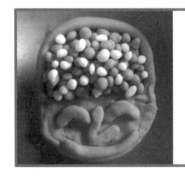

아이들 머릿속에 가득한 생각들……. 어른들은 아이들이 아무 생각 없이 살고 있다고 하지만 아이들은 아이들 나름대로 생각이 많다. 너무 생각이 많아서 자신을 보호하려고 모든 생각을 지워 버리는 건 아닐까 하는 생각이 들 정도다.

다. 성적이 좋은 아이는 좋은 아이대로, 중간인 아이는 중간인 아이대로, 못하는 아이는 못하는 아이대로 중요한 결정을 해야 할 시기다. 요즘은 흔히 말하는 꼴등은 갈 수 있는 고등학교가 없다.

정민이는 아이들이 학교에서 가장 무서워하는 아이다. 아무에게나 욕하고 주먹을 휘두른다. 급식 식판을 아무렇게나 엎어 놓고 절대 치우는 법이 없다. 아이들 표현에 의하면 '정말 못된 놈'이다. 선생님들도 '뭐라고 해도 눈을 치켜뜨거나 대든다'며 가정교육이라고는 받아 본 적이 없는 것 같은 '정말 나쁜 놈'이라고 한다. 친한 친구 한두 명 외에는 정민이 옆에 아무도 가려고 하지 않았다.

어느 날 수업이 막 시작되려는데 정민이가 교육복지실로 들어왔다. 이야기를 좀 하고 싶다는 것이다. 나와 상담하겠다고 교과 선생님에게 허락을 받았다고 했다. 무슨 일인지 물었더니 그냥 엄마, 아빠가 너무 싫다는 것이다.

"엄마, 아빠가 너무 이상해요. 세상에서 아빠가 가장 싫다고 헤어졌거든요. 이제는 따로 산 지 꽤 됐는데도, 가끔 아빠가 집에 오면 언제 그랬냐는 듯이 잘해 줘요. 아빠도 이상하긴 마찬가지예요. 나랑 형이랑 버리듯이 나가 놓고는 툭하면 나 때문에 그랬다고 핑계를 대요. 사

담뱃값은 점점 오르지만, 담배 피우는 아이들은 계속 늘어나고 있다. 담배가 왜 좋을까? 어른들만의 영역에 들어온 것 같은 느낌이 들기 때문에? 아니면 담배를 피우면 정말 스트레스가 해소되기 때문에? 담배 피우는 아이들에게 보물을 꼽아 보라고 하면 꼭 담배가 들어간다.

실 아빠가 집을 나간 것은 여자 때문이었거든요. 아빠는 그 사실을 내가 모르는 줄 알아요. 온 동네가 다 알 만큼 시끄럽게 싸워 놓고는, 동네에서 모르는 사람이 있는 게 더 이상한데……. 왜 아빠는 저만 모른다고 생각할까요?"

소위 비행 청소년이라 불리는 아이들 중에는 부모 때문에 고민하는 아이들이 많다. 남을 괴롭히며 하고 싶은 대로 하는 것 같지만, 부모에 대한 분노가 똬리를 틀고 있어 속으로는 고통을 받고 있다. 튀는 행동들은 끊임없이 부모가 자기를 봐 주기를 바라는 몸짓이다. 자신을 망가트리면서 '내가 이렇게까지 했는데 아직도 날 안 쳐다보는 거야'라고 이야기하는 것이다.

나는 그런 아이들에게 부모를 '포기'하라고 한다. 오랜 세월 그렇게 살아왔는데 자식의 튀는 행동 때문에 부모님이 바뀌지 않는다, 변화에 대한 기대보다 지금 자신의 삶을 잘 살아야 한다고 말한다. 아이들은 내 말에 동의한다. 그래도 짜증이 나는데 어떻게 해야 하는지를 묻는다. 짜증은 부모에게 기대고 싶은 마음 때문에 생기는 것이니 스스로 서서 자신을 아끼라고 말해 준다. 지금까지는 네가 엉망이 된 것은 부모 탓이었지만 이제부터 잘 살지 못하는 건 너 자신의 탓이 되는 거라고 말한다. 어렸을 때는 네가 아프면 부모도 아플 수 있겠지만 지금은 그렇지 않을 수도 있다, 결국 세상에 자신을 사랑해 줄 수 있는 사람은 자신밖에 없다고 말하면, 처음에는 부모에게 보이려고 막사는 건 아니라고 말하지만 아이들은 이내 고개를 끄덕이곤 한다.

나도 아이를 키우기 전에는, 정말 말도 안 되는 상처를 주는 부모들을 보며 아이들보다 그 부모들을 원망하며 속상해한 적이 많았다. 그런데 막상 아기를 낳아 키워 보니 온 가족이 도와주는 상황에서도 부모 노릇 하는 게 쉽지 않다는 것을 깨달았다. 도와주는 사람 없이, 순하지 않은 아이를 키우는 게 얼마나 힘든 일인지 조금은 이해가 된다. 더군다나 경제적으로 어렵다면 기저귀 하나, 분유 한 통을 사는 데도 많이 힘들었을 것이다.

부모도 잘못할 수 있다

정민이에게 내가 읽고 있던 『흔들리는 부모들』(개정판 『독이 되는 부모』)의 내용 일부를 이야기해 줬다.

"내가 지금 읽고 있는 책은 말이지, 부모를 잘못 만나 그것을 해결하지 못하면 자신도 똑같은 부모가 된다는 내용이 나와 있는 책이야. 그리고 나에게 잘못한 것을 부모에게 이야기하라는 내용도 있어. 그렇지 않으면 계속 반복된다고 말이지. 부모에 대해 미워하는 감정만 키워 가다 보면 닮아 간다는 이야기도 있어. 무섭지? 너도 너희 아빠 같아진다는 건 말이지."

"난 내 자식한테도 막 대할 거예요. 내 아들도 고생 좀 해 봐야 해요. 그래야 안 억울해요."

"이런……. 너희 아빠는 너한테 막 대하면서 행복해 보이던?"

"우리 아빠는 때리진 않았어요……. 난 막 때리고 그럴 거예요."

"네가 행복해졌으면 좋겠어. 네 아들도 너처럼 오토바이 타고 사고 치고 해서 학교에 가서 네가 선생님께 빌어야 할지도 모르잖아."

"마누라 보내면 돼요. 우리 아빠는 내가 사고 치고 한 번도 학교 온 적 없어요."

"네 아내는 무슨 죄니? 앞으로 점점 더 자식의 문제를 부모가 더 많이 책임져야 할 거야. 미성년자는 죄를 지으면 부모 책임이야."

"그럼, 애 안 낳고 살아야겠다."

"그것도 방법이지. 나도 애 낳고 하루에 한 시간만 좋고 스물세 시간은 힘들 때도 있어. 그런데 문제는 그 한 시간을 스물세 시간과 바꿀 수 없다는 거야."

"난 절대 안 그럴 거예요. 애는 보기도 싫은데……."

"녹음했다가 나중에 네 아들한테 들려줘야겠는걸……. 아무튼 중요한 건 지금은 네 문제를 스스로 해결해야 한다는 거야. 지금의 네 모습이 평생 널 괴롭힐 수도 있어."

"내 문제가 뭔지 잘 모르겠어요."

"글쎄. 네가 생각하기엔 네 부모님들이 변할 것 같니?"

"절대요."

"그러니까 널 변화시키는 게 빠를 거라는 거지. 부모님한테 기대하지 말고."

정민이가 책을 빌렸다. 좀 어려울 수 있으니 8장의 「해로운 부모를 용서할 필요 없다」를 먼저 읽어 보라고 했다. 이론서를 한번 읽혀 보고 싶었다. 한편으로는 읽고 나서 부모 핑계만 대지 않을까 걱정스러웠지만, 계속 만날 수 있으니 애프터서비스(?)가 가능했다.

수업이 끝나고 정민이가 책이 너무 어렵다며 들고 왔다. 그래서 몇 부분을 쉽게 설명해 줬다. 정민이는 몇 개의 사례는 읽어 보았는데 충격적이라고 했다. 특히 딸이 강간당하게 놔둔 엄마에게 분노했다. 그러면서 정민이는 엄마에 대해 가장 견딜 수 없는 점을 말했다. 바로 아빠가 왔을 때 '그것'을 한다는 것이었다. 한참 야한 동영상 같은 것을 보는 시기인 정민이에게 부모님의 성행위를 보는 것은 큰 충격이었을 것이다. 게다가 이미 이혼한 사이이지 않은가. 이 부분에 대해서는 어떻게 설명을 해 줘야 할지 판단이 서지 않았다.

그 후 정민이는 얼마 동안 자주 머리가 아프다며 보건실에 갔다. 이유 없이 아이들을 때리고 시비 거는 것은 한동안 그만두었다. 쉬는 시간마다 교육복지실에 와서 내게 말을 거는 일도 없이 가만히 앉아 있다가, 내가 일부러 아이들을 보라고 펼쳐 놓은 그림책을 뒤적이다가 가 버리곤 했다.

그러던 어느 날 갑자기 자신이 깨달은 것이 있다고 말을 붙였다. 배빗 콜의 『따로 따로 행복하게』라는 그림책을 보다가 생각했는데, 부모의 이혼이 자신의 잘못이 아니라는 것이다. 어려서부터 부모의 불화가 자기 때문이라고 생각했는데 그건 아닌 것 같다고 했다.

이 그림책은 같이 살면서 계속 싸우느니 따로 살며 행복한 것이 나을 수도 있다는 현실을 익살스럽게 표현했다. 줄거리는 다음과 같다. 너무나도 다른 두 사람이 결혼을 했다. 좋아하는 것, 하고 싶은 것 모두 정반대였다. 둘은 늘 싸울 수밖에 없었다. 아들딸은 그런 부모를 보며, 자신들 때문에 싸우는 것은 아닌지 고민을 했다. 그러다가 부모의 문제가 자신들 때문이 아니라 둘이 너무 다르기 때문이라는 결론을 내렸다. 그리고 아이들은 부모들을 위해 결혼식이 아닌 끝혼식을 준비한다.

'극단적으로 싸우는 부모를 두고 아이들이 회의를 거쳐 부모들의 문제가 자신들 때문이 아니라는 것을 결론 내는' 장면이, 무심코 넘겨 버린 나와 달리 정민이에게는 가슴에 콕 박히는 내용이었던 모양이다. 정민이는 작가가 마음에 든다며 EBS에서 방영하는 〈달려라! 닥터 멍〉(배빗 콜의 『멍멍 의사 선생님』이 원작이다)까지 챙겨서 봤다.

가을이 돼 고등학교 입학 상담을 온 정민이 엄마를 만났다. 담임 선생님의 권유로 잠시 들렀다고 했는데, 예쁘고 키도 크며 세련돼 보였다. '엄마, 아빠는 애들한테 최선을 다하고 있고, 형은 공부를 잘하는데 항상 정민이가 문제'라고 했다. 정민이가 왜 그러는지 이해가 안 간다는 것이다. 정민이 엄마는 말을 무척 잘했지만, 자신의 문제에 대해서는 숨기고 싶어 했다. 그래서 문제를 직접 언급하기보다는 정민이가 커 가는 과정이고, 비교적 예민한 편이어서 집안의 작은 일로도 크게 상처를 받을 수 있는 성향의 아이이니 많은 사랑이 필요하다고 둘러 이야기했다. 정민이 엄마는 그냥 빨리 사춘기가 지나갔으면 좋겠다며 서둘러 교육복지실을 나갔다.

정민이에게 엄마 만난 이야기를 했더니, '엄마 말은 하나도 믿으면 안 된다'고 했다. 엄마가 혐오스러울 만큼 가식적이어서 싫다고 했다. 그러면서 자신의 집안 이야기를 한 사람은 내가 처음이라고 했다. 그 후 정민이와 어린 시절 상처받았던 이야기를 계속 나눴다. 정민이의 모든 표현에는 짜증이 묻어 나왔다. 화가 나도, 슬퍼도 짜증이었다. 한참 동안 짜증을 충분히 표출했는지 점차 표정이 밝아졌다. 그렇게 무섭던 정민이의 얼굴이 귀여운 표정을 짓기도 했다.

과거에 대한 이야기를 충분히 나눈 뒤에는 정민이의 미래에 대한 이야기를 했다. 슈퍼마켓 사장이 되고 싶다고 했다. 나중에 내가 만나는 아이들 모두에게 아이스크림을 공짜로 주겠다고 호기롭게 이야기했다.

"정말 내가 사장이 되어 선생님께 아이스크림을 배달하러 가는 모습이 상상이 되는걸요. 그런데 설마 슈퍼마켓 점원이 되는 건 아니겠죠? 헤헤."

부모가 준 상처의 치유를 돕는 책

한동안 심리 치유 에세이들이 유행해, 아이들과 함께 필요한 부분만 골라 읽은 적이 있다.

『**천 개의 공감**』(김형경 지음, 한겨레출판), 『**사람풍경**』(김형경 지음, 예담), 『**좋은 이별**』(김형경 지음, 푸른숲)

이 책들은 쉽게 쓰이고, 책도 예뻐서 아이들과 이야기하기 좋았다. 필요한 이야기를 소제목으로 쉽게 찾아볼 수 있어 활용하기 좋았다. 특히, 『**천 개의 공감**』 중에서 부모로부터 받은 상처로 인해 자신을 망가트리는 이야기들이 많이 나오는데, 내가 먼저 책을 읽고 이야기하듯이 들려주면 흥미롭게 듣고 나중에 책을 찾아 읽기도 했다.

『**그림에 마음을 놓다**』(이주은 지음, 앨리스), 『**무서운 그림**』(나카노 교코 지음, 세미콜론)은 유명한 화가들의 그림을 보면서 재미있게 이야기를 나눌 수 있어서 좋다. 남의 이야기를 하듯 화가와 그림에 대한 이야기를 나누다 보면 신기하게도 아이들은 자신의 이야기를 하고 있는 것을 발견하게 된다. 그림의 화질이 좋지 않아 인터넷으로 찾아보며 이야기를 나누면 더 좋다. 그렇게 간략한 메모와 함께 마음에 드는 하나의 '내 마음의 그림'으로 묶어 보기도 했다.

가끔 『**초가집이 있던 마을**』(권정생 지음, 분도출판사)을 읽으며 한국 전쟁에 대한 이야기를 한다. 전쟁이 일어나 평범한 시골 마을 사람들이 피난을 가고, 전쟁의 고통을 고스란히 당하는 아이의 이야기가 가슴 아프게 그려져 있다.
이 이야기는 아이들의 할아버지 이야기일 수 있다. 이렇게 끔찍한 죽음과 가난을 겪으며 살아온 아이가 부모가 됐고, 자식들에게는 전쟁 같은 고통을 겪지 않았다며 훈화하는 부모가 됐을 수 있다. 그 아들과 딸이 커서 자신의 자식들에게 지금은 먹을 것도 풍부하고, 부모의 관심도 많지 않느냐며 이야기하는 지금 아이들의 부모님일 가능성이 있다는 것을 알려 준다. 이렇게 현대사를 통해 부모를 이해시키는 방법이 제법 효과가 있었다.

그렇다고 아이들에게 가해지는 여러 폭력들이 합리화되는 것은 아니다. 하지만 최소한 이해가 된 상태에서 건강한 분리를 시작하는 것이 아이들에게는 도움이 되고, 부모와 소소한 갈등이 있는 아이들에게는 특히 효과적이었다.

지적 장애 영만이의 30년 후 이야기

영만이는 '바보'다. 아이들이 그
랬다. 하지만 믿을 수 없었다. 워낙 눈치가 빨라, 선생님들 심부름도 잘
하고 중학교 3년 동안 한 번도 지각한 적이 없었다. 초등학교 6년, 중학
교 2년 동안 그를 만난 교사들은 누구도 아이의 지능을 의심하지 않았
다. 우리나라 교육 실정상 특수 교육이 필요한 아이의 진단에 너무 무관
심한 것이 아닐까.

나 역시 마찬가지였다. 영만이에게 지능 검사를 받도록 한 것은 만난
지 2년이 지난 후였다. 그 결과 지적 장애* 2급이 나왔다.

사실을 알기 전에는, 솔직히 말해 '멀쩡한' 영만이가 귀찮았다. 항상
가출한 아이, 폭력을 쓰는 아이들을 쫓아다니기 바빴다. 내가 영만이에
게 한 이야기는 그저 "이제 종칠 텐데, 교실에 가야지"였다. 교문 앞에

서 있다가 교육복지실까지 졸졸 따라올 때도 있었는데 청소해야 한다며 쫓아내기도 했다.

영만이는 항상 내게 말을 걸었다. "선생님, 안녕하셨어요?" 하고는 바라보기만 했다. "할 말이 있어?" 물으면 고개를 흔들며, 그저 바라봤다. 친구들한테도 그랬다. 학교에서 따돌림을 받는 여자아이들은 자기 말을 잘 하지 않고 들어주는 영만이에게 얘기하기를 좋아했다. 다른 일로 바쁠 때면 영만이와 그 아이들이 어울리도록 하며 별일 없이 잘 지내는가 보다 했다.

지적 장애의 진단

그러던 어느 날 영만이가 점심시간에 다리를 다쳐 병원에 데리고 갔다. 연락을 받은 영만이 엄마가 응급실로 천천히 걸어 들어왔다. '뼈가 부러진 것은 아니고 금이 갔다'고 이야기를 전했다. 묻지 않았지만 엄마는 영만이 이야기를 꺼냈다.

"자주 있는 일이에요. 저도 자주 다치는걸요. 히히. 그리고 우리 영만이가 정말 착해서 걱정은 안 해요. 다른 아이들이 괴롭힐까 봐 걱정이지. 공부를 못해서 그렇지 얼마나 착한지 몰라요. 그죠? 우리 영만이가 눈치가 빨라요. 그런데 그게요……. 우리 엄마(영만이 외할머니)가 그러는데, 애 아빠 살아 있을 때 많이 맞아서 그렇대요. 아빠가 술을 많이 마셨는데 영만이가 눈치 없이 굴어서 많이 맞았어요. 지 누나는 안 그랬는데 기어 다니면서부터 어찌나 번잡스럽던지……. 아이고, 선생님 바쁘시죠? 얼른 가셔야죠. 좀 있으면 우리 엄마가 올 거예요."

영만이 엄마의 이야기를 듣다 보니 말투가 어눌하고 왠지 행동이 어색하다는 느낌이 들었다. 엄마를 만나고 난 후 영만이도 지적 장애가 있는 것은 아닌가 싶었다. 어머니를 설득해서 영만이 지능 검사를 받아 보라고 했다.

만나는 아이가 정신적인 문제가 있어 보이면 우선 신경정신과 병원에 가서 진단을 받게 안내할 필요가 있다. 특히 특수 교육 대상 학생은 더욱 그렇다. 흔히 정신과 상담을 미쳤다는 취급을 받는 것으로 받아들이지만 상담은 치료를 위한 과정이다.

하지만 상담을 권하면 부모들이 부담스러워하거나 자식을 정신병자 취급한다며 오해를 하는 경우가 많다. 처음에는 각 시도별 보건소에 운영되는 정신건강증진센터에 전화 상담을 권한다. 지적 장애가 의심되는 경우에는 아이의 학업 능력을 진단받아 보자는 식으로 돌려서 말하며 설득하기도 한다.

영만이 엄마도 다른 부모들과 마찬가지로 처음에는 정신과 상담에 거부감을 내비쳤다. 하지만 그대로 두면 영만이는 원하는 학교에 갈 수 없었다. 영만이 엄마를 설득해야 했다.

"지금 영만이 성적으로는 원하는 고등학교에 떨어질 수도 있어요. 그렇게 되면 거친 아이들이 많이 모이는 학교에 갈 수도 있고요. 학교를 좋아하는 영만이가 순한 아이들이 많은 고등학교에 가서, 즐겁게 학교를 다닐 수 있으면 정말 좋겠어요. 만일 지능 검사를 받아서 지적 장애 판정이 나면, 영만이가 원하는 고등학교를 정원 외 입학으로 갈 수가 있어요."

꿈을 이끌어 내는 북아트

영만이 엄마와 진학 상담을 하면서, 영만이의 장래 희망이 무엇인지 궁금해졌다. 영만이의 장래 희망 이야기를 듣기 위해, 작은 준비가 필요했다.

우선 나의 꿈 이야기를 들려주고, 영만이의 꿈 이야기를 끌어내고자

했다. 그 방법으로 영만이의 꿈 내용이 담긴 북아트(이야기를 담은 책 만들기)를 할 수 있도록 준비했다.

북아트는 조금의 노력으로도 멋진 작품들이 나올 수 있어 아이들은 쉽게 성취감을 느낀다. 또, 북아트는 이야기를 하거나 글을 쓸 때와는 전혀 새로운 느낌으로 다가온다. 특히 표현력이 부족한 아이들에게 그림 그리기나 만들기는 생각을 구체화하기에 좋은 방법이다.

이해력이 낮은 영만이를 위해 쉬운 그림책을 골랐다. 『도서관』은 아주 어려서부터 책 읽기가 취미인 주인공이 나중에는 책이 너무 많아 자신의 집을 기증해서 도서관을 만든다는 이야기를 담고 있다. 이 책의 주인공처럼 되는 것이 내 소원이라고 이야기하며 영만이가 책에 집중할 수 있도록 이야기를 풀어 나갔다. 읽으면서 모르는 단어는 쉽게 설명해 줬다.

"어때? 선생님도 꿈을 이룰 수 있을까?"

"네."

"한 30년 후면 선생님은 할머니가 되어 도서관에서 재미있는 프로그램을 기획하고 있을 거야. 그럼 그때 영만이는 뭘 할까? 30년 후면 마흔 여섯 살이 되겠구나. 결혼은 했을까? 아이도 있을 것 같지? 아이랑 잘 놀아 주는 아빠가 돼 있지 않을까?"

"결혼은 절대 안 할 거예요. 할머니랑 엄마랑 살 거예요."

영만이는 '절대'라는 말을 강조했다. 그리고 아빠라는 단어에 표정이 굳어졌다. 아빠에게 자주 맞았다고 했다. 돌아가신 지 2년이 지났는데도 아빠는 영만이에게 두려움의 대상이었다.

북아트를 하기 위해 먼저 골판지와 두꺼운 도화지를 맞붙여 책의 겉장과 속지를 만들었다. 그리고 A4 종이 크기의 색지를 반으로 접고 창문 모양의 구멍을 뚫었다. 『도서관』 표지를 컬러로 작게 출력하여 오른

쪽에 붙여 두었다.

영만이에게 색지를 주며 창문 안에 너의 30년 후의 모습을 그려 보라고 했다. 충분히 상상할 시간을 주고 그리게 했더니 집중하며 오랫동안 그렸다. 그림을 그리면서 표정이 점점 밝아졌다.

영만이의 소원은 지금 교육복지실에서 만난 사람들을 평생 만나는 것이다. 그림은 친구들과 30년 후에 함께 동네에서 축구를 하는 모습이다. 다른 아이들에게 30년 후의 모습을 그려 보라고 하면 의사나 축구선수처럼 구체적으로 무엇이 된 모습을 그린다. 그런데 영만이의 소원은 너무 소박했다.

교실에서 영만이와 같이 놀아 주는 사람은 아무도 없었다. 놀리고 괴롭히는 친구들은 있었지만 쉬는 시간, 점심시간, 방과 후 시간까지 함께 영만이에게 말을 걸어 주는 친구는 교육복지실에서 만난 사람들이 처음이었을 것이다.

30년 후의 영만이의 모습을 상상해 봤다. 이 모습 그대로 그냥 나이만 먹은 모습일까? 말이 어눌하고 지저분하고 못생겼다고 사회에서 따돌림받을까?

책 표지 보고 내용 상상하기 놀이

그때 밖에서 아이들의 목소리가 들렸다.

"저기 화장실 앞에 교육복지실이라고 쓰여 있는 데는 뭐하는 데야?"

"우리 학교 왕따들 집합소잖아. 하하하."

"노는 애들도 있는 것 같던데?"

"그러게. 도대체 뭐하는 곳이야?"

"저기 영만이 있잖아. 너희 반 장애인."

"그럼 특수반인가 보다. 하하하."

학교에는 특수반이 없었다. 이런 이야기를 나누는 아이들에게 뭐라고 해야 할지 몰랐다. 교육복지실 안에는 아이들이 말한 대로 학교에서 '문제아'로 분류된 아이들이 7~8명, 집단 따돌림을 받는 아이들이 4~5명이 있었다. 교실의 반도 안 되는 공간인데, 두 집단의 아이들은 서로 섞이지 않았다. 노는 아이들은 입구 쪽에, 따돌림받는 아이들은 안쪽 내 책상 옆에 있었다. 영만이는 교육복지실 안에 있는 아이들을 모두 친구로 여겼다.

혹시 복지실 안에 있는 아이들이 괴롭히는 것은 아닌가 싶어 영만이에게 다가가 물었다.

"영만아! 저 애들이 너 괴롭히지 않아?"

"잘해 줘요."

"학교 애들이 다 무서워하는데 넌 무섭지 않아?"

"네, 반 애들이 더 무서워요."

"교실보다 여기가 좋아?"

"네, 우리 반 애들이 때리고 괴롭혀요. 그래도 아프진 않아요."

"맞는데 안 아파?"

"옛날엔 더 세게 맞았는데요."

중학교 2학년 그림이라 하기엔 수준이 낮다. 영만이가 지적 장애가 있는 아이라서 그럴까? 하지만 그림 그리는 순간만큼은 진지하고 행복해보였다. 30년 후에도 지금 만나는 사람들과 만나고 싶다는 영만이의 소박한 소원이 이루어졌으면 좋겠다.

"아빠한테?"

"어떻게 알았어요? ……아니 기억 안 나요."

옆에서 이야기를 듣던 아이가 자기는 아빠한테 맞아서 뼈가 부러진 적이 있다고 하자 영만이는 자기는 야구 방망이로도 맞았지만 뼈가 부러진 적은 없다며 웃는다. 아이들의 이야기를 듣고 있으니 다들 저렇게 상처가 있어 서로 이해하고 끌리는 것이 아닌가 싶었다. 그래도 즐겁게 이야기할 친구들이 있으니 영만이에게 다행이라는 생각도 들었다.

기왕에 교육복지실 아이들끼리 좀 더 많은 공감대를 만들어 볼까 하는 생각에 재미있는 놀이를 생각해 냈다. 책 표지만 보고 상상해 보기. 아이들의 독서 능력을 진단하기 위한 재미있는 방법 중 하나가 '책 표지만 보고 내용을 상상하기' 다.

책 표지가 준 정보만으로도 아이들은 여러 가지 이야기들을 상상해 낸다. 독서 능력이 있는 아이들은 제목, 작가, 표지 내용, 심지어 출판사까지 배경 지식으로 이용해 책 내용을 판별하는 정보로 사용한다. 독서 능력이 상대적으로 낮은 아이들은 배경 지식이 적기 때문에, 그림에만 의존해 책의 내용과 다른 이야기를 하는 경우가 많다. 그런데 아이들이 상상해 내는 내용들이 재미있어서 위의 사진처럼 이름을 빼고 게시하면

교육복지실 알림판에 전시해 둔 책. '책 표지 보고 상상하기'의 결과물이다. 골판지와 책 표지만 있으면 어디서나 할 수 있는 활동이다. 아이들의 기발한 대답으로 흥미로운 읽을거리를 제공받을 수 있다.

독서 능력이 있는 아이들에게는 정보를 얻는 방법을, 그렇지 못한 아이들에게는 기발한 상상력을 얻을 수 있다.

교육복지실에 오는 아이들에게 『남쪽의 초원 순난앵』이라는 책의 표지를 보여 줬다. 책의 내용은 '고아가 된 남매가 고약한 농부의 집에 맡겨진다. 매일 힘들게 일하고 먹을 것도 조금밖에 먹지 못하지만 이 아이들은 겨울에 열리는 학교에 가는 것을 기다린다. 학교에 가는 길에 빨간 새를 따라 아름다운 초원이 펼쳐진 순난앵이라는 곳으로 가게 된다. 그곳에는 모든 아이들의 엄마도 있고 아이들은 아무 걱정 없이 즐겁게 지낼 수 있는 곳이다. 마지막 장면에서 동생이 순난앵으로 들어오는 문을 닫아 버리는 것'으로 끝난다. 결말 부분만 가지고도 여러 이야기를 할 수 있을 만큼 아이들과 이야기할 것이 많은 책이다. 영만이에게는 그런 것이 좀 힘들 것 같아 우선 표지를 보고 어떤 장면인지 상상해 보라고 했다.

"표정이 무서운 것을 보니 남자애가 여자애를 죽이는 것 같아요. 다른 아이들은 싸우나 안 싸우나 보는 것이고요."

책에 대한 반응은 아이들 수만큼이나 다르고 흥미로웠다. 아이들이 말한 내용을 적어 교육복지실에 정리해서 붙여 놓았다. 누가 어떤 이야기를 했는지는 써 놓지 않았지만 아이들은 자신이 쓴 글이 벽에 붙여진 것을 보고 흡족해했다.

어떤 아이가 영만이가 말한 내용을 보고 기발하다고 칭찬했다. 그 말에 힘을 얻었는지 영만이는 그림책을 읽기 시작했다. 이전에는 아이들이 없으면 멍하니 앉아 아이들을 기다리던 영만이였다. 책 내용을 잘 이해하지 못하고 다른 친구들이 알은체하며 놀리는 게 싫어 남들 앞에서는 책을 잘 보지 않지만 아이들이 펼쳐 놓고 간 책을 들춰 보는 영만이의 모습을 종종 보게 됐다. 그래서 영만이에게 보여 주고 싶은 책은 일부러 책상 위에 펼쳐 놓기도 했다.

어느 날 영만이가 『남쪽의 초원 순난앵』에서 순난앵 장면을 보고 있어, 말을 걸었다.

"여기 가고 싶어?"

"아니요."

"승희랑 선아랑 같이 간다면?"

"갈래요."

"나도 데리고 갈 거야?"

"네."

"고마워."

"히히."

영만이는 특수반이 있는 실업계 고등학교에 갔다. 성적이 비교적 좋은 아이들이 들어가는 곳이다. 중학교 졸업 후에도 가끔 용건 없이 전화가 온다. 그런데 전화는 해 놓고 말이 없다. 여전히 나더러 이야기하라는 식이다. 그래서 '어떻게 지내느냐, 괴롭히는 아이는 없느냐?' 물으니 특수반에서도 잘 지내고 있고, 중학교 때보다 아이들이 훨씬 착해서 좋다고 한다. 그리고 그곳에도 그림책이 있다고 했다.

---

*지적 장애(知的障碍) 선천적 및 후천적 요인에 의하여 지능의 발달이 비지적 장애인보다 뒤처져 있는 정신병이다. 대한민국에서, 초기에는 정신지체라고 불렸으나 장애인에 대한 무시라는 지적에 따라 2007년 10월에 장애인복지법 관련 규정이 개정되어 지적 장애라고 개명됐다. 지적 장애는 지능에 따라 3등급으로 분류된다. 이 규정은 대한민국의 장애인복지법에서 규정하고 있는 등급이다.
지적 장애1급 지능지수와 사회성숙지수가 34 이하인 사람으로 일상생활과 사회생활의 적응

이 현저하게 곤란하여 일생동안 타인의 보호가 필요한 사람.

지적 장애2급 지능지수와 사회성숙지수가 35 이상 49 이하인 사람으로 일상생활의 단순한 행동을 훈련시킬 수 있고, 어느 정도의 감독과 도움을 받으면 복잡하지 아니하고 특수기술을 요하지 아니하는 직업을 가질 수 있는 사람.

지적 장애3급 지능지수와 사회성숙지수가 50 이상 70 이하인 사람으로 교육을 통한 사회적ㆍ직업적 재활이 가능한 사람.

북아트로 꿈 표현해 보기

팝업북은 망가지기 쉬운 데다 가격이 비싸서 아이들이 자유롭게 볼 수 있도록 놔두지 못한다. 그래서 나와 함께 볼 때만 꺼내어 놓는다. 지적 장애나 사회성이 많이 부족한 아이들의 경우, 특히 팝업북을 매개로 만나는 경우가 많다.

『나의 체리나무집』(매기 배트슨 지음, 와이즈아이)은 종이 인형 놀이를 할 수 있는 책이다. 책이 예뻐서 여자아이들은 대부분 호감을 보인다. 책을 가지고 노는 아이의 모습을 지켜보면 그 아이의 사회성을 짐작할 수 있다. 이 책 안에는 종이로 만든 수많은 요정들이 들어 있는데, 사회성이 떨어지는 아이일수록 모든 요정을 가지고 놀지 않는다. 혹 여러 인형을 가지고 놀더라도 각 요정을 고립시키는 경향을 볼 수 있다.

『구석구석 놀라운 지구탐험』(제니 메이즐스 외 지음, 비룡소)은 남자아이들에게도 반응이 좋다. 재미있게 움직여 보면서 아이가 알고 있는 상식들을 체크해 볼 수 있다.

『아이들과 함께하는 팝업북 만들기』(박정아 지음, 예경)는 지능이 떨어지는 아이들의 소근육 발달과 창의성 등을 키우는 데 도움을 준다. 보통 지능이 떨어지는 아이들은 소근육이 제대로 발달되지 않는다. 따라서 아주 쉬운 팝업북 만들기를 통해 이런 능력을 키울 수 있다.

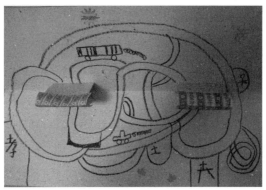

자기가 사는 지역을 팝업북으로 표현한 작품.

자살을 시도한 **진숙이**가 선택한 꿈

가장 여유로운 아침 9시. 소동이 일어나기에는 이른 시간이다. 교육복지실에 몰려와 있던 아이들을 1교시 시작종과 함께 힘들게 교실로 들여보내고 커피 한잔 마시면서 업무를 시작할 참이었다. 막 잔에 물을 부었는데 휴대전화가 울렸다. 진숙이였다. 지금 시간이면 교실에 있어야 할 시간인데…….

자살을 시도한 진숙이

"저…… 진숙인데요……. 죽을…… 것…… 같아요……. 너무…… 무서워서……."

"어딘데? 무슨 일이야? 지금 어디 있어?"

"여기 학교에서 마주 보이는 아파트 14층 난간에……. 무서워요…….

떨어질 것 같아요……."

진숙이는 심하게 울고 있었다. 머리가 멍해지는 느낌이었다. 난간에서 떨어지는 아이를 보게 되는 것은 꿈에서조차 싫은 일이다. 죽은 아이를 어떻게 볼 수 있단 말인가. 아이가 당장 죽을지도 모른다는 생각에 심장이 벌렁거리며 불안했다. '정신건강 핫라인*'이라는 곳이 생각났다. 전화를 걸어 어떻게 해야 할지를 물었다. 아이가 정말 난간에 매달려 있다면 119에 전화를 걸어 소방차를 부르라고 했다. 아이를 흥분하게 하지 말고, 혼자 놔두지 말고……. 상담사를 보내 주겠다고 했다. 그런데 거리가 멀어서 두 시간은 걸린다는 것이다. 그동안 아이를 잘 데리고 있으라고 했다.

아파트로 달려가 옥상을 보았더니 진숙이의 모습이 보이지 않았다. 뒤로 돌아갔더니 14층 난간에 진숙이가 보였다. 한쪽 다리가 난간 밖으로 나와 있었지만 당장 뛰어내릴 것 같지는 않았다. 엘리베이터의 버튼을 누르는 손이 떨렸다.

14층. 진숙이를 보자마자 달려가 붙잡았다. 울고 있는데 몸이 난간에 굳은 듯이 붙어 있었다. 일단 이야기부터 하자고 달래서 난간에서 멀리 데리고 나왔다.

"괜찮아?"(불안하고 떨리는 마음으로 생각나는 대로 말을 붙였다)

"정말 죽으려고 했는데 너무 무서워서……. 그렇게 무서울지 몰랐어요……."

"그래도 전화해 줘서 고마워!"(진심이었다. 그래도 이 말을 그 시점에 해야 할지는 모르겠다)

"죄송해요……. 흑흑……."

"그래, 미안해야 돼. 나 아직도 가슴이 뛴다니까……. 그런데 책가방은 왜 가지고 있어? 죽을 사람이……."(바보 같은 말이라는 생각이 들었지만

말을 돌려 아이를 웃게 하고 싶었다. 실컷 울었을 테니 진정시키고 싶었다)

"아침에 식구들에게 학교 간다고 했어요. 들키면 안 되잖아요. 가방 안에 교과서는 없어요. 일기장이랑 연습장이랑 가족들에게 쓴 편지뿐이에요. 그리고 저 떨어지면서 치마가 뒤집어질까 봐 안에 체육복 바지도 입었어요. 혹시 내가 누군지 모를까 봐 책가방에 이름이랑 연락처도 크게 적어 두었고요."

"정말 많이 준비를 했네. 편지 쓰면서 혹시 살고 싶다는 생각은 안 들었니? 나도 대학에 떨어졌을 때 막연하게 죽고 싶다는 생각을 하면서 편지를 썼는데 생각보다 너무 많은 사람들에게 써야 하는 거야. 그래서 편지 쓰다가 지겨워서 그만뒀어."

"전 오히려 편지 쓰면서 죽겠다고 결심한 것이 잘했다는 생각이 더 들었어요. 부모님께 자랑스러운 오빠와 어려운 형편에 제 얼굴(진숙이는 선천적으로 약한 안면 기형을 가지고 태어나서 지금까지 세 번 수술을 했다. 자세히 보지 않으면 그렇게 티가 나지는 않았지만 오른쪽 얼굴이 약간 일그러져 보인다) 수술시켜 준다고 돈을 모으는 엄마, 아빠에게 정말 미안했거든요. 항상 우는소리만 하고…… 처음엔 조금 힘들겠지만 금방 적응될 수 있을 거라는 생각이 들었어요."

"글쎄. 내가 엄마라는 걸 해 보니까 없어도 되는 자식은 절대 없어. 애 낳고 키우기가 얼마나 힘든데. 어떤 아이건 간에 말이지. 이제까지의 내 정성이 허물어진다는 것은 정말 끔찍한 일이다. 그것도 자살이라면 …… 그 부모가 얼마나 많은 비난을 받게 되는 줄 아니? 내 자식이 이렇게까지 아팠는데 몰랐다는 죄책감도 그렇고…… 평생 부모님을 힘들게 할 거야? 그런데 밥은 먹었니?"

"어제부터 죽기로 결심하고 아무것도 안 먹었어요. 너무 무거워질까 봐. 그럼 시체 옮기는 데 미안하잖아요."

"에그…… 끔찍한 시체 치우는 걸 더 미안해해야지. 일단 너희 집에 가자."

설거지하는 소리를 좋아하는 아이

혹시 집에 오빠가 있을지도 모른다면서 진숙이는 내게 잠깐만 기다리라고 했다. 진숙이의 책가방을 들고 있었다. 책가방이 열려 있어 얼핏 보니 일기장과 편지가 들어 있다. 꺼내 볼 엄두는 나지 않아 사진만 찍어 두었다.

진숙이가 집에 아무도 없다며 들어오라고 한다. 깔끔하게 정리된 집은 아니었다. 봉제 공장에서 일하는 엄마, 아빠는 밤늦게 돌아온다고 했다. 진숙이가 수업 끝나면 빨래하고 설거지하고, 집 안 정리를 한다.

"선생님, 오늘 학원 숙제 안 했는데 어떡하죠?"

"갑자기 숙제 생각이 나?"

"네, 그거 해야 하는데……. 혼날 텐데……."

"죽겠다는 녀석이 혼날 걱정을 하냐?"

"그러게요. 그런데요, 정말 미래가 안 보이니 죽을 생각밖에 안 나더라고요. 제 얼굴도 고쳐 봤자 예뻐지는 것도 아니고, 공부를 잘할 자신

내게 맡기고 간 진숙이의 가방. 깔끔하게 정리된 공책과 필통, 편지. 혹시 죽은 뒤 자신이 누구인지 모를까 봐 공책마다 이름을 크게 적어 놓았다고 했다. 진숙이는 전날 밤 이 가방을 싸면서 얼마나 마음이 아팠을까?

도 없고, 엄마 아빠는 돈이 없다고 매일 걱정하는데 나 때문에 더 힘들어질 것 같고……."

"그래. 미래가 절망적이면 사람들은 죽음을 선택한다고 하더라. 그런데 그러기엔 넌 아직 가능성이 훨씬 더 많아……. 무거운 짐은 좀 나누면 가벼워진단다. 나 아까 네 전화 받고 너무 놀라서 도움을 좀 받았어. 네게도 도움이 될 것 같아."

상담을 받아 보라는 이야기에 고개를 끄덕인다. 지푸라기라도 잡고 싶은 심정으로 도움을 절실히 원하는 듯했다. 때마침 상담원이 왔다. 상담원과 아이를 놔두고 학교로 돌아오는데 다리가 풀려 후들거렸다. 점심시간에 문자를 보냈다. 상담원은 돌아갔다고 했다. 답변으로 온 문자 내용은 밝아 보였다. 문득 상담원이 아이 혼자 놔두지 말라고 했던 것이 기억났다. 진숙이에게 같이 밥 먹자고 하고 진숙이 집으로 갔다.

"이렇게 학교 식당에서 밥 안 먹고 나와서 먹으니 좋은데. 어머니가 음식 솜씨가 좋으시네."

"이거 다 여기 앞 반찬 가게에서 산 거예요. 엄마가 음식 할 시간이 없어서……."

"나도 퇴근할 때 사 가야겠다. 맛있는 반찬 가게를 알고 있는 것도 능력이야. 좋은 반찬 가게 찾기가 쉽지 않은데……. 밥을 맛있게 얻어먹었으니 설거지는 내가 할게."

"전 설거지하는 소리가 좋아요. 엄마가 내는 소리 같잖아요. 그래서 재봉틀 소리, 빨래하는 소리, 청소기 소리가 좋아요."

진숙이가 많이 외로웠던 모양이다. 엄마를 많이 그리워했다. 진숙이 엄마에게 전화로 오늘 있었던 일을 놀라지 않게 조심스레 이야기했다. 항상 가족 생각만 하는 착한 딸이라 걱정하지 않았다고 했다. "사는 게 바빠서……."라며 끝내 말을 잇지 못하고 울기만 했다. 다른 건 모르겠지만 많이 안아 주고 '고맙다, 미안하다'는 이야기는 많이 해 주었으면 좋겠다고 말씀드렸다.

무엇을 해도 좋으니 목숨만은 버리지 말기를

며칠 뒤 진숙이가 교육복지실에 들어왔다. 평소에는 한 번도 교육복지실에 들어오지 않았다.

"여기 오면 제가 왕따라는 걸 인정하는 게 될까 봐서 그동안 못 왔어요. 미안해요. 선생님."

"미안하긴. 여기 교육복지실이 그런 이미지라면 내가 좀 더 노력해야 할 것 같은데……."

"어제 텔레비전에서 어떤 일본 선생님이 나오셨어요. 아이들을 위해서 손가락까지 조폭들에게 바친 선생님이래요."

"아, 그 선생님 책 며칠 전에 읽었어. 『얘들아, 너희가 나쁜 게 아니야』란 책인데 여기 있어. 빌려 줄까?"

"네, 깨끗하게 읽고 드릴게요. 어제 텔레비전을 보다가 그런 교사가 되고 싶다는 생각이 들었어요. 상담 교사 말이에요. 쌤처럼요."

"하하. 나처럼 되면 안 돼. 난 겁이 많아. 게다가 애를 낳고 겁이 더 많아진 거 있지. 예전에는 그냥 죽으면 죽으리라였는데 애가 생기니 정말 겁이 많아져 버렸어. 넌 나보다 훨씬 더 좋은 상담 교사가 될 수 있을 거야. 자기가 아파 본 사람은 다른 사람의 아픔을 잘 이해하니 말이야."

평소에 텔레비전이나 신문에 크게 광고하는 책 중에 좋은 책을 사다 둔다. 아이들이 광고를 볼 때마다, 그 책을 읽었다는 것만으로도 자존감을 높일 수 있기 때문이다. 더 좋은 것은 다른 사람들 앞에서 자랑할 수 있는 기회도 생긴다는 것이다. 일부러 아이들 앞에서 신문에 나와 있는 광고를 펼치고 추천사를 읽어 준다. 아이들이 읽은 책이 좋은 책임을 공식적으로 인정받을 수 있게 해 주기 때문이다.

『얘들아, 너희가 나쁜 게 아니야』는 비행 청소년들을 위해 13년 동안 밤거리에서 아이들을 만난 일본의 고등학교 선생님이 직접 자신의 이야기를 쓴 책이다. 책의 프롤로그에 아이들이 뭘 했다고 해도 괜찮지만 죽는 것만큼은 안 된다는 이야기를 사진과 함께 설득력 있게 표현해 놓고 있다.

진숙이는 책 읽다가 펑펑 울었다며, 다음 날 아침 일찍 눈이 퉁퉁 부어서 나를 찾아왔다. 책을 읽으며 마치 내가 자신에게 이야기를 해 주는 느낌을 받았다고 했다. 겁은 나지만 자기도 그런 선생님이 되고 싶다고 이야기했다.

하나둘 아이들이 교육복지실에 들어오자 진숙이는 도망치듯 가 버렸다. 그 뒤로 진숙이가 교육복지실에 오는 일은 없었다. 하지만 가끔 안부 문자를 보내면 항상 고맙다는 답 문자를 보냈다. 그리고 수업 시간에 선생님이 『얘들아, 너희가 나쁜 게 아니야』에 대해 이야기하며, 읽은 사람이 있는지 물었을 때 진숙이 혼자 손을 들었다고 자랑도 했다. 그 책이 거기 있어서 정말 다행이다.

*정신건강 핫라인(1577-0199) 다양한 정신건강 관련 정보와 24시간(365일) 상담을 제공하고 있다. 2009년부터는 위기관리팀을 자살예방센터로 격상 운영하여 119 구급대와 경찰과의 3자 통화 및 공동 응급 출동을 통해 자살 시도자 및 의도자에 대한 서비스를 강화했다.

생을 끝내고 싶은 아이에게 권하는 죽음과 관련된 책

죽음을 구체적으로 생각하고 있는 아이들에게 자살한 주인공의 이야기를 보여주는 것은 조심해야 한다. 하지만 많은 아이들이 자살을 생각한 경험을 가지고 있기 때문에 평상시에 죽음에 대한 준비를 해 줄 필요는 있다는 생각이 든다.

『쥐를 잡자』(임태희 지음, 푸른책들)는 임신과 낙태, 어느 한 곳 마음을 둘 곳을 발견하지 못한 주인공의 자살로 이야기가 끝난다. 이 강렬한 이야기는 아이에 따라 주인공의 아픔만큼 심각하지 않으니 나는 살아야겠다고 생각하는 경우가 있고, 반대로 복잡하고 괴로운 상황에서 벗어나 버린 주인공을 동경하는 경우도 생길 수 있다. 그렇기 때문에 죽음을 구체적으로 생각하고 있는 아이라면 책을 읽고 꼭 함께 이야기를 나눠야 한다. 이 책의 주인공에게 도움이 될 수 있었던 주인공의 엄마, 선생님 역시 자신들만의 '쥐' 때문에 고통받고 있는 상황이었다. 아이들과 자신의 '쥐'를 어떻게 다루어야 할지에 대해 이야기 나누면 좋을 것 같다.

단편 모음집 『나는 죽지 않겠다』(공선옥 지음, 창비)에 들어 있는 '나는 죽지 않겠다'에서 주인공은 반 아이들이 모은 불우 이웃 돕기 성금을 맡았다가, 경제적으로 어려운 자신의 어머니에게 가져다준다. 그 일로 학교에서 궁지에 몰려 자살을 결심하지만, 마지막 순간에 삶의 의지를 다진다는 이야기로 끝이 난다. 위기 상황을 피해 버리려고만 하는 아이들과 이야기를 나누기 좋은 책이다.

제2차세계대전 중 살아남은 유대인 소년들의 이야기인 『희망의 섬 78번지』(우리 오를레브 지음, 비룡소), 『스룰릭』(우리 오를레브 지음, 푸른숲)을 통해 죽음의 공포 속에서 희망을 이야기할 수 있다.
『희망의 섬 78번지』는 도시 속에서 살아남은 유대인 소년의 이야기이고, 『스룰릭』은 시골에서 살아남은 유대인 소년의 이야기인데 죽음을 피해 다니는 아이의 모습이 가슴 아프기보다는 마치 한 편의 모험 소설을 읽는 것처럼 박진감이 넘치고 흥미롭다.

그림책 『할머니가 남긴 선물』(마거릿 와일드 지음, 시공주니어)에서는 죽음을 준비하는 할머니의 모습을 통해 진정한 죽음의 준비를 살펴볼 수 있다. 자신의 죽음을 예감한 할머니 돼지는 손녀 돼지를 데리고 은행에 가서 통장을 정리하고, 집을 청소하는 등 주변을 정리하고, 밖으로 나가서 자연의 아름다움을 만끽

하는 모습이 장엄하게 전달된다.

『**오소리 아저씨의 소중한 선물**』(수잔 발레이 지음, 지경사)은 동물들을 돌보던 오소리 아저씨가 죽고 나서, 아저씨가 동물친구들에게 얼마나 소중한 것을 남겼는지 기억해 낸다는 내용이다. 천천히 그림과 같이 음미하며 죽음에 대해 생각하며 읽으면 좋은 책들이다.

* * *

청소년의 자살률이 점점 높아지고 있는 요즘, 청소년들의 자살에 대해 관심을 기울이기 위하여 청소년기의 자살의 특징과 자살 신호를 인지하고 있는 것이 도움이 되지 않을까 싶다.

청소년기 자살은 충동성이 강하게 작용해 순간적으로 이루어진다. 또, 현실의 고통에서 벗어나 사후 세계에서 해결하려는 사생관(死生觀)을 지니고 있다. 더구나 어려운 상황을 피하기 위한 도피성 자살이 많고 가족이나 친구에 대한 보복 심리에 의한 자살, 자기 처벌로서의 자살, 욕구 좌절에 대한 충동적 자살이 많다(수원시민일보 2010.10.10 '김덕년의 교육칼럼-건강한 교육생태계를 꿈꾸며9' "청소년 자살 급증…청소년의 생명을 보듬어야").

또, 자살을 기도하는 청소년들은 그들 특유의 행동 패턴을 나타낸다.

자살 신호로서 쉽게 인지될 수 있는 행동들을 정리하면 다음과 같다(『청년심리학』, 장휘숙, 학지사, 2004).
① 우울 경향이 증가하고 섭식 장애와 수면 장애가 계속적으로 나타나며 학업 성적이 떨어진다.
② 점진적으로 타인으로부터 위축되고 격리된다.
③ 부모나 다른 중요한 성인과의 대화가 단절된다.
④ 자살 기도나 사고를 일으킨 전력을 가지고 있다.

북한에서 온 **윤주**

표정이 없는 윤주. 중학교 불량
서클 여자아이들과 어울리기는 하지만 크게 화를 내는 일도, 자신의 이
야기를 하는 일도 좀체 없다. 항상 그 얼굴이다. 그래서 아이들이 좋아
하지도 싫어하지도 않는다.

처음 만난 것은 윤주가 초등학교 4학년 때. 평범한 아이였다. 한국에
일찍 와서 초등학교 1학년부터 학교를 다녔고, 기초가 없는 것도 아니
었다. 외모도 그렇게 티가 나지 않아 조용하게 초등학교 생활을 했다.
따로 관심을 기울이지 않아도 잘해 나갈 것으로 보였다.

그러던 윤주가 중학교에 가면서 달라졌다. 불량 서클의 친구들과 어
울렸다. 가끔 학교에서 마주치는 일이 있었지만 날 찾아와 자신의 고민
을 이야기하려 하지 않았다. 대부분의 탈북 학생들이 그렇듯이 윤주도

누군가 자기를 특별하게 보는 것을 싫어했다. 나와 먼저 친해진 것은 윤주의 친구들이었다. 윤주가 같이 오긴 했지만 인사도 제대로 안 했다. 내가 일부러 반갑게 인사하면, 고개만 까딱하고는 말을 붙일까 봐 서둘러 교육복지실을 나갔다.

『강아지똥』을 읽다 울어 버린 윤주

중학교에는 1년 동안 해야 하는 자원봉사 시간이 정해져 있다. 학교에서 함께하는 봉사 활동 외에 개인적으로 여덟 시간의 자원봉사를 해야 한다. 대부분 공공기관에 가서 청소를 한다. 다소 형식적으로 시간을 채우려 하는 경우가 많아 하는 사람과 받는 사람 모두에게 더 뜻 깊은 활동을 아이들에게 연결해 줬으면 좋겠다는 생각을 했다. 어린 초등학생들의 공부를 도와주는 일을 해 보면 좋겠다는 생각을 했다. 개인적인 경험이지만 대학교 다니며 달동네 공부방에서 다른 사람을 가르치면서, 나 자신이 더 많이 배웠던 기억도 작용했다. 근처 초등학교 공부방에 연락해 중학생들이 그림책 읽어 주기 자원봉사를 하고 싶다고 하자, 쉽게 허락이 떨어졌다.

불량하다고 알려진 아이들이지만 모두 초등학교 1, 2학년은 귀엽다며 읽어 줄 그림책을 신 나게 골랐다. 초등학생들에게 책을 읽어 주는 데는 10분도 채 안 걸리니, 나머지 시간 동안 함께 할 수 있는 프로그램을 짜라고 했다. 다른 아이들은 그림을 그린다, 찰흙을 빚는다, 법석을 떠는데, 윤주는 『강아지똥』 책만 뚫어져라 바라봤다. 옆의 아이가 윤주는 노래를 잘 부르니 노래를 가르쳐 주라고 했다. 그러자 윤주는 이루마가 작곡한, 〈강아지똥〉 애니메이션의 삽입곡 'Dream'을 가르쳐 주겠다고 한다. 인터넷에서 악보와 동영상을 찾아 혼자 연습을 했다. 시끄럽게 떠드는 아이들 속에서, 컴퓨터를 바라보는 윤주의 모습은 진지했다.

자원봉사 하기로 한 날, 초등학교 교문에서 아이들을 보는 순간 뒤통수를 맞은 느낌이 들었다. 아뿔싸! 평소 교복 윗도리도 가슴이 터질 정도로 줄이는 아이들인데 방심했다. 사복이 얼마나 위험(?)한지 알면서 주의를 시키지 못했다. 가슴이 훤히 들여다보이는 상의를 입고 온 아이, 심하게 달라붙는 바지를 입고 온 아이, 전체 길이가 한 뼘밖에 안 돼 보이는 짧은 바지를 입고 온 아이……. 윤주 역시 주먹만 한 귀고리를 하고 왔다. 그렇다고 그냥 돌려보낼 수도 없었다. 초등학교 아이들이 있는 교실로 가면서, 절대로 욕하지 말고, 말을 가려서 할 것을 조심 또 조심시켰다.

　윤주는 예상한 대로 『강아지똥』을 준비해 1학년 아이들에게 읽어 줬다. '강아지똥'이 태어나서 참새와 흙덩이에게 더럽다고 무시당할 때부터 조금씩 윤주의 목소리가 떨렸다. 병아리에게 쓸모없다고 무시당할 때는 눈물을 뚝뚝 떨어트렸다. 강아지똥이 영원히 아름다운 별이 되고 싶은 소원을 품고 자신의 몸을 희생하여 민들레꽃을 피워 내는 장면을 읽으면서도 윤주의 눈가에는 눈물이 마르지 않았다. 책을 다 읽고 노래를 가르쳐야 하지만 울음이 멈추지 않았다. 초등학교 1학년 남자아이는 멀뚱히 책만 쳐다봤다. 다른 모둠은 즐겁게 이야기를 나누고 있는 중이었다. 결국 내가 노래를 가르쳐 줘야 했다. 노래를 가르쳐 주는 동안에도 윤주는 엎드려서 계속 울고 있었다. 1학년 아이가 노래를 배우다 말고 내게 귓속말을 한다.

　"나 저 누나 알아요. 저도 저 누나처럼 북한에서 왔어요."

　그 이야기를 윤주가 들었는지, 밖으로 나가 세수를 하고 들어왔다. 다음 시간에 다른 책을 가지고 와서 읽어 주겠다며 미안해했다. 집으로 돌아가는 길에 중학생들은 자기 모둠의 아이들을 자랑하느라 정신이 없었다. 윤주는 내게 무슨 말을 하고 싶은 듯 보였다. 윤주와 가져간 자료들을 가져다 놓는다며, 다른 아이들을 보내고 둘만의 시간을 가졌다.

윤주는 북한에서 중국을 거쳐 내려왔다. 북한에서의 기억은 없는데 중국에서 지낸 일곱 살의 기억은 정말 끔찍했다. 1년 동안 빛을 본 적이 거의 없는데, 중국 공안에게 들킬까 두려워 마음껏 울고 웃지도 못했다고 했다. 그곳에서 윤주는 갇혀 지내는 답답함보다, 자기보다 어린 세 살의 동생을 울리지 않아야 한다는 걱정으로 더 고통스러웠다. 그때의 기억을 잊어버리고 싶어 했다. 세월이 지나면 잊을 수 있을 줄 알았는데, 말을 하지 않으면 잊어버릴 수 있을 줄 알았는데, 그렇지 않았다. 아이들과 신 나게 놀면 잊힐 줄 알았는데 그것도 아니었다. 울면서 자신이 중국에서 쓸모없는 딸이라고 자책했던 때를 이야기했다. 언제 붙잡혀 갈지 모르는 공포 속에서 자신은 죽어도 동생만 살릴 수 있다면 좋겠다고 생각했다.

윤주는 그동안 내가 자신이 탈북 아이라는 것을 아는 체하지 않은 것에 감사해했다. 이야기를 하면서 내내 울던 윤주는 펑펑 울고 나니 가슴이 후련해졌다고 했다.

"어제 집에서 오늘 읽어 줄 책을 읽어 보았거든요. 그때는 책 읽다가 울 줄 몰랐고, 이 노래 가르치다 울 것 같아 걱정했어요. 그래서 걱정돼서 벨소리로 다운받았는데……. 정말 울다니 어처구니가 없네요."

그때부터 윤주의 휴대전화 벨소리는 'Dream'이었다.

걱정 마요 실망 마요 저 멀리서 별이 내려올 때

울지 말고 바라봐요 내 손에 담긴 작은 별들을 쉽게 놓쳐

버릴까봐 그만 놓쳐 버릴까봐 걱정 말고 믿어 봐요

나의 꿈을 잊지 마요 나의 꿈을

걱정 마요 실망 마요 저 멀리서 별이 내려올 때 울지 말고

바라봐요 내 손에 담긴 작은 별들을 쉽게 놓쳐 버릴까봐

그만 놓쳐 버릴까봐 걱정 말고 믿어 봐요

나의 꿈을 잃지마요 나의 꿈을

쉽게 놓쳐 버릴까봐 그만 놓쳐 버릴까봐 걱정 말고

믿어 봐요 나의 꿈을 잃지 마요 oh~

걱정 말고 믿어 봐요 나의 꿈을 잃지 마요

울지 말고 바라봐요 나의 손에 담긴 작은 별들을

윤주의 의자

아이들은 방학 동안 초등학생들에게 그림책을 읽어 주며 나하고도 친해지고 책에도 친숙해졌다. 3학년에 올라가는 아이들을 위해 다양한 프로그램을 준비했다. 아이들을 위한 집단 상담부터 문화 프로그램까지 다양한 프로그램을 준비했다. 아이들은 모든 프로그램에 열심히 참여했고 2학년 때에 비해 학교생활이 훨씬 좋아졌다. 아이들이 대견해 선물을 해 주고 싶었다.

그래서 노작 교육*의 하나인 '나만의 가구 만들기'의 재료들을 준비해 아이들에게 나눠 줬다. 활력이 넘치는 아이들이 사포질과 못질로 땀을 흘리고, 실용적이고 멋진 작품들을 만들어 집에 놓고 쓰면 얼마나 좋아할까 하는 생각이 들었다. 대안학교 목공 선생님을 초빙해 나를 포함해 모두 하나씩 자신이 원하는 가구를 만들었다.

가구를 만들기 전에 먼저 『뚝딱뚝딱 목공 만들기』, 『DIY 내가 만든 우리집 가구』, 『가구의 책』을 함께 봤다. 목공 선생님은 '가구는 사람과의 소통이다'라고 강조했는데, 신기하게도 아이들은 가구를 만들며 가족을 생각하고 소통하기 시작했다. 만들 가구들은 책꽂이처럼 어느 정도

크기가 있는 것이었기에, 계획 단계부터 집의 어느 곳에 놓을지 고민해야 했다. 윤주는 수납공간이 있는 의자를 만들기로 했다. 조카에게 줄 것이라 했다. 그 누구보다 열심히 작업했다. 이제 네 살인 조카가 다치지 않도록 모서리 하나하나를 오랜 시간을 들여 사포질하였다. 5회기인데 한 회기당 짧게는 두 시간 길게는 다섯 시간을 작업을 했다. 밥도 먹지 않고 일한 적도 있었다. 완성된 작품들은 꽤 무거웠을 텐데 모두 들고 갔다.

기말고사가 끝나고 아이들과 고등학교 진학 상담을 하고 있을 때, 윤주가 슬픈 소식을 전했다. 갑자기 영국으로 간다고 했다. 얼마나 힘들게 한국에 적응하고 열심히 살았는데……. 그동안 노력하던 시간들이 한순간에 무너져 내리는 것 같았다. 어디다 내놔도 자랑스러운 윤주였는데, 한국에 잘 적응한 탈북 학생의 좋은 모범 사례가 될 수 있다고 생각했는데……. 윤주의 부모님은 한국에 잘 적응하지 못한 언니, 오빠를 브로커를 통해 난민으로 영국으로 보내면서 믿을 만한 윤주를 같이 보내려고 했다. 정말 보내고 싶지 않았다. 하지만 윤주는 마치 운명인 양 담담히 받아들였다.

영국으로 떠나기 전 어느 날 윤주에게 연락이 왔다. 퇴근하면서 자기 집에 들를 수 있는지 물었다.

"만든 의자 있잖아요. 쌤 드릴게요. 쌤 딸한테 주면 속상하지 않을 것 같아요. 우리 집이 좁은데 여덟 명이 같이 살잖아요. 그래서 그렇게 크지 않은 그 의자도 자리를 차지한다며 엄마가 버리라는 거예요. 이제 우리 세 명이 영국 가면 집도 많이 넓어질 텐데 말이에요. 조카가 좋아했는데……."

윤주가 정말 떠나는 날이 밝았다. 내 미니홈피에 윤주의 작별 인사가 쓰여 있었다.

정말 정말 사랑하는 고정원 선생님.

대체 머부터 말해야 할지 모르겠어요. 정말 완전 사랑해요.

그리구 제가 중학교 올라와서 정말 선생님 때문에 편했고 또 웃을 수 있었고. 항상 위로해주시고 제 고민 들어 주시고 아 완전 할 말 너무 많다. 정말 너무 갑작스럽구 황당하고. 이때까지 만났던 선생님 중에 정말 마음에 와 닿는 선생님 정말 사랑하는 선생님 언제나 제 옆을 지켜주시던 선생님……. 아 자꾸 눈물 나요. ㅜ

선생님 안보고 어케 살아. ……보고 싶어서 어케요. 힘들 때 어떡해요. 저 가서 정말 잘하구 올게요. 꼭 성공해서. 선생님 만나러 갈게요. 당당하게.

정말루 정말루 제가 사랑하는 거 알죠. 진짜 너무 할 말 많은데……,

진짜 너무 고마워요 선생님

정말 그동안 함께 했던 날들 진짜 진짜 즐거웠는데 완전 눈물 나 진짜 갑작스러워 너무…….

그리고 선생님 제가 올 동안 몸 건강하세요!

사랑해요 선생님.

읽다가 얼마나 울었는지 모른다. 내가 해 줄 수 있는 것이 아무것도 없었다. 언제 읽을지 모를 답글을 남겼다.

이제 도착했겠구나. 얼마나 떨리고 힘드니? 우리 윤주 생각하니 이렇게 편하게 앉아서 컴퓨터 하는 것도 미안해진다. 밥은 잘 먹고 있니? 언니, 오빠랑 함께 있어서 다행이긴 한데……. 벌써 많이 보고 싶다. 거기도 많이 추울 텐데……. 옷은 잘 챙겨 간 건지……. 아직도 종이 치면 네가 쪼르르 달려올 것만 같은데……. 없다는 게 믿어지지 않는다. 그냥 교실

에서 잘 지내고 있다고 믿고 싶은 건지도 모르지……. 제발 잘 있어. 그
리고 건강한 모습으로 만나자. 참, 비밀 하나! 내년 4월이면 둘째가 태
어나. ㅋㅋ 둘째에게도 꼭 네 이야기 해 둘게. 그래야 나중에 봐도 반갑
게 인사하게……. 또 연락할게……. 사랑해~ 정원 쌤이.

윤주는 1년 만에 다시 한국으로 돌아왔다. 많이 힘들어했지만 곧바로
고졸 검정고시 준비를 했다. 그새 윤주는 많이 단단해져 있었다. 그리고
어느 날 대학 수시 모집에 합격했다는 문자를 보내 왔다. 탈북 학생은
특별 전형이 있어서 원하는 대학에 가는 것이 상대적으로 쉽긴 하지만,
어려움을 이기고 진학한 윤주가 정말 대견했다.

*노작 교육 노작은 의도적으로 무언가를 만들어 내는 일이라는 점에서 놀이와 구분되며, 만
들어 낸 것이 경제적인 상품 가치를 가져야 할 필요가 없다는 점, 결과보다는 과정이 중요하
다는 점, 작업 과정에서 소외될 가능성이 상대적으로 적다는 점 등에서 노동과 구별된다.
노작 교육의 성격은 다음 세 가지로 규정된다.
첫째, 인간 경험의 성장을 목적으로 이루어지는 육체적 활동이다. 노작은 그 과정에 참여한
사람의 자유로운 조작과 자율적 선택의 폭이 비교적 넓은 인간 활동이므로 다른 교육 과정에
비해 개방적이며 내용이 다양하다. 둘째, 인간 경험과 성장을 목적으로 이루어지는 육체적
활동이지만, 일차적으로 사회에서의 삶의 양식을 어느 정도 반영하면서 작업을 통해 무언가
를 만들어 내는 활동이다. 셋째, 학습자에게 일정한 절차나 기술에 익숙하게 하면서도 여전
히 개인적인 변용이나 집단 창작의 가능성을 열어 주는 교육이다.

울지 않던 아이를 울리는 책

윤주가 가장 원하는 것은 다른 아이들과 똑같아지는 것이었다. 탈북을 했다는 것이 알려질까 항상 노심초사했고, 자신이 심하게 소외된 존재라고 생각했다. 윤주는 혼란과 고통 속에 갇혀 있었다. 이런 경우 독서를 통해 다른 사람들도 자신과 유사한 느낌과 문제를 겪었음을 발견할 수 있다면 좋을 것이다. 그렇게 해서 사람들의 공동체 속으로 들어갈 수 있기를 희망한다.

아이들은 흔히 슬퍼서 울었던 책을 감동적이라고 이야기한다. 내가 만난 아이들과 그 감동을 나눈 책들이 몇 권 있다.

『언제라도 만날 수 있어요』(기쿠타 마리코 지음, 베틀북). 아주 작고 귀여운 그림책인데, 유아 대상은 아닌 것 같다. 어린 주인이 죽자, 그 주인을 그리워하는 강아지가 화자인 책이다. 무척 짧은데 아이들은 이 책을 읽고 눈물을 흘린다. 그러면서 어린 시절 떠나보냈던 많은 애완동물들을 추억하곤 했다. 아이들은 책을 읽다가 꼭 가지고 싶다며 용돈을 모으는 책들이 있는데 절판이 되는 경우가 많다. 이 책 역시 그렇다. 이런 경우 책이 없어지지 않게 주의해야 한다. 아이들이 마음껏 읽을 수 있도록 책꽂이에 꽂아 둘 수 없어서 안타깝다.

『연을 쫓는 아이』(할레드 호세이니 지음, 현대문학)는 꽤 두꺼운 책인데도 불구하고, 아이들이 밤을 새워 읽고 울었다고 이야기하는 책이다. 아프가니스탄 내전을 겪으며, 주인 아들과 하인의 아들과의 신분을 뛰어넘는 우정을 그린 성장소설이다.

『나의 라임 오렌지나무』(J. M. 바스콘셀로스 지음, 동녘)에는 가정의 크고 작은 폭력과 가난으로 인한 주인공의 아픈 성장기가 눈물 나게 그려진다.

『몽실 언니』(권정생 지음, 창비), 『점득이네』(권정생 지음, 창비)는 궁상스럽다고 이야기하는 아이들도 있지만, 한국 전쟁을 온몸으로 고스란히 겪은 몽실이와 점득이의 '끝까지' 편안하지 않은 삶 때문에 눈물이 흐른다며 아이들과 열심히 읽은 책들이다.

만화책 『캔디캔디』(이가라시 유미코 지음, 하이북스)는 여자아이들이 앞다퉈 빌려 간 책이다. 집에 가서 읽을 때, 엄마가 어렸을 때 재미있게 보던 만화영화라며 같이 읽었다는 이야기도 여러 번 들었다.

꿈을 찾는 아이들

엄마가 그립기 때문에 미워하는 아이

교사와 싸우고 자퇴서를 던진 창석이

요리사의 꿈을 찾은 성훈이

엄마 노릇이 부담스러운 진희

내 책을 가져다 꿈을 키우는 성아

빨간 풍선 친구들과 함께 떠나고픈 은희

엄마가 그립기 때문에 미워하는 아이

병준이는 운동부다. 학교에서 운동부 아이들은 각자의 이름보다는 그냥 운동부로 불린다. 큰 몸집과 우락부락한 얼굴로, 하루 종일 운동하고 교실에서는 잠만 자는 아이들, 교실에는 잠깐 놀러온 듯한 느낌을 준다(물론 모두 그런 것은 아니다). 병준이는 이미 각종 대회의 수상 경력이 있어 체육 특기생으로 체고와 체대를 가서, 올림픽에서 상을 받을 것이라는 주변의 기대를 모았다. 탄탄한 미래를 가진 아이이기에 나와 인연이 생길 줄은 몰랐다.

체고 진학이 좌절된 병준이

9월 어느 날, 5교시쯤 병준이가 손에 붕대를 감고 교육복지실 문을 열고 들어섰다. 아무 말 없이 소파에 앉았다. 가만히 놔두었다.

"저 체고 못 가요."

갑작스러운 이야기에 의아했다. 병준이가 체고를 못 간다면 누가 갈 수 있단 말인가.

"이 손 때문에……. 게다가 올해부터는 다른 과목 성적도 본다고 해서 말이죠. 공부하기 싫어서 운동했는데 이제 와서 성적을 보겠다니……."

다른 친구들이 성적 때문에 진학을 고민할 때, 병준이는 자신은 그래서 운동을 했다며 은근히 친구들 약을 올리기도 했다. 친구들에게 우쭐대던 병준이라 손을 다쳤다는 이야기를 친구들에게 할 수 없었다. 왜 나를 찾아왔는지 알 것 같았다. 손을 보고 혹시 오토바이 타다가 다친 것 아니냐고 물었다. 병준이는 고개를 끄덕이며 욕을 했다.

"그날 오토바이 안 타려고 했는데 그 녀석이 자기 못 믿느냐고 해서 탔어요. 그런데 사실 세상에 믿을 놈이 어디 있어."

병준이는 아이들과 사이가 좋지 않은 편이다. 병준이 친구들은 자신들의 이야기를 나에게 하면서도 '병준이에게 말하지 말라' 며 당부를 하곤 했다. 병준이는 '그 녀석들이 그렇지' 라는 말을 쓰며 아이들을 은근히 무시하는 말을 자주 했다. 아이들이 주말에 보낸 일을 이야기할 때면 병준이는 옆에 있다가 자기만 뺐다고 삐치곤 했다.

오토바이는 아이들이 으스대며 이야기할 좋은 주제다. 어떤 오토바이를 탔다느니, 몇 킬로미터까지 달려 봤다느니 하는 이야기가 나오면 아이들의 눈은 이야기를 하는 사람에게 쏠리곤 한다. 당시 학교에서 아이들의 주 관심사는 오로지 오토바이였다. 물론 아이들이 오토바이를 타는 것은 불법이다. 오히려 불법이기 때문에 사춘기 아이들의 영웅 심리를 더욱 자극하여 오토바이는 유행처럼 번졌다. 심지어는 오토바이를 쉽게 훔치는 방법을 서로 알려 주기도 했다. 중학생과 오토바이와의 만남은 결코 좋지 않은 조합이다. 처음부터 끝까지 불법이다. 헬멧 미착용, 무면허, 오토바이 절도⋯⋯.

체고 진학을 앞둔 병준이는 가장 중요한 대회를 일주일 남겨 두고 오토바이를 탔다. 타면 안 될 것 같았지만, 집에 있기가 싫었기 때문이라고 했다. 그날은 병준이가 보고 싶어 하던 엄마가 온 날이었다. 그런데 막상 함께 있으려니 어색하고 답답했다. 시원한 바람이라도 쐴 생각으로 탄 오토바이로 인해 대회를 참가할 수 없게 됐다. 상처는 크지 않았지만 기회를 놓쳐 막막해했다. 엄마와 어떤 일이 있기에 그랬을까?

병준이는 엄마에 대한 생각을 하면 항상 불안했다. 엄마에 대한 좋은 기억은 없다. 항상 불안할 뿐이다. 여섯 살 때부터 엄마는 1년 정도 같이 살다가 2년 정도 집을 나가곤 했다. 그래도 다시 엄마가 오기만 하면 좋았다. 집이 깔끔해졌고, 먹고 싶은 음식도 항상 먹을 수 있었다. 엄마는 잔소리를 전혀 하지 않았고, 병준이도 엄마에게 무엇을 해 달라고 한 적이 없다. 그런데 평화로운 시기는 그렇게 오래가지 않았다. 아빠와 엄마가 싸우기라도 하면, 엄마는 한 달 이상 볼 수가 없었다. 집은 다시 아빠와 병준이만의 공간이 됐다. 마치 두 사람만 예전부터 살았던 것처럼 엄마의 물건은 눈앞에서 사라졌고, 엄마 이야기도 하지 않았다.

『엄마 마중』을 만나다

손 때문에 연습을 할 수 없는 병준이는 교육복지실에 어슬렁거리며 나타나곤 했다. 병준이가 앉을 만한 자리 앞에 『엄마 마중』이라는 그림책을 펼쳐 두었다. 짐작대로 병준이가 책을 들고 보기 시작했다.

보여 주고 싶은 책이 있으면 아이들이 앉을 만한 곳에 읽히고 싶은 책을 놓아두곤 한다. 아름다운 장면이나 예쁜 그림이 나오는 부분을 펼쳐 놓으면 아이들은 십중팔구 책을 본다. 주변을 의식하지 않아도 되도록, 좀 전에 누가 읽던 것처럼 주변을 조금 어수선하게 놔둬 자연스러운 느낌을 받도록 한다. 나만의 방법인데 아이들은 아는지 모르는지 책에 빠져들곤 한다.

"그림 예쁘지? 거기 아가도 얼마나 귀여운지 몰라. 어차피 교실이나 운동부실에 안 갈 거면, 그거 읽어 봐. 그림이 참 좋아……."

"그림책이네요. 어렸을 때도 난 책을 안 봤다던데."

"그럼 보여 줄게. 여기 애가 엄마 마중을 나온 거야. 귀엽지? 이 볼 빨간 거 봐. 이것 봐라. 웃기지? '우리 엄마 안 오냐고 차장한테 물어보니…….' 그렇지 차장이 얘네 엄마가 누군지 어찌 아니?"

"얘 바보구나."

"으그……. 아무튼 이것 봐. 아가가 이제 물어보지도 않고 이 추운데 엄마 기다리잖아. 에구, 눈까지 오고."

"엄마가 집 나가서 기다리나 봐요."

"정말 그럴까? 마지막 장면을 잘 봐."

"뭐야. 그냥 동네 그림이잖아."

"자세히 봐."

"(깜짝 놀랄 만한 큰 소리로) 아……. 엄마 만났구나."

"그래, 원래 작가가 쓴 글은 '아가는 바람이 불어도 꼼짝 안 하고, 전차가 와도 다시는 묻지도 않고, 코만 새빨개서 가만히 서 있습니다' 라고 하며 끝나. 그런데 화가가 이렇게 그려 놓은 거야. 아가가 안돼서 그랬나 봐. 나도 처음엔 못 찾았는데 이 책 봤던 2학년 애들이 찾아 준 거야. 이거 읽고 우는 애도 있었어. 맘 아프다며……."

"이 책 저 빌려 주면 안 돼요?"

"물론, 되지. 그런데 꼭 가져다줘야 해. 애들이 좋아하는 책이야. 제목이 '싸가지 없는 엄마 나오는 책' 이래. 추운데 애 기다리게 했다고 애들이 붙였어. 교육복지실의 인기 도서 중 하나지."

시작종이 쳤다. 병준이 책을 들고 교실로 돌아갔다. 복도를 지나가며 병준이 교실을 보니 병준이가 『엄마 마중』을 펼쳐 놓고 있었다. 엎드려 잠만 자는 대신에 책을 읽는 모습을 보니, 무인도가 살아 있는 섬이 된 것처럼 느껴졌다. 교사 식당에서 점심을 먹고 있는데 한 선생님이 병준이가 수업 시간에 그림책을 읽더라며 신기한 일인 듯 이야기하는 소리가 들렸다. 평상시는 자리에 없거나 잠만 자던 아이라 화젯거리가 됐다. 괜히 내가 더 짜릿했다.

엄마에 대한 양가감정

며칠 후, 수업 시간에 병준이가 교육복지실 문을 열고 들어섰다.

"쌤이 애들 상담도 해 준다면서요. 저도 상담해 주면 안 돼요?"

"상담? 무슨 일 있어?"

"그게…… 엄마만 보면 짜증 나고 답답하고 그런데 이거 정신병원 가 봐야 하는 건가 해서요."

"네가 조절이 힘들면 병원에 가면 도움을 받을 수 있긴 한데, 가장 중요한 건 스스로 원인을 파악하고 조절하려고 노력하는 거야. 하지만 잘 해결이 안 되는 경우가 많지. 그냥 놔두면 마음의 상처가 큰 고통을 줄 수도 있어."

"이러다 미칠 것 같아요……."

"그래 한번 알아보자. 도대체 원인이 뭔지 말이지."

"엄마, 아빠는 이혼했는데 몇 년에 한 번씩 집에 와요. 그러고는 잘 살 것같이 그러다가 싸우고 다시 나가요. 아빠 성격이 이상하니 엄마가 이해 가긴 하지만……."

"엄마가 오는 게 싫은 거야?"

"몰라요. 1~2년 안 올 때는 왔으면 좋겠다가도 오면 짜증이 나고……. 엄마가 뭐라고 하는 것도 아닌데요. 그냥 엄마를 보는 것만으로 속이 느글느글한 것 같기도 하고 그래요. 그런데 『엄마 마중』을 보니 그것과 비슷했어요.”

“그런데 그 느낌이 싫으면서도 계속 그 책을 보게 된다는 거지?”

“그걸 어떻게 알았어요?”

병준이의 엄마에 대한 감정은 혼란스러웠다. 없으면 그리워하고, 눈앞에 있으면 또 떠날 것이 두려워 애써 싫은 이유를 찾는 것 같았다. 엄마가 집을 나갈 때마다 받던 상처를 더 이상 받고 싶지 않은 것이다. 그래서 병준이가 선택한 것은 무관심이었다. 그리고 적극적으로 호감을 드러내지 않았다. 그런 감정은 친구들에게도 나타났다. 외롭고 보고 싶어도 친구들에게 옆에 있어 달라고 이야기를 못했다. 병준이가 갑자기 뜬금없는 소리를 한다.

“저 어렸을 때 책에 있던 아기처럼 생겼어요. 하하. 왜 웃으세요? 안 믿어지실 거예요. 사진 보여 드릴까요? 정말이에요.”

“그래, 너도 자세히 보면 귀여운 구석이 있어. 특히 웃을 때 그래. 네가 잘 안 웃어서 안 보이는 거야. 병준아, 힘든 거 가슴에 묻어 버리고 모른 체하고 있으면 없어질 거 같니?”

“…….”

“이렇게 오늘 나를 찾아와 줘서 고맙고 내가 도움이 될지는 모르겠지만 네 마음속에 있는 엄마에 대한 속상하고 그리운 감정을 인정해 보는 것은 어떨까? 가슴속에 있는 아픈 상처는 없어지는 게 아니라, 썩고 뭉그러져서 언젠가는 너를 더 힘들게 만들 수 있어. 네가 생각하지 않던 상황에서 그 상처들이 곪아 터지는 거지. 특히 부모랑 관계된 일은 마음속에 응어리로 남아서 잘 없어지지 않아.”

“너무 어렵네. 그런데 이러다 미쳐 버릴 것 같다는 생각은 했어요. 오토바이 타다가 그냥 하늘로 날아가 죽어 버리고 싶다는 생각도 해 봤고……."

"그렇게는 안 죽어. 평생 불구로 살기 쉽지. 요즘 가장 화가 나는 일은 뭐니?"

"엄마랑 아빠랑 웃으며 이야기하는 거요."

"……네가 정말 원하는 건 뭔데?"

"모르겠어요. 그냥 집을 나가고 싶어요. 그럼 이 느글거리는 게 괜찮아질 것 같아요."

"가장 좋은 건 네가 이 그림책 마지막에 엄마를 만나서 손잡고 커다란 사탕을 들고 가는 아이처럼 되는 걸 텐데."

"이 책을 다시 보다가 이 마지막 장면이 상상일지도 모른다는 생각을 했어요. 아가는 그 자리에서 계속 엄마 기다리다가 얼어 죽고……."

"정말 네 상상력 기발한데 멋진 결말이야. 우리 병준이 문학성이 있는지 몰랐네. 그리고 작가도 여기서부터는 '상상이오'라고 표현하고 있는 것 같아. 끝에서 두 번째 장면에서 흐릿흐릿해진 장면 있잖아. 이게 상상으로 들어가는 신호라고 생각하면 말이지."

"(정말 작은 소리로) 그런데 이 책 저 주시면 안 돼요?"

"그럼, 그럼……. 네게 이 책이 위로가 된다면."

병준이는 자신이 만든 끔찍한 결말을 이야기하면서 행복해 보였다. 일종의 카타르시스*를 경험한 것이라는 생각을 했다. 지금처럼 하다가는 자신도 그 끔찍한 결말처럼 될 것에 대해 스스로 경고를 보내는 것 같았다. 결국 병준이는 체육고등학교에 가지 못하고, 근처의 가장 성적이 낮은 아이들만 가는 고등학교에 갔다.

졸업식 날 병준이가 교육복지실 문을 열고 몸을 반만 넣고 엄마는 다시 집을 나갔다면서 애써 아무렇지 않게 이야기를 했다.

병준이는 엄마에 대한 양가감정**으로 불안해했는데 그 감정을 외면하려고 비뚤어진 행동을 했다. 작은 변화일지 모르지만 책을 통해 조금은 자신의 아픔을 직시하고 건강한 삶에 대한 열정을 되찾으려 했다는 생각이 든다. 아이들에게 자신이 처한 상황을 책을 통해 그대로 볼 수 있게만 해 줘도 성과가 있는 경우가 많다.

졸업식 뒤에 한참 동안 병준이 소식을 듣지 못했다. 혹시나 하고 찾아보니 모 체육고등학교 3학년에 병준이 이름이 있었다. 아무 학교나 가서 열심히 해서 꼭 체고 편입하겠다고 했는데 소원을 이룬 모양이다.

---

*카타르시스 자기가 직면한 고뇌 따위를 밖으로 표출함으로써 강박관념을 해소하는 일

**양가감정 정신분열증의 한 특징으로 연상의 이완으로 인해 대상에 내재되어 있는 양면성을 통합하지 못하는 것이 정신분열증의 원인이라고 하였고 이러한 측면에서 양가감정을 세가지 차원에서 고찰하고 있다.
의지의 양가성(주체가 먹고 싶으면서 동시에 먹고 싶지 않은 것), 지적 양가성(주체가 어떤 제안을 하면서 동시에 하고 싶지 않은 것), 감정적 양가성(주체가 동일한 사람을 사랑하면서 증오하는 것)으로 블로일러(Bleuler)는 감정적 양가성을 가장 병적인 것으로 봤다.
우울한 감정 상태에서 아동은 외적인 어머니와 연관되는 불안감과 내적인 어머니와 연관되는 불안감 사이에 끊임없이 상호 작용하고 이러한 양가적이고 계속되는 의심과 불안감은 아동이 외부 세계를 이해하기 위한 수단으로 작용한다. 우울한 감정 상태를 극복할 수 있도록 해 주기 위해서 아동에게 행복한 경험과 사랑, 믿음이 필요하다고 봤으며, 이로 인해 양가감정과 파괴에 대한 두려움은 감소된다고 했다.

사랑받지 못한다는 상처를 보듬어 주는 책

청소년기에 엄마와 전쟁을 치르듯이 힘들게 보내는 아이들이 있다. 그럴 때면 책 속의 엄마들을 만날 수 있게 해 준다.

죽은 언니를 향한 엄마의 사랑 때문에 거식증에 걸린 여자아이 이야기인 『깡마른 마야』(코슈카 지음, 시공사)

완벽한 동생만 예뻐해서 난독증에 걸린 남자아이 이야기인 『나의 아름다운 정원』(심윤경 지음, 한겨레신문사)

어린 나이에 아이를 낳고 아이에게 구걸까지 시키다가 새아빠와 둘이 살기 위해 아이를 이모네 집에 보내는데, 이 아이는 계속 깨고 싶지 않은 꿈을 꾼다는 안타까운 이야기인 『깨어서 꾸는 꿈』(킷 피어슨 지음, 개암나무)

열두 살의 엄마를 만나고 나서 쌀쌀맞은 엄마를 이해하게 되는 이야기가 들어 있는 『열두 살적 엄마에게로』(킷 피어슨, 개암나무)

지금은 화가가 돼 어린 시절을 회상하며 부모, 교사들에게 받은 상처를 그린 『1학년 1반 34번』(언줘 지음, 명진출판) 등이 그것이다.

특히, 『깨어서 꾸는 꿈』과 『나의 아름다운 정원』을 많은 아이들과 읽었는데, 슬퍼서 울었던 부분에 대한 대화를 나누다가 어렵지 않게 아이들의 이야기를 들을 수 있었다.

『1학년 1반 34번』은 아름다운 그림을 통해 아이들이 초등학교 시절을 회상하는 이야기를 나눌 수 있었다.

아이들은 이런 이야기들을 통해 기억하고 있는, 혹은 잊어버리고 있던 상처들을 꺼내 놓는다. 그리고 책은 상처를 잘 보듬을 수 있도록 도움을 준다. 상처를 이야기하는 것만으로 아이들의 마음은 더 가벼워지기도 한다.
그런데 이런 이야기들은 여럿이 있을 때보다 둘만 있을 때 나눠야 한다. 청소년기 아이들은 자신의 상처를 친구에게 노출해서 더 친해지기도 한다. 하지만 자신의 상처를 또 다른 친구의 입으로 듣게 되면, 더 큰 상처를 받고 마음에 벽을 쌓는 경우도 있다. 이런 경우를 여러 번 봤다. 그러니 작은 이야기라도 교사는 그 아이의 비밀을 지켜 줘야 한다.

교사와 싸우고 자퇴서를 던진 **창석이**

'선생들은 다 똑같아.'

학교를 그만둔 아이들은 교사에 대한 좋지 않은 기억이 누구보다도 많다. 그런 아이들에게 좋은 교사도 있음을 알려 주고 싶었다.

그래서 선택한 책이 『타조알 선생의 교실 풍경』이라는 만화책이다. 소신대로 살고, 건강한 자기의 삶을 사는 어른들의 모습을 보여 주면 좋을 것 같아 책 읽기 수업을 하는 도중에 한 달에 한 번은 꼭 저자 인터뷰를 했다. 선택 대상은 자신의 삶에 만족하고, 자신의 일을 즐겁게 하는 사람들이다. 돈과 성공이 전부인 듯한 사회에서 돈이나 성공보다 자신의 일에 자부심을 가지고 행복해하는 사람을 만나 이야기를 나누는 것만으로도 아이들에게 도움을 줄 수 있을 것 같았다.

로맨스나 무협 만화를 좋아하는 아이들은 처음에는 책이 마음에 들지 않는다고 투덜댔다. 4컷의 만화 만평을 아래로 읽는데, 어떻게 읽는지 조차 모르는 아이들도 있었다. 창석이는 특히 더 읽고 싶어 하지 않았다. 마지못해 보며 대충 책을 넘기면서도 10분도 안 돼 '가식적'이라는 평가를 내리며 책을 툭 내려놨다. 교사들은 워낙 재수 없다는 말도 덧붙였다. 아이들 반응을 보고 걱정이 많이 됐지만, 이 책의 저자 이성수 선생님을 믿었기에 일단 만나기로 했다. 좋은 선생님이고, 학교에 오래 계셨으니 아이들에 대한 경험이 풍부하리라는 믿음도 있었다.

이성수 선생님과의 만남

남양주에 있는 학교로 찾아가 이성수 선생님을 만났다. 다른 학교라 조금은 낯선지 아이들은 차에서 내리는 것도 주저했다. 학교에 들어가서도 계속 불편해했다. 아이들이 불편해하는 것을 느끼셨는지 간단하게 인사를 나누고 선생님은 집으로 우리를 데려갔다. 차로 15분 정도 걸리는 거리였다. 선생님은 망설임 없이 뒷좌석에 아이들과 함께 앉았다. 그리고 처음부터 끝까지 아이들에게 존댓말을 썼다. 그러고 보니 나는 항상 아이들에게는 반말을 했다. 존댓말을 써야겠다고 생각한 적이 없는 것 같다. 이런……. 아이들에게 존대하시는 선생님의 세심한 배려에 한 수 배웠다.

집으로 가면서, 학교에 다니지 않고 위기관리센터에서 수업하는 아이들인 줄 아는지라 어떻게 학교를 그만두었냐고 물었던 모양이다. 평소에는 그다지 말을 하지 않던 창석이가 이야기를 시작했다.

"그 개××가 저더러 머리 자르라는 거예요. 자르고 온다고 했어요. 정말 자를 거였고요. 그런데 머리 몇 가닥을 잡아 흔들며 공부는 좀 하느냐며 빈정댔어요. 이런 ××, 차라리 때리면 그렇게 기분 나쁘진 않았을 거예요. 개××, 담배 피우다 걸려서 무지 많이 맞았을 때도 그만둘까 생각했는데. 개도 그렇게 취급하지 않을 거예요. 그래서 그 자리에서 욕하고 나왔어요."

창석이의 말을 신호로 아이들은 이제껏 자신들이 선생님들께 당한 억울함을 이야기했다. 계속 격한 욕들을 섞어 쓰면서 말들을 쏟아 내는데, 차라리 고함에 가까웠다. 처음에는 선생님께 미안해 제지했지만, 선생님은 오히려 자신이 아이들에게 행한 부당한 대우를 이야기하며 아이들에게 진심으로 사과까지 했다.

선생님의 집은 깔끔하게 정리된, 책장에 책이 많은 전망 좋은 아파트였다. 대화가 다시 이어졌다. 이미 자신들의 이야기를 실컷 쏟아 냈기 때문인지 표정이 꽤 밝아져 있었다. 인터뷰를 할 차례였다. 준비해 간 질문들을 했다.

선생님이 만화를 시작한 이유는 특이했다. 회의가 지겨워서 회의 시간에 낙서를 한 것이 계기라고 했다. 그러면서 그동안 습작한 만화 스케치를 보여 줬다. 회의 자료 한쪽 귀퉁이에 그린 그림도 있었다. 아이들이 점차 흥미를 가졌다. 어떤 그림들은 책에 있는 내용들인데, 원화라서 그런지 집중하며 봤다. 특히 창석이는 한 장 한 장 더욱 꼼꼼하게 보고는 말했다.

"애들을 직접 보고 그리신 게 맞네요."

마치 감정을 하듯 그림을 들어 올리며 말했다. 아이들이 그림을 보다 말고 책장으로 갔다. 책장에는 아이들이 좋아하는 만화도 가득 있었다. 한 아이가 선생님의 집이 넓고 책도 많은 걸 보니 부자라고 하니, 누군가 창석이 집이 훨씬 더 크고 책도 많다고 했다.

창석이는 잘사는 집 아들이다. 사업을 하는 아버지, 어머니, 여동생과 함께 그 동네에서 가장 비싸다는 50평 아파트에서 살았다. 겉으로는 아무 문제없는 중산층 가정이다. 창석이는 얼굴도 하얀 편이고, 키도 크고 잘생겼다. 공부도 초등학교 때까지는 아주 잘하는 편이었고, 중학교에 들어와서 노는 바람에 떨어지긴 했지만 그렇게 못하는 편은 아니었다. 어른이라면 무조건 적대적이라 알려졌지만 내게 하는 것을 보면 예의가 아주 발랐다.

그런데 다른 아이들에 비해 창석이가 편하지는 않았다. 항상 심드렁하고 무슨 이야기를 하면 다 아는 것 같은 표정을 지었다. 꿈도 명확했다. 어른들의 "도대체 뭐가 되려고 그러느냐"라는 흔한 잔소리에도 "전 육군 장교가 될 건데요"라고 똑 부러지게 답했다. 아이들도 창석이에게 함부로 못했다. 그렇다고 창석이가 돈을 많이 가지고 있어서 아이들에게 먹을 것을 사 주거나 하지는 않는다. 몸도 약해서 싸움을 잘하는 것도 아니다.

똥도 연구할 가치가 있다

이 선생님과 아이들이 이야기를 나누는 동안 창밖이 깜깜해졌다. 베란다 유리문에 우리가 흰색 보드 마커로 그린 그림들이 선명하게 보였다. 선생님은 집을 찾아오는 사람들에게 유리문에 방명록(?)을 남기기를 원했다. 그래서 집에 들어가자마자 우리도 그림을 그렸다. 아이들은 엉덩이와 똥만 잔뜩 그려 놓았다. 창석이가 누군가 그린 똥이 사람 똥이 아닌 소똥인 것 같다고 하자 다른 아이들은 그런 모양의 사람 똥도 봤다며 다투었다. 그러자 선생님은 똥이 그려진 손수건을 한 장 가지고 와서 똥에 대해 설명해 줬다.

"똥 그림을 전문적으로 그리는 사람이 있어요. 자신이 경험해서 직접 똥을 보고 똑같이 그린 거예요. 직접 경험하고 자기가 관찰해 본 것만이 자신의 것이 되지요. 이 그림은 눈금도 있는 진짜 크기의 똥이에요. 정말 산에 가서 이런 똥을 발견하면 그림과 비교해 보고 어떤 동물이 이곳에 살고 있는지를 알 수 있게 만들었지요. 자 이 똥을 한번 살펴보고 비교해 봐요. 이쪽은 초식 동물의 똥, 이쪽은 육식 동물의 똥…….

똥으로 돈 버는 사람도 많아요. 이렇게 똥 그림을 그려서 먹고사는 사람도 있고, 이런 동물 똥을 보고 이 동물이 어디가 아픈지 뭘 먹는지 아는 사람도 있고, 사람들이 싼 똥을 어떻게 할 것인지 연구하는 사람도 있지요. 그 똥을 어디로 가지고 갈 것인지, 어떻게 처리하고 활용할 것인지를 연구하는 사람도 있지요. 이렇게 찾아보면 여러 가지로 친구들이 잘할 수 있고, 10년쯤 한 우물을 팔 수 있는 무언가를 찾을 수 있을 거예요. 그걸 찾기 전까지 자신을 기록해 보면 좋구요."

선생님은 아이들이 들고 간, 자신이 쓴 책에 아이들의 모습을 만화로 그려 사인해 줬다. 저녁까지 대접받고 집으로 돌아가는 길, 어두운 차 안에서 책을 꺼내 읽는 아이들이 있었다. 창석이가 들뜬 목소리로 책을 칭찬했다.

"이 책 다시 보니 좋네요. 중학교 선생님 중에 좋은 선생님도 있군요. 오늘 재미있었어요. 그리고 뭔가 들어간 것처럼 머리가 무겁기도 하구요. 선생님 이런 기회를 만들어 주셔서 고맙습니다. 이 책을 보니 학교 가고 싶어요."

이성수 선생님의 집 베란다 유리창에 그려 놓은 그림들. 찾아오는 사람들에게 그림을 그리라고 하는 이성수 선생님의 아이디어가 재미있었다. 엉덩이와 대변만 그려 대는 우리 아이들 때문에 여간 미안한 것이 아니었다.

아이들은 책을 소중하게 안고 집으로 향했다. 지금까지 그런 모습을 본 적이 없었다. 불량스러운, 덩치 큰 아이들이 가슴에 책을 품고 돌아가는 모습이 감동적이었다. 이성수 선생님의 진심이 아이들에게 전해졌다. 많은 작가와의 만남을 시도해 봤지만 이렇게 아이들의 마음을 움직인 적은 없었다.

지금 창석이는 고졸 검정고시에 붙어 대학 입시 준비를 하고 있다. 그런데 꿈이 바뀌었다. 강한 사람인 '육군 장교'에서 다른 사람을 강하게 하는 '사회복지사'로. 꼭 사회복지학과를 가겠다는 뜻을 전해 왔다.

선생님을 이해할 수 있도록 돕는 책

좋은 선생님이 등장하는 책들은 많다. 하지만 문제는 학교 부적응 아이들은 교사와 관계가 좋지 않은 경우가 많다는 것이다. 특히, 교사들의 폭력적 언어와 행동은 학생들에게 교사에 대한 존경심을 무너트리고, 교사들을 자신의 삶의 조력자로 생각하기보다는 자신을 위협하고 통제하는 갈등의 관계자로 인식하게 한다. 그것은 원만한 교육의 방해 요소로 작용하며 심하게는 교사 전체에 대한 적개심(유우종, 『학생인권 침해사례에 대한 연구-교사들의 언어사용을 중심으로』, 성공회대학교 교육대학원 사회교육전공 석사 논문, 2005)을 갖게도 한다. 그래서 좋은 교사를 묘사하고 있는 책을 아이들은 현실적이지 않다고 치부해 버린다. 오히려 책에 등장하는 교사의 고민에는 훨씬 공감을 하는 경우가 많다.

『모래밭 아이들』(하이타니 겐지로 지음, 양철북)에는 교사의 그런 고민이 잘 드러나 있다. 문제아들이 모인 반을 맡은 임시 국어 교사는 이런 아이들을 '문제 있는 학생은 없다'라는 시선으로 바라본다. 그래서 아이들에게 '선생님 같지 않은 선생님'이 된다. 이 책을 읽으면, 아이들은 이런 교사를 만나지 못한 안타까움을 느낄 수도 있다. 하지만 학교 내에서 교사의 고충도 알 수 있기 때문에 교사에 대한 이해를 높일 수 있다.

『괭이부리말 아이들』(김중미 지음, 창비)에는 자신이 살던 빈민 지역에 다시 찾아간 교사의 이야기가 나온다. 책에는 교사의 고민들이 자세히 드러나 있다. 내가 만난 대부분의 아이들은 저소득 지역 학생들인데, 가끔 내 딸도 자신들의 동네에 살게 하고, 학교에 보낼 것인지를 묻는다. 자신은 절대 그렇게 하지 않겠다고 하면서 말이다. 그래서 아이들은 이 책에서 자신이 살던 곳으로 돌아간 교사를 이해할 수 없다고 이야기한다. 이제 재개발 등으로 인해 도시 빈민 지역은 없어졌다고 하지만 여전히 성적이 좋은 학교, 나쁜 학교로 나누어지고 있는 것이 아이들 이야기 속에서 읽힌다.

『창가의 토토』(구로야나기 테츠코 지음, 프로메테우스)를 읽은 아이들은 교사를 이해하는 모습보다, 오히려 지금의 선생님과 비교하며 현실에 더 실망하는 모습을 많이 보인다. 그래서 교사에게 상처를 받은 아이들에게는 완벽한 교사의 성공 사례보다는 '교사의 인간적인 고민'을 보여 주는 책이 더 좋은 것 같다. 한편 초등학교 때 『창가의 토토짱』(구로야나기 테츠코 지음, 효리원)이라는 동화를 읽은 아이들은 문제가 있는 아이들을 담임 선생님보다는 교장 선생님이 돌봐 줬으면 좋겠다는 의견을 말하기도 했다.

요리사의 꿈을 찾은 **성훈이**

　　　　　　　　　　　성훈이가 왜 비뚤어졌는지 도대
체 이해가 되지 않는다. 세상에서 제일 좋아하는 엄마와 살고, 넉넉하지
는 않아도 돈 걱정을 할 형편도 아닌데. 아이들과도 두루 잘 지내고 공
부도 어느 정도 한다. 어긋난 행동을 잘 살펴보면 어느 정도 원인을 파
악할 수 있다고 생각했는데, 1년 동안 항상 내 옆에 있었는데도 성훈이
의 돌출 행동에 대한 이유는 알 수 없었다. 아빠와 문제가 있는 것이 아
닐까 막연히 추측만 될 뿐이었다.
　중학교 2학년부터 만나던 아이들은 3학년이 되면서 대부분 불량 서
클에서 나왔다. 선배들한테 맞기도 하고, 큰돈을 바치기도 하면서 하나
둘씩 빠져나왔다. 그런데도 성훈이만은 나오지 못했다. 2학년 때까지는
돈을 모아서 선배들에게 바쳐야 하느라 제대로 놀지 못했는데, 3학년이

돼 그만두면 너무 억울하다는 것이 그 이유였다. 하지만 불량 서클의 후배들은 성훈이처럼 돈을 열심히 가져다 바치지 않았다. 3학년이 된 성훈이만 고등학생 선배들에게 바치고 있는 상황이었다. 본인은 위압적이거나 멋있어 보인다 생각할지 모르지만 내게는 불쌍해 보였다. 다른 아이들보다 성훈이에게 관심이 더 갔다. 아무리 바쁜 일이 있어도 성훈이를 챙겨야겠다는 생각이 들었다. 다른 아이들과 오랫동안 이야기를 나누면서도 정작 성훈이와는 깊은 대화를 하지 못한 것을 자책했다.

힘을 과시하고 싶은 성훈이

먼저 성훈이 엄마에게 전화를 걸었다. 원인부터 파악해야 했다. 다른 아이들의 부모님과는 수차례 연락하고 만나기도 했는데, 성훈이 엄마와의 연락은 처음이었다. 곧바로 학교로 왔다. 무척 젊고 세련돼 보였지만 표정은 밝지 않았다. 성훈이로부터 여러 번 내 이야기를 들었다고 했다. 성훈이 때문에 걱정은 많지만 도대체 어떻게 해야 할지 몰라 고민이었는데, 이렇게 연락을 해서 고맙다고 했다. 떨리는 목소리로 자신의 이야기를 꺼냈다.

"저녁에 퇴근해서 아파트 단지에 들어서잖아요. 그러면 9층에 불 켜진 우리 집이 보여요. 저길 들어가야 하는데…… 지옥에 들어가는 것 같아요. 안 가면 안 되나? 그런 생각 말이에요. 다 싫어요. 그냥 딱 죽고만 싶은데……. 다른 사람들은 아이들이 걸린다고 하는데 전 아무 것도 마음에 걸리는 것이 없어요. 그냥 도망가고 싶고……. 그래요. 저 참 나쁜 엄마죠?"

첫 만남인데도 성훈이 엄마는 친구에게 하듯이 자신의 이야기를 솔직하게 털어 놓았다. '집안 어른들 소개로 처음 선을 본 남자와 결혼했다. 별로 마음에 들지 않았지만 어른들에게 싫다는 소리를 하기도 힘들어,

몇 번 만나다가 결혼했다. 완벽한 결혼 생활은 그저 꿈이었다. 남편은 재산이 좀 있었지만, 그다지 열심히 사는 사람이 아니다. 2년 넘게 직장을 다닌 적이 없다. 1년 정도 다니고 2년 집에 있는 식이었다. 그것이 싫어서 아이들이 유치원에 들어가면서 직장을 가졌다. 다행히 편안한 외모와 말솜씨로 쉽게 취직할 수 있었다.'

성훈이 엄마 얘기를 들으면서 사람 사는 모습의 겉과 속이 다를 수가 있구나 하는 생각이 들었다. 경제적으로 여유롭지만 사랑이 부족한 가족의 모습이 떠올랐다.

'남편은 잔소리가 심하다. 잔소리를 듣지 않으려고 새벽부터 일어나 청소를 하고, 음식을 만들어 놓았다. 나이가 들자 아이들도 아빠와 부딪치기 시작했다. 아이들이 잔소리를 듣지 않게 하려고 늘 숙제와 공부도 봐 줬다. 성훈이보다 세 살 어린 여동생은 공부를 잘한다. 초등학교 때는 나름 공부를 하던 성훈이는, 중학생이 되자 갑자기 손을 놔 버렸다. 동생은 그런 오빠와 아빠를 무시한다. 동생이 그러면 그럴수록 아빠는 아이 버릇없이 키운다고 엄마에게 잔소리를 심하게 했다.'

성훈이 엄마의 이야기를 들으면서 성훈이가 삐뚤어지는 원인을 희미하게 짐작해 볼 수 있었다. 평탄하지 않은 가족 이야기를 하는 성훈이 엄마의 모습에서 일종의 연민이 생겼다. 보통 아이들을 만나면 안타까운 마음이 앞서고 부모를 만나면 부모를 원망하게 되지만, 한편으로는 부모도 사람이고 고통받고 있다는 생각도 든다. 결혼해서 한 번도 집이 편안하다고 생각해 본 적이 없는 엄마의 이야기를 들으며 아들에게 더 신경 써 주라는 이야기보다 엄마가 행복해야 아들이 엄마 걱정을 안 한다는 이야기를 했다. 부모의 문제는 아이에게 그대로 투영이 된다. 겉으로는 전혀 문제가 없음에도 속으로는 곪아 있는 가족의 문제는 쉽게 드러나지 않고 치유하기도 쉽지 않다.

이야기를 들으며 성훈이가 힘을 가지고 싶었을 거라는 생각이 들었다. 미워하기에는 엄마에 대한 연민이 강하고, 자신을 무시하는 동생이나 아빠에게 힘 있는 자신을 보여 주고 싶었을 것이다. 하지만 현실은 성훈이의 생각과 달랐다. 불량 서클에 있다고 해도, 여전히 더 주먹이 센 친구들에게 무시당했다. 성훈이는 어리광이 심했다. 180cm에 90kg라는 건장한 운동선수 같은 외모를 가지고 있었지만, 작은 일에도 칭찬을 받고 싶어 했다. 정서적으로 누군가의 보호를 받고 싶어 하는 느낌을 받았다. 여덟 살에 엄마가 직장을 다니기 시작했다고 했는데, 어쩌면 그 시기에 정서적 성장을 멈춘 것이 아닐까 싶었다.

성훈이가 찾은 요리사의 꿈

중학교를 졸업하기 전에 조금 더 신경을 써 주고 싶어 친구 몇 명과 함께 성훈이를 집에 초대했다. 성훈이는 항상 내게 특별한 사람이 되고 싶어 하는 것 같았다. 아이들의 비밀 이야기도 해 주고, 후식으로 나오는 초코우유나 과일을 챙겨다 주기도 했다. 집으로 초대된 성훈이는 자신이 특별 대우라도 받는 양 좋아했다.

집으로 가는 길에 아이들과 같이 장을 봤다. 음식은 아이들과 함께 만

가끔 아이들을 집으로 데리고 와서 함께 음식을 해 먹는다. 그러면 평소 아이의 식생활을 점검해 볼 수 있다. 라면을 끓이고 설거지를 하는 모습을 보면, 가장 기본적인 먹는 것에 아이가 얼마나 보살핌을 받고 있는지 금방 알 수가 있기 때문이다.

들어야 한다. 아이들은 자신이 참여하는 일에 더 만족해한다. 어떤 것을 해 먹을까 물으니, 성훈이의 라면 끓이는 솜씨가 요리사 수준이라고 했다. 메뉴와 요리사가 정해졌다. 아이들 칭찬에 성훈이가 우쭐해졌다. 시장 볼 목록을 성훈이는 요리사가 재료를 점검하듯 바라봤다.

음식을 하는 성훈이의 모습을 보니 한두 번 한 솜씨가 아니었다. 떡볶이와 라면 열 개를 금세 먹어 치웠다. 네 사람이 먹기에는 많은 양이라 여겼는데, 모두들 맛있게 먹었다. 아이들은 성훈이를 진짜 요리사 같다며 칭찬했다.

밥을 먹고 책꽂이에 있는 책 중 마음에 드는 책을 고르면 선물로 준다고 하니, 성훈이가 『음식 잡학 사전』을 골라 들었다. 성훈이가 요리를 해 주며 손님들에게 일상 요리의 유래나 상식에 대한 재미있는 이야기를 해 주면 좋겠다고 생각했다.

성훈이는 그 책을 한 달 걸려서 읽었다. 오토바이 얘기만 하던 성훈이가 이제 매일 교육복지실에 들러 라면의 유래, 샌드위치 백작 이야기 등 음식과 관련된 이야기를 푸짐하게 풀어 놓았다. 교실에서도 아이들에게 음식 퀴즈를 내며 잘난 체를 하기도 했다. 음식과 요리라는 자신만의 꿈을 찾은 성훈이는 안정돼 갔다. 성훈이의 신이 난 모습을 보니 나도 행

아이들에게 쉽게 만들 수 있는 음식의 요리 방법을 알려 주면 다음에 집에서 해 먹었다는 이야기를 많이 듣게 된다. 아이들은 집에 쌀이 없어서 밥을 굶고 다니는 것이 아니라 할 줄 모르거나 귀찮아서 굶고 다니는 경우가 더 많다.

복했다. 자신이 낸 퀴즈를 아이들이 맞히지 못할 때의 들떠서 아는 체하
는 모습을 보면, 마치 여섯 살 아이같이 귀여웠다. 몇몇은 '정말 대단하
다' 며 성훈이에게 호응해 줬다.

 '주먹' 대신에 요리사라는 '꿈' 을 찾은 성훈이는 점점 자신감이 커져
갔다. 방향 없이 헤매지 않고 자격증은 언제 딸지 무슨 대학 무슨 과를
갈지 어느 호텔에 갈지 점점 더 구체적인 꿈을 꾸기 시작했다.

금요일마다 책 읽기 프로그램을 했는데 내가 학교를 옮기는 바람에
성훈이를 더 이상 만날 수 없었다. 성훈이와 헤어지는 마지막 날,
밤에 문자가 왔다. 자신이 빌려 갔다가 돌려준 책 안을 보라는 것이
었다. 그 속에서 편지 한 장이 떨어졌다.

꿈을 상상하게 하는 책

아이들이 알고 있는 직업의 수는 무척 적다. 기껏해야 회사원, 공무원, 의사, 교사, 연예인 정도만 알고 있다. 아이들이 미래에 대한 꿈을 꾸게 하려면, 먼저 얼마나 다양한 직업이 있는지 알려 줘야 한다. 막연하게 교사의 꿈을 가지고 있는 아이들에게는 초등학교 교사인지, 중·고등학교 교사라면 어떤 과목을 가르칠 것인지를 구체적으로 생각하게 해야 한다.

또, 새로운 직업이 얼마나 많이 생기고 사라지는지 알려 주는 것이 좋다. 지금까지 13번째 시리즈가 나온 '부키 전문직 리포트 시리즈'(부키)는 어떤 책보다 생생하게 그 직업에 종사하는 사람들의 모습을 담고 있다.

12권짜리 시리즈 『나도 멋진 프로가 될 거야』(을파소)는 먼저 적성 테스트를 해서 자신의 관심 분야를 찾도록 돕는 것이 장점이다. 각 권에 분야별 직업을 자세히 소개해 참고하기 좋다. 각 권은 먼저 대표적인 직업인이 어떤 일을 하는지 소개하고, 어떻게 준비하고 노력해야 하는지 알려 준다. 또한 도움이 되는 책, 인터넷 사이트까지 세심하게 소개하고 있다. 아쉽게도 절판인 상태지만 도서관에서 볼 수 있다.

『만화로 보는 직업의 세계』(와이즈멘토 지음, 동아일보사)는 만화라서 아이들이 거부감 없이 다가갈 수 있다. 하지만 내용이 많은 편이라 아이들이 만화 같지 않다고 여기는 경우도 있다. 창비에서 나온 '직업 탐색 보고서' 시리즈는 기자, 의사, 변호사, 디자이너, 요리사까지 다섯 편이 나와 있다. 이 책들은 중학생들이 각 분야의 전문가를 찾아가 직접 인터뷰한 내용을 담고 있다.

한국직업능력개발원에서 운영하는 커리어넷(careernet.re.kr)에는 아이들이 보기 쉽게 직업 사전이 정리돼 있고, 직업인 인터뷰 동영상을 볼 수 있어 도움이 된다. 아이들은 인터넷 검색을 하다가 월급이 얼마인지에 더 큰 관심을 보이는 경우도 있다. 좀 더 구체적인 꿈이 생기면 아이들의 태도가 달라진다. 다음은 여러 차례 진로에 관한 책을 함께 읽은 학생이 내 미니홈피에 남긴 글이다.

> 공부를 해야 할 이유도 생겼고, 왜 해야 하는지도 알았고 내 꿈이 생기니깐 모든 게 이해가 가더라구요……. 근데 대부분 어른들은 막 무조건 공부하라구 하잖아요. 이유도 모르는데……. 우리 엄마랑 아빠는 공부 강요 안 했어요!! 그게 참 마음에 들어요!! 내가 해야 할 이유 생길 때까지 그냥 옆에서 칭찬해 주셨어요. 넌 공부 아니어도 잘한다고……. 헤헤)_(♥ 다 선생님 덕분이에요.)_(!! 사랑해요~~

엄마 노릇이 부담스러운 **진희**

"또 동생에게 밥 차려 주래."

아빠의 전화를 받은 진희가 동생들도 혼자서 밥을 차려 먹을 수 있는 나이가 됐는데 왜 자꾸 자신에게 밥을 차려 주라는지 모르겠다며 투덜거린다. 아침에 밥이랑 반찬이랑 있는 거 다 확인하고 나왔다며…….

동생에 대한 엄마 노릇이 부담스러운 아이

처음 만났을 때부터 진희는 쉽게 부모의 이혼 이야기를 했다. 3년 전, 아빠의 사업 실패 후 이혼했다. 엄마랑 살고 싶었지만 진희가 선택할 수 있는 것이 아니었다. 엄마 역시 일을 하려면 자격증을 따야 했기에 아이들을 데리고 갈 수 없었다. 그래서 아빠랑 동생들이랑 할아버지 집에서 살게 됐다. 너무나 순식간에 일어난 일이었다. 넓은 마당이 있던 집도 깔끔하게 정리된 동네 놀이터도 엄마도 갑자기 사라졌다. 게다가 진희만 바라보고 있는 동생들을 챙겨야 했다.

이전에 엄마와 살았던 것이 꿈이었나 싶을 정도로 할아버지 집은 모든 것이 달랐다. 아빠는 얼굴을 볼 수 없을 정도로 바빴고 할머니, 할아버지는 잔소리가 심했다. 다른 것은 참을 수 있었지만, "엄마 닮아서 저 모양이지." "엄마가 그렇게 가르치던?" 이 두 말은 계속 듣고 있을 수가 없었다. 진희가 선택한 방법은 음악과 책 속에 빠지는 것이었다. 남의 이야기에 울고 웃는 것이 차라리 나았다. 학교 도서반에 든 것도 대출할 수 있는 책의 양이 많기 때문이다. 집에서는 음악으로 귀를 막고, 책으로 눈을 막았다.

그러자 할아버지의 잔소리는 더욱 심해졌다. 어느 날 또 잔소리하는 할아버지를 밀치고 악을 쓰고 울며 엄마를 찾았다. 울음은 몇 시간 동안 계속됐고 실신할 지경에 이르렀다. 연락을 받고 온 아빠는 사태가 심각한 것을 깨달았다. 진희에게 동생 둘을 책임질 것을 약속받은 후 월세방을 얻어 집을 나왔다. 그렇게 1년 만에 할아버지 집을 나왔다.

"힘들죠. 아빠가 집안일을 안 도와줬으면 정말 못 참았을 것 같아요. 그래도 후회는 없어요. 할아버지와는 다시는 같이 살지 않을 거예요. 그런데 자꾸 아빠가 동생들을 제가 다 책임지라고 하는 것이 너무 싫어요. 초등학교 3학년, 6학년이면 자기 일은 자기가 다 할 수 있는 나이 잖아요."

책을 통해 자신감 키우기 – 독서 신문 대회 참가

진희는 손재주가 많다. 많은 잠재력이 있는 아이인데 하루하루 동생 챙기고, 집안일을 해야 한다는 것에 눌려 있었다. 성적은 점점 떨어지고, 동생한테 하듯이 친구들에게도 짜증을 내니 친구들도 불편해했다.

볼 때마다 안쓰러운 진희의 문제를 해결하는 데 돕고 싶었다.

도서관에서 자주 만나 서로 책을 추천해 줬다. 진희는 『하이킹 걸즈』와 『내 인생의 스프링캠프』를 추천했다. 앞의 책은 소년원과 구치소에서 두 여자아이가 벌로 주어진 실크로드 도보 여행에서 만나 함께한 이야기다. 두 번째 책도 비슷한 이야기로 갑작스러운 사건으로 여행을 떠난 이야기다. 나는 억울한 누명을 쓰고 소년원에 들어간 남자아이가 사막에서 구덩이를 파는 강제 노동에 시달리는 내용을 담은 『구덩이』를 권했다.

책 이야기를 나누다 보니, 진희는 감성이 풍부하지만 그것을 꺼내 놓는 연습이 돼 있지 않다는 느낌이 들었다. 책의 내용을 매개로 진희의 이야기를 끌어내 봤다. 진희에게 닥친 고통들은 『하이킹 걸즈』에서처럼 자신의 선택으로 벌어질 수도, 『내 인생의 스프링캠프』에서처럼 살다 보니 어쩌다 사건에 휘말려서일 수도, 『구덩이』에서처럼 운명일 수도 있다고 했다. 그리고 소설의 주인공들은 잘 이겨 내고 성장했으니 진희도 그렇게 됐으면 좋겠다는 바람도 이야기했다.

주인공들처럼 진희에게 성취감을 심어 주고 싶었다. 재능이 많은 아이이니 무엇이든 해 보면 좋을 듯싶었다. 그래서 선택한 것이 대회에 참

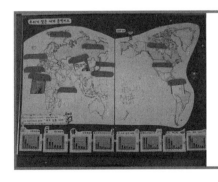

독서 신문에는 각 나라를 대표하는 책과 가고 싶은 나라에 대한 설문 조사 결과가 들어 있다. 설문 조사는 이틀에 걸쳐 200명의 우리 학교 아이들이 참여했다.

가하는 것이었다. 학교에는 어린이, 청소년을 위한 다양한 대회들을 알리는 공문이 많이 들어온다. 글쓰기, 그리기, 꾸미기 대회 등등. 학교 중앙 현관에는 갖가지 대회 안내 홍보 포스터가 붙어 있다. 상을 받으면 더 좋겠지만, 대회 참가를 신청하고 작품을 응모해 결과를 기다리기까지의 과정을 겪는 것도 아이들에게 좋은 경험이 된다. 몇몇 아이는 부모가 잘 챙기지 못하기 때문에 아이들을 챙겨 주다 보면 내가 조금은 극성맞은 엄마의 역할을 맡기도 한다.

마침 시작한 '독서 신문 대회'에 참가하기로 했다. '여행'이라는 주제를 가지고, 함께 읽은 책으로 독서 신문을 만들어 보자고 했다. 책을 좋아하는 진희이고, 준비할 것이 많지 않아 큰 부담이 되지 않았다. 진희에게 친구들을 더 모아 보라고 했다. 세 명을 더 모아 모둠이 구성되고 진희 이름으로 접수를 했다.

한 달 계획을 세웠다. 점심시간과 방과 후를 이용해 편집 회의를 하고, 주말에 각자 원고를 써 왔다. 나는 중간에서 그것을 모으고 일정 조정을 했다. 응모 마감일이 중간고사 시작하는 날과 겹쳐 마음은 급했지만 준비 과정은 즐거웠다. 간식을 사다 먹기도 하고 여행에 대한 이야기를 나누다 '허니문'에 대한 이야기가 나오자 모두 깔깔거리며 좋아했

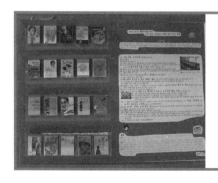

독서 신문의 한 페이지, 북아트 책을 참고해서 만든 팝업북 모양으로 추천하는 책을 소개하고 있다. 마음에 드는 책은 열 권도 넘는데 지면의 크기 때문에 다섯 권을 고르느라 고생했다. 이 독서 신문을 한 부 더 만들어 학교 중앙 현관에 걸어 학교 전체에 홍보했다.

다. 아이들은 점차 욕심을 냈다. 캐릭터를 잘 그리는 친구를 불러 그림을 그리고, 직접 여행에 대한 앙케트를 작성해서 100명에게 설문을 받아 왔다.

인터뷰도 넣으면 좋겠다는 의견이 나왔다. 604일 동안의 세계 일주 신혼여행기 『크레이지 허니문 604』를 쓴 구완회 작가를 찾아가 인터뷰도 했다. 열성을 다하는 진희의 모습은 행복해 보였다. 도서관에서 책을 잔뜩 빌려 집에서 읽고 글을 써 오고, 신문을 꾸미는 데 필요한 예쁜 종이를 구하려고 더운 날 먼 길까지 다녀오는 수고도 아끼지 않았다. 우리의 주제 '여행' 처럼, 진희는 한 달 동안 행복한 여행에 빠져 있었다.

"어른이 되면요. 여행 많이 다닐 거예요. 혼자서 갈 거예요. 구완회 선생님처럼 신혼여행만 몇 년 다녀도 좋을 것 같네요. 선생님 고마워요. 우리 일등 할 것 같아요. 그냥 그럴 것 같아요. 제가 무엇을 이렇게 열심히 해 본 적이 없거든요."

'무엇을 열심히 해 본 적 없다' 던 진희와 아이들은 대상을 받았다. '문화체육부장관상' 이었다. 3학년 생활기록부가 마감된 상태여서 상에 대한 기록은 추가할 수 없었지만, 교장실에서 칭찬받고 졸업식 날 전교생 앞에서 상도 받았다. 만나는 선생님들도 칭찬을 아끼지 않았다.

겨울 방학에는 유치원 자원봉사도 같이 했다. 6시까지 유치원에 남아 있는 아이들에게 그림책을 읽어 주고 함께 독후활동을 했다. 진희는 유치원에서 최고로 인기 있는 자원봉사자였다.

"동생들은 유치원 때 이렇게 예쁜 것 같지 않았는데 아이들이 귀여워요. 선생님이라고 불러 주니 기분이 좋아요. 제가 세상에서 제일 예쁘다며 아이 하나가 공주님을 그려서 선물로 줬어요."

졸업 후, 진희는 실업계 고등학교 유아교육과에 갔다. 1학년 여름 방학 때 연락이 왔다. 1학기 동안 독후감으로 상을 세 개 받았다고. 고등학교에 들어간 지 6개월밖에 지나지 않았지만 학교생활을 즐겁게 잘하고 있다는 이야기를 들으며 감사하다는 마음이 들었다. 칭찬해 주려고 진희의 미니홈피에 들어갔는데, 어린 시절 엄마와 함께 행복하게 웃고 있는 사진이 눈에 띄었다. 이렇게 예쁜 엄마와 예쁜 딸이 헤어져 살고 있다는 것이 너무나도 가슴 아팠다.

처음 아이들을 만났을 때는 그 아이들이 겪는 아픔에 내가 더 아파하며 밤잠을 설치곤 했지만 이제는 아이들을 만나면 그 아이들에게 무엇을 해 줄 것인가부터 고민한다. 그러다 보니 아이들의 아픔에 대한 감각이 뒤떨어질 때가 있다. 진희의 경우가 그랬다. 처음부터 진희를 도와줄 방법만 생각하다 보니 1년이 지나서야 뒤늦게 아이의 아픔을 알았다. 진희는 그렇게 나의 초심을 일깨워 줬다.

자신감을 키워 주는 책

아이들에게 성공 사례를 보여 주는 것은 참 조심스럽다. 자존감이 낮은 아이들은 그저 남의 이야기로만 쉽게 여겨 버리기 때문이다. 자신감은 학생들이 자신에게 어떤 일을 성공시킬 수 있는 능력이 있다고 생각하는 지각된 능력, 자신의 선택, 노력이 행동의 결과에 직접적인 영향을 미친다고 믿는 지각된 조절감, 자아충족 예언과 유사한 개념으로 성공에 확신이 있을 때 성공률도 높아진다는 성공에 대한 기대로 나눌 수 있다. 자신감을 소재로 하고 있는 책들은 꽤 많다.

『**어느 날 신이 내게 왔다**』(백승남 지음, 예담)는, '어느 학교의 문제아가 우연히 하굣길에 검은 수첩을 줍는데, 그 수첩을 통해 흑문도령이라는 신을 만나 싸움짱이 된다'는 내용이다. 결국 주인공의 자신감은 자신의 능력 때문이 아니라는 것을 깨닫는 과정이 한국 토속 신들 속에서 신비스럽게 펼쳐진다.

모험 이야기들도 아이들에게 흥미와 더불어 자신감을 경험하게 해 준다. 몸도 마음도 나약한 동생과 동생을 지키기 위해 무엇이든 하는 형, 이 두 형제의 죽음의 세계를 넘는 용감한 모험 이야기가 들어 있는 『**사자왕 형제의 모험**』(아스트리드 린드그렌 지음, 창비),

무인도에서 혼자 살아남는 주인공의 이야기를 그린 『**푸른 돌고래 섬**』(스콧 오델 지음, 우리교육)과 『**아벨의 섬**』(윌리엄 스타이그 지음, 다산기획),

흑인 차별에 당당하게 반기를 든 『**사라, 버스를 타다**』(윌리엄 밀러. 지음, 사계절)라는 글이 제법 많은 그림책,

불합리한 것에 대해 대항하는 당당함을 보여 주는 소설 『**천둥아, 내 외침을 들어라**』(밀드레드 테일러 지음, 내인생의책) 등을 추천하고 싶다.

여자아이들은 '나를 나로 만드는 것 1~8' 소설 시리즈를 특히 재미있게 읽는다. 그중 『**루시와 뽕브라**』(캐시 홉킨스 지음, 오즈북스)라는 책이 있다. 제목도 재미있지만, 아이들의 심리를 잘 묘사하는 내용이라 많은 공감을 얻었다. 이 책을 읽고 이 시리즈의 다른 책을 보는 아이들이 늘었다. 외모에 자신이 없는 루시가 자신의 꿈을 찾으면서 자신감을 얻어 간다는 이야기다. 이 책에 엄마가 루시에게 뽑게 하는 행운의 말이 들어 있는 엔젤 카드가 나오는데, 아이들은 이 카드를 무척 흥미로워했다. 그 엔젤 카드 문구를 인용해 카드를 만들어 보자고 하는 아이들도 있었다.

내 책을 가져다 꿈을 키우는 **성아**

　　　　　　　　　　　　　　　"쌤이 제 인생의 롤 모델이에요."

　이렇게 내게 부담스러운 이야기를 하는 녀석이 성아다. 짧은 머리에
단정한 외모의 모범생 여학생. 뻔질나게 교육복지실을 들락거리면서도
특별하게 말을 거는 것도 아니고, 가끔 와서 그냥 내가 있는지, 아이들
이 있는지 확인하고 가던 아이. 어느 날 여름 방학 숙제인 '직업인 인터
뷰'를 한다며 찾아왔다.

안으로 곪는 상처

　인터뷰 중에 성아가 언뜻 자신의 괴로움을 내비쳤다. 아무런 문제가
없어 보이는 성아도 고통을 안고 있었다. 어쩌면 겉으로 드러난 '불량'
이나 '비뚤어짐' 보다 속으로 곪는 것이 더 큰 문제였다. 잘 꾸며진 인형

의 집처럼 겉으로 보기에 문제가 없으면 그냥 내버려 두게 된다. 겉이 아닌 속으로 고통을 겪고 있는 아이들을 학교에서 만나게 된다. 평범하게 보이지만 아프다고 하는 아이들의 문제를 학교와 지역 사회와 함께 해결 방법을 마련하고 싶었다. 하지만 어른들은 아무 준비도 돼 있지 않다는 것을 깨닫는 데는 그리 오랜 시간이 걸리지 않았다. 아이들은 마음의 상처가 아물지 않아 피를 철철 흘리며 위험 수위에 다다랐음을 알리고 있는데……. 나는 마땅한 방법을 찾지 못해 급한 마음에 그저 이 아이, 저 아이 사이를 오가며 버둥거리기만 했다. 준비되지 않은 청소년 전문 기관들이라는 곳에 화도 내고 부탁도 해 보았지만, 그게 우리나라의 현실인지 담당자의 역량에 따라 '그때그때 달라요' 식으로 문제 해결이 될 수밖에 없었다. 성아와 인터뷰를 하면서 너무 많이 흥분됐다.

"선생님은 무슨 과를 나오셨어요? 저도 거기 갈 거예요."

"뭐가 되고 싶은 건데?"

"상담 교사요."

"난 상담 교사가 아니야. 지역사회교육전문가지."

"그럼 그거 할래요."

"난 독서 지도 전공을 했지만 지역사회교육전문가가 되려면 사회복지 학과를 나오는 게 유리할 거야. 그리고 청소년 전문 기관에서 2~3년 정도의 경력이 필요해."

"그래도 애들은 다 상담 선생님이라고 하는걸요."

"만나는 아이들마다 아니라고 가르쳐 줘도 자꾸 그렇게 불러."

"선생님은 참 행복해보여요. 신이 나 보이구요. 그렇게 살고 싶어요."

인터뷰가 끝났는데도, 성아는 집 이야기를 계속했다. 고등학교 선생님인 아버지는 강압적이고 폭력적이다. 그래서 아버지가 너무 무섭고 싫다. 집에서도 밖에서도 선생님 딸이라는 꼬리표가 달려 있는 것이 부담스럽다. 차라리 대안학교를 가고 싶다. 누군가 만들어 놓은 틀에 맞춰 사는 것이 정말 싫다. 이번 방학 때 가장 성적이 안 좋은 과목을 아버지가 가르쳐 준다니 끔찍하다. 오빠가 고3이 돼 반항을 시작하면서, 성아는 감정 표현을 할 곳이 더 없어져 버렸다.

한참 자기 이야기를 마구 꺼내 놓던 성아가 내 책꽂이에 꽂혀 있는 『상처받은 내면아이 치유』를 보며 무슨 책인지 묻는다.

"내가 요즘 재미있게 보는 책이야. 쉽게 읽히는 책은 아닌데 사람마다 상처받은 어린 시절이 있잖아. 이 책은 그 상처받은 어린 시절의 내가 아직도 내 안에 있어서 성인이 된 후에도 계속 문제가 된다는 거지. 난 요즘 만나는 아이들에게 책에서 읽은 이론들을 실험해 보는 것을 좋아하는데 가장 최근에는…… 11반 복학생 알지? 자꾸 원인 모를 두통으로 조퇴를 하는……. 병원에서는 이상이 없대. 마침 이 책을 읽고 있던 중이라 그 아이에게 속는 셈치고 며칠 동안 반복해서 눈을 감고 상상 속에서 가장 상처받았던(수치심을 느꼈던) 어린 시절로 돌아가서 지금의 네가 어린 시절의 너를 꼭 안고 위로해 주라고 했어. 그 상처가 뭔지 내게 이야기하지 않아도 된다고 하고 말이지. 그런데 놀랍게도 두통이 줄어들었다고 하더라고. 신기하지?"

학교에서는 책상 정리할 시간이 없다. 찾아오는 아이들, 걸려 오는 전화, 급하게 참고해야 할 자료, 내려오는 공문들을 처리하다 보면 어떻게 하루가 가는지 알 수 없다. 이런 내 책상을 보며 아이들은 좀 치우고 살라며 잔소리를 한다.

"이 책 빌려 주세요. 집에 가서 읽어 볼래요."

"그런데 중요한 건 그래도 해결 안 되는 문제가 있어. 부모와 관련된 문제인데 특히 부모로부터 보호를 충분히 받지 못했을 때는 해결도 부모가 해 주는 것이 가장 빠른 해결 방법이기도 하지."

교사의 책상 위에 무엇이 놓여 있는지, 책꽂이에는 어떤 책이 꽂혀 있는지 궁금해하는 아이들이 많다. 특히 이야기를 하러 온 아이들은, 내가 다른 일을 하는 동안 기다리면서 내 책꽂이를 살피는 경우가 있다. 그래서 권하고 싶은 한두 권은 반드시 꽂아 둔다. 그러면 아이는 그 책에 대해 별 부담 없이 접근할 수 있다.

엄마가 보듬어 주지 못하는 성아의 아픔

개학을 하고 성아가 책을 돌려주려고 왔다. 조심스럽게 주위를 살펴보더니 내가 도와줘야 할 것이 있다고 했다. '5년 전에 엘리베이터 안에서 동네 아저씨가 가슴을 만지고 달아나는 폭력을 당한 적이 있었다. 아직까지 누구에게도 그 이야기를 하지 않았다. 생각하기도 싫은 기억이라 애써 잊어버리려고 했고 이 책에 나온 대로 노력해 봤다. 그런데 더 슬프고 답답해지기만 했다. 게다가 그 아저씨는 아직 같은 아파트에 살고 있고 만나면 징그럽게 웃는데 정말 죽여 버리고 싶다'고 했다.

어려운 이야기를 해 주는 것이 고마웠다. 그런데 성폭력에 대한 이야기는 쉽게 풀어 갈 수 없는 문제였다. 『유진과 유진』의 이야기를 해 주면 어떨까 싶었다. 동명이인인 두 유진이 똑같이 성폭력을 당했는데 '큰 유진' 엄마는 아이에게 잊을 것을 강요한 반면, '작은 유진' 엄마는 지켜 주지 못한 데 대한 사과를 하고 그 상처를 함께 이겨 내려고 했다는 대조되는 두 엄마의 이야기를 했다. 성아는 자신의 엄마가 작은 유진 엄마 같아야 하지만 이야기해 봤자 큰 유진 엄마같이 반응할 것 같아 말도 못했단다. 그리고 '정말 성폭행당한 것도 아닌데…….' 라고 스스로 위안을 하고 싶어 했다.

"이 일을 엄마께 이야기하는 것은 꼭 필요한 일인데, 직접 할지 내가 도와줄지 너의 생각을 말해 줄래?"

선택은 성아에게 맡겼다. 성아는 고민하다가 내게 도와달라고 했다. 성아가 엄마에게 연락을 했다. 성아 엄마는 이야기를 들으며 곤혹스러운 표정을 짓고, 진심으로 성아에게 미안해했다. 내게도 정중하게 감사를 표했다. 어머니와 헤어질 때, 성아가 당한 일이 '아무 일도 아닌 것이 아니라'고 한 번 더 말하고 싶었다. 하지만 충분히 이해한 듯해서 더이상 말하지 않았다. 사족이라 생각했다. 그러나 그 말을 반드시 했어야 했다. 다음 날 성아가 씩씩거리며 찾아왔다.

"내가 그럴 줄 알았어요. 죽을 일도 아닌데 하면서 엄마가 내가 너무 예민하다고만 했어요. 우리 엄마는 큰 유진 엄마 같다니까요. 오히려 엄마는 자기가 더 힘들다고 다 버리고 도망가고 싶다고 우시기만 했어요. 난 절대 결혼 안 할 거예요."

성아 엄마는 이성적으로는 성아를 이해했다. 그런데 엄마 자신의 문제가 더 컸다. 딸의 아픔을 안아 줄 여유가 없었다. 엄격한 남편도, 반항하는 아들도, 믿었던 딸도, 모두 엄마에게 짐으로 다가왔던 것 같다.

성아는 두 달 정도 『상처받은 내면아이 치유』를 읽었다. 이해가 안 되는 부분은 내게 물어 가며 읽었다. 그러고는 나름대로 상처를 이겨 나가는 듯이 보였다. 특별한 문제없이 중학교를 졸업했다.

고등학생이 된 성아가 잘 있다며 연락을 해 왔다. 남자 친구도 생겼다며 스스로도 신기해했다.

"어느 날 갑자기 엄마가 이해됐어요. 엄마도 '상처받은 내면아이' 가 있다는 것을 알게 됐거든요. 선생님, 고마워요. 저 좋은 상담사가 될 수 있을 것 같아요. 선생님처럼요."

"너한테 큰 도움을 주지 못했는걸."

"아니에요. 샘은 정말 훌륭해요. 자신의 문제는 자기가 이겨 내야 하는 거잖아요."

성아가 상처를 무사히 치유하고 좋은 상담자가 될 수 있길 바란다. 그렇게 할 수 있을 것 같다. 성아는 공부도 잘하는 편이고, 평범한 가정의 아이다. 그런데 이런 아픔을 묻어 두고 살고 있었다. 아이들을 만나면서 청소년기 아픔 하나 없는 아이들은 없다는 생각을 했다. 그 아픔이 크든 작든 아이들에게는 이야기를 들어 줄 누군가가 반드시 필요하다.

아이들과 함께하는 책꽂이 속의 책

내 책꽂이는 늘 책으로 가득하다. 아이들과 이야기를 나누기 위한 책과 참고하려는 책들로 나뉘어 있다. 아이들을 위해 항상 눈에 띄게 두는 책은 특히 『오늘의 일기』(로드 클레멘트 지음, 풀빛), 『난 곰인 채로 있고 싶은데…』(J. 슈타이너 지음, 비룡소) 두 권이다.

『오늘의 일기』는 그림을 보여 주지 않으면 너무나 일상적인 이야기지만, 상상력을 자극하는 그림과 함께 보면 새로운 시각을 접할 수 있는 그림책이다.

『난 곰인 채로 있고 싶은데…』는 점점 무기력한 아이들이 많아져 읽히고 싶은 책이다. 겨울잠에서 깨어난 곰이 갑자기 들어선 공장의 노동자가 되고, 힘들게 삶을 살아가다가 다시 겨울이 와서 겨울잠을 자러 들어간다는 이야기다. 정말 피곤해 보이는 곰의 얼굴이 교실에서의 아이들과 많이 닮아 있다.

학교 안에서 다양한 프로그램을 기획, 진행하는 업무를 하고 있기 때문에 여러 가지 고민을 하고 그와 관련한 책도 모아 놓고 있다. 계속 이슈가 되고 있는 핀란드의 교육에 대한 이야기가 들어 있는 **『핀란드 교육혁명』**(한국교육연구네트워크 총서기획팀 엮음, 살림터), 어쩌면 우리도 답습하고 있는 영국의 교육 실패 원인을 밝히고 있는 **『위기의 학교』**(닉 데이비스 지음, 우리교육), 우리나라 교육의 대안이 발도르프 교육이 아닐까 하고 생각해 보는 중에 발견한 **『아이들이 꿈꾸는 학교』**(마틴 로슨 외 지음, 양철북), 한국 교육의 문제점을 명쾌하게 진단한 **『미래로부터의 반란』**(김진경 지음, 푸른숲)이 내 책꽂이에 꽂혀 있다. 그리고 선물로 받은 **『아티스트 웨이』**(줄리아 카메론 지음, 경당)라는 책이 있는데 자기 안의 예술성을 찾아가는 아주 흥미로운 방법을 제시하고 있어서 연구 중이다. 그 외 이 책에서 소개하고 있는 책들 대부분이 꽂혀 있다(대출 중이었다가 분실 중으로 돼 버린 책들도 많지만……).

아이를 이해하기 힘들거나 놓아 버리고 싶을 때마다 힘을 얻는 책 두 권이 있다. 『비행청소년은 치료된다』(아우구스트 아이크혼 지음, 홍익재)라는 책은 번역체의 문제점이 보이긴 하지만, 지치지 않고 아이들을 만나게 하고, 결국은 성공할 것이라는 희망을 준다.
『비블리오테라피』(조셉 골드 지음, 북키앙)는 책으로 아이들을 만나는 나의 방법이 틀리지 않았음을 확인시켜 준다.

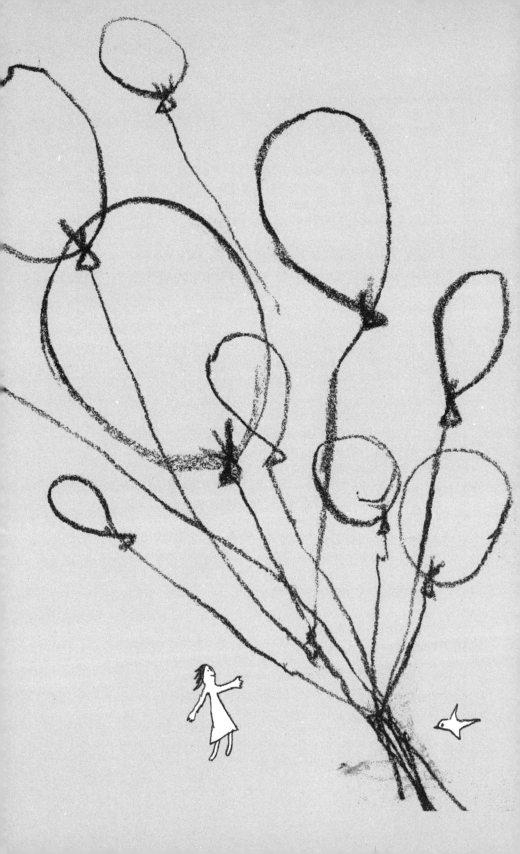

빨간 풍선 친구들과 함께 떠나고픈 **은희**

                            2년 정도 다니던 학교를 그만두었다. 아이들이 자꾸만 학교를 그만두기에 아이들을 따라 교육지원센터 위기지원팀에 갔다. 예전에 만나던 아이들을 다시 만날 수 있었다. 내가 가장 먼저 찾았던 아이는 은희였다.

    정신분열 증세가 있는 은희의 어머니는 집을 나갔다. 그 후 지적 장애가 있는 동생과 은희는, 반복되는 가출과 금품 갈취, 절도 등으로 법원 출두를 계속했다. 고물상을 하는 아버지가 집에서 같이 살 때만 해도 벌이가 좋아서 용돈이 부족하지는 않았다. 하지만 점차 벌이가 줄어 아버지가 먼 지방으로 돈을 벌러 가자, 그 집은 가출 청소년들의 아지트가 돼 버렸다.

은희의 불량스러운 쉼터

은희에게 찾아간다고 전화를 했다. 집이 무척 지저분하지만 쌤이 아는 아이들도 많으니 놀러 오라고 했다. 필요한 것을 물으니 라면을 사오라고 했다. 쌀은 저소득층에게 지급된 것이 있다고 했다. 문은 열려 있었다. 네 식구 살기에도 좁던 열 평 아파트는 큰방 작은방 할 것 없이 아이들로 가득 차 있었다. 오후 3시가 넘었는데도 아이들은 자고 있었다. 오랜만에 만났는데 "잘 있었지?"라는 말조차 할 수가 없었다. 그냥 눈으로 봐도 잘 있어 보이지가 않았다.

은희가 초등학교 5학년 때 처음 만났다. 4년 전이다. 그 당시 부모님이 동생만 사랑한다며 투덜거리던, 학교에서 피구왕이던 은희의 순박한 모습은 진하게 화장한 얼굴 뒤편으로 숨어 버렸다.

적을 때는 네 명에서 많을 때는 스무 명 가까이 되는 남녀 아이들이 그곳에서 밤새 술 마시고, 담배 피우고, 떠들며 놀았다. 주민들이 경찰에 신고를 해도 그때뿐이었다. 아이들의 낙서로 원래 벽지의 무늬는 잘 보이지 않았고, 바닥 여기저기에 담배꽁초와 술병과 쓰레기들이 뒹굴고 있었다. 싱크대에는 설거지 그릇들이 산을 이루고 있었다. 변기도 고장이 나서 물이 내려가지 않았다.

찾아오는 아이들이 잔뜩 낙서한 은희네 집 벽이다. 은희가 먼저 낙서를 시작하니 아이들도 낙서를 하기 시작했다고 한다. 벽 때문에 아이들은 이 집에서 더 편하게(?) 지낼 수 있는 것 같다.

우선 아이들을 먹이고 싶어 설거지부터 했다. 은희도 거들었다. 설거지를 하며 옛 이야기를 했다. 어느 새 은희의 얼굴에서 다시 예전의 귀여움이 묻어났다.

"아직도 동생이랑 사이가 안 좋니?"

"초등학교 때 선생님이랑 읽은 책 중에 동생이 형 거북이 먹은 이야기 있잖아요. 그 이야기가 기억에 남아요. 왜 그럴까요? 미친×이 집을 나간 후에 동생이랑은 사이가 좋아졌어요. 말도 잘 들어요. 미친× 있을 때나 지가 왕자 짓 하는 거지……."

은희가 욕하는 것이 엄마일까? 어쩌다가 엄마라는 말을 입에도 담기 싫어진 것일까? 그 뒤에도 '너희 엄마' 라는 이야기를 하면 꼭 '엄마 아니에요. 미친×이지' 라고 토를 달았다.

은희와 읽었던 책은 『별볼일 없는 4학년』이다. 은희를 처음 만난 곳은 초등학교 방과 후 공부방이었다. 공부방에는 유난히 동생이 있는 아이들이 많았고, 동생들에게 불만도 많았다. 그래서 이 책에 대한 이야기를 나눌 때 소란스러웠다. 은희는 동생만 유치원을 다닌 것, 심지어 돌 사진이 동생보다 못생기게 나온 것에도 화를 냈다.

"초등학교 때는 정말 재미있었어요. 지금도 재미있긴 하지만 공부방

우리가 프로그램을 시작하자 은희는 모유 수유 중인 내 앞에서 담배를 피우면 안된다며 작은 방을 흡연실로 정하고, 흡연실이라는 글씨를 써 놓았다. 아이들은 이 규칙을 열심히 지켰고, 실제 담배 피우는 양이 줄기도 했다.

에서 놀다가 해 지고 친구들이랑 돌아올 때 기억이 나요. 심심하진 않았는데……. 그때 공부방 다녔던 애들 지금 다 근처에 사는데 알은체도 안 해요. 참 나."

은희와 설거지를 마치고, 라면을 끓여 아이들을 먹였다. 아이들은 부스스 일어나 앉았다. 나를 보지 못한 것인지 못 본 체하는 것인지, '그래도 먹을 건 은희가 챙겨 준다' 며 은희에게만 고맙다고 했다. 아이들 사이에서 은희는 엄마 노릇을 하고 있었다. 밥을 해서 아이들이 먹을 수 있게 해 줬다. 가끔 떡볶이나 김치볶음밥을 하는데, 그 맛은 최고라고 했다.

심심탈출 프로그램 시작되다

왠지 '이건 아니야' 라는 생각이 들었다. 남자아이들이 그것도 비행이 심각한 아이들이 드나드는 것을 방치하면 안 될 것 같았다. 교육지원센터 위기지원팀에서 회의를 했다. 이 공간을 어떻게 해야 할 것인지 많은 의견이 오고 갔다. 마침 학교를 다니지 않는 청소년을 위한 프로그램이 있는 기관 이야기가 나왔다. 쉼터나 대안학교에서 운영되던 프로그램이지만, 지금 아이들이 사는 공간에서도 할 수 있는지 기관에 물었다. 위기지원팀에서 함께 준비하고 진행한다는 조건이면 가능하다고 해서, 열흘 동안 진행했다. 미술 치료, 성교육, 진로 상담 전문가들이 한 번에 네 시간 동안 아이들과 함께 하는 프로그램이었다. 나는 아이들을 깨워 밥을 먹이고 수업 과정을 글로 정리하는 일을 맡았다.

정말 할 수 있을까 걱정이 앞섰다. 아이들이 문을 잠그거나 나가 버리면 어떡할까? 은희만 있으면 어떡할까? 하는 고민들이 끝도 없이 이어졌다. 그런데 신기하게도 프로그램은 순조롭게 진행됐다. 지속적으로 프로그램에 참여한 것은 은희와 다른 한 명밖에 없었지만 다양한 학교

밖 아이들을 만날 수 있었다.

'심심탈출'로 이름 지어진 프로그램이 진행되자 집이 조금씩 정리돼 갔다. 설거지를 같이 하기 시작했고 내가 밥을 하면 방을 닦거나 손빨래를 하기도 했다. 그리고 점점 그 집에 모이는 아이들이 줄어들었다. 아이들이 조금씩 변하는 것 같아 즐거웠다. 아이들도 즐거워했고 집을 정리하고 기다리는 날도 있었다.

아이들은 점차 적극적으로 프로그램에 참가했다. 하루는 〈빨간 풍선〉이라는 영화를 봤다. 아이들이 관심을 두지 않는 영화라면 집중시키기가 좀처럼 쉽지 않다. 빛을 완전히 차단하지 않으면, 10분 이상 아이들을 앉혀 두기도 힘들다. 이럴 때는 영화를 편집하거나 단편 영화를 선택하는 것이 좋다. 시작하기 전 그리고 중간 중간에 간단한 질문으로 주의를 환기시켜 관심을 이끌기도 한다. 온갖 방법을 동원한 끝에 영화 상영은 무사히(?) 끝났다.

줄거리는 간단했다. '어느 귀여운 꼬마가 살아 있는 빨간 풍선을 만난다. 풍선은 강아지처럼 꼬마를 졸졸 따라다닌다. 학교까지 따라간다. 그러나 교장 선생님이 풍선이 학교에 들어올 수 없다고 하여 학교에 들어가지 않는다. 그러다가 동네 장난꾸러기들을 만난다. 그 장난꾸러기들

아이들이 집에서 〈빨간 풍선〉 영화를 보는 장면. 자유롭게 관람하라고 했더니 일단 모두 누웠다. 그러나 절정 부분이 오자 아무도 누워 있는 아이가 없었고, 모두 꼬마를 괴롭히는 동네 아이들에게 화를 냈다.

이 꼬마에게 풍선을 달라고 하자 꼬마는 도망간다. 아이들은 꼬마를 쫓고 결국 아이들에게 풍선을 빼앗기고 만다. 그런데 아이들이 풍선을 터트려 버렸다. 꼬마는 슬픔에 빠져 울고 있는데 온 동네 풍선들이 주인에게서 빠져나와 꼬마에게 온다. 그리고 꼬마는 그 풍선들을 잡고 하늘로 날아오른다.'

영화를 본 아이들은 꼬마보다는 모두 동네 장난꾸러기에 가깝다. 그곳에 있던 여섯 명 모두 금품 갈취로 경찰서에 다녀왔다. 그럼에도 첫 장면부터 아이들은 영화에 몰입했다. 꼬마가 귀엽다며 어쩔 줄 몰라 했다. 쫓기는 꼬마를 보더니 동네 아이들에게 욕을 하기 시작했다. 앞에 있으면 싸우기라도 할 기세였다.

"니들이 꼬마 만났으면 풍선 빼앗지 않았을까?"

"저 그 정도는 아니에요. 저건 완전 양아치지……."

아이들은 양아치라고 불리는 것을 정말 싫어한다. 양아치는 아주 개념 없는 아이를 지칭하는 호칭이다. 아이들 말대로라면 '간지 나지 않고 찌질한' 아이들……. 화면에서 빨간 풍선이 터지자 갑자기 은희가 "살인자"라고 외쳤다. 다른 아이들도 욕을 하거나 탄성을 질렀다. 그리고 은희가 눈물을 훔쳤다. 분위기가 숙연해졌다. 마지막 장면은 꼬마가 여러 풍선을 들고 하늘로 날아가는 모습이었다. 그 장면을 보던 경진이가 한마디 한다.

"저 꼬마 알고 보면 운동한 애 아니야? 저렇게 손에 든 풍선에 매달려 날아가려면 팔 근육이 장난이 아니어야 할 텐데 말이지……. 저 꼬마 배에 식스팩 있고 그런 거 아냐?"

경진이의 너스레 덕분에 분위기가 유쾌해졌다. 아이들은 얼른 자신들의 감정을 추슬렀다. 모두 우울한 사연들이 있는지라 우울한 것은 싫어하고 우스운 것만 찾는다. 잠깐이나마 영화는 아이들의 마음에 파장을 일으켰다. 아이들은 억지로라도 잠잠해지려고 했다. 그리고 아이들은 더 이상 '빨간 풍선'에 대해 이야기하지 않았다.

동해 여행과 아이들의 이야기가 담긴 문집

비행을 시작하는 아이들은 어른들 간섭받지 않고 친구들끼리만 방 하나 얻어서 살고 싶어 한다. 하지만 그렇게 사는 아이들은 행복해하지 않는다. 지루한 수학 시간보다 더 무료해 하고, 학교 점심시간 때의 시끌 벅적한 즐거움은 이곳에서는 찾아볼 수 없다. 사소한 다툼이라도 일어나면 삐쳐서 "다시는 이런 거지 같은 집에 오나 봐라" 하며 뛰쳐 나가곤 한다. 프로젝트는 아이들에게 무료함과 외로움을 덜어 주는 듯했다.

프로그램 중에 동해 바다에 가는 여행 프로젝트가 있었다. 떠나기 전 교사들은 많은 걱정을 했다. 아침 8시에 일어날 수는 있을까? 바다에 도착해서 숨어 버리지는 않을까? 무리하게 수영하거나 빠트리기 놀이를 하다가 사고가 나는 건 아닐까? 더 놀다 가자고 고집을 부리면 어떡할까? 그래도 예정대로 바다로 떠났다. 안전을 생각해 아이들은 넓은 바다에서 우리가 정한 반경 50m 내에서만 놀게 했다. 4시도 되지 않았는데, 아이들은 이제 피곤하고 배도 고프니 집으로 돌아가자고 졸랐다. 진짜 피곤했는지 우리를 의식한 것인지 모르지만, 걱정이 기우로 끝나 다행이었다.

이렇게 모든 프로그램을 무사히 마쳤다. 우리가 만난 모든 과정을 정리하여 작은 크기의 문집을 하나 만들었다. 사진도 넣고 아이들이 했던 이야기들도 넣었다. 아이들을 위한 문집이었다. 작은 책을 아이들에게 나눠 줬다.

그 후에도 일주일에 한 번 이상은 꼭 은희네 집으로 찾아갔다. 아이들의 문집과 함께 『빨간 풍선』 책을 가져다줬다. 은희의 집과 전혀 어울리지 않을 것 같은, 읽을거리가 두 권 생겼다. 몇 달 뒤 은희네 집에서 만난 아이들이 문집에서 날 봤다며 알은체해 줬다. 『빨간 풍선』책도 아이들이 많이 봤는지 본 자국들이 제법 많았다.

나중에 은희 아빠가 돌아오고, 은희네는 서울의 반대쪽으로 이사를 갔다. 불량 쉼터(?)가 문을 닫아 안도의 한숨을 쉬었다. 은희네가 이사하는 날 동네 주민들이 잔치라도 해야겠다고 이야기하는 것을 들었다. 불편을 욕하는 대신 아이들끼리 사는 데 불편함은 없는지 챙겨 주는 어른들이 있었다면 좋았을 텐데.

은희는 무척 외로워했고 인정받고 싶어 했다. 그래서 아이들을 불러 모아 집에서 함께 지냈고, 집주인이어서 대장 노릇을 할 수 있었다.

이사를 간 후, 은희는 잘 연락이 되지 않았다. 연락이 안 될 때는 분명히 잘 살고 있지 못하는 때다. 아니나 다를까, 정말 오랜만에 받은 연락이 재판을 받는다는 것이었다. 절도, 폭행, 오토바이 사고 등으로 재판을 받는다고 했다. 재판 결과 쉼터로 가게 됐다. 하지만 그곳에서 마음을 잡았는지 고졸 검정고시도 붙고, 잘 있다고 다시 연락이 왔다. 이제는 자주 소식을 전해 오고 있다. 마음이 놓인다.

또래끼리만 사는 세계를 다루는 책

청소년기 아이들에게 어떻게 살면 좋을지를 물어보면 마음에 맞는 친구들과 살고 싶다고 하는 경우가 많다. 이런 아이들에게 정말 아이들만 살게 된 이야기가 들어 있는 책을 소개해 준다. 소설의 등장인물들이 매우 개성적이기 때문에 흥미롭게 읽으면서 자신 주변의 인물들과 대치해 보는 즐거움이 있다.

특히, 『15소년 표류기』(쥘 베른 지음, 비룡소)와 『파리대왕』(윌리엄 골딩 지음, 민음사)을 함께 읽고 비교해서 이야기를 나누면 흥미롭다. 아이들 모두 아이들끼리만 놔두면 민주적인 사회를 이룰 가능성보다, 원시적인 야만 상태로 돌아가는 『파리대왕』 쪽이 더 현실적이라고 생각한다. 두 책 모두 두꺼운 편이라서 책을 읽기 힘들어하는 아이들은 읽어 내지 못하는 경우가 종종 있다.

『내일은 도시를 하나 세울까 해』(O. T. 넬슨 지음, 뜨인돌)도 이와 비슷한 내용이다. 이상한 바이러스로 인하여 12세 이하의 어린이들만 살아남은 세상에서 벌어지는 이야기다. 분량도 많지 않고 만화풍의 그림으로 아이들이 재미있게 읽을 수 있었다. 주인공 리사가 공동체를 이루고 지켜 가는 과정이 흥미롭다.

조금 다르긴 하지만 미래 사회의 세상에 대한 이야기를 해 보는 것도 흥미롭다. 시간이 지나면 지금보다 훨씬 좋은 세상이 될까?

『너무 완벽한 세상』(라인홀트 치글러 지음, 양철북)은 인간은 모두 사라지고 클론이라는 복제인간만 남게 된다. 그중 두 명의 클론들이 인간의 뿌리를 찾아간다는 이야기이다.

『기억 전달자』(로우스 로리 지음, 비룡소)는 미래에는 태어나자마자 자신의 역할들이 정해져 있는데 주인공은 우리 인류에 대한 다양한 감정들을 기억해야 하는 역할이 부여돼 있다. 다른 사람들은 아무것도 모르기 때문에 편안하고 행복하게 살 수 있는데 인류의 모든 감정을 경험하는 것은 주인공에게는 너무 버거운 일이다.

『전갈의 아이』(낸시 파머 지음, 비룡소)는 다른 사람에게 장기를 제공하기 위하여 태어난 아이의 성장기를 담은 책이다. 성장하면서 다른 사람들에게 차별을 당하고, 결국 자신의 존재 이유를 알게 된다. 무척 두꺼운 책이지만 흥미롭고 생각할 거리가 많은 책이다.

책과 대화하고 싶은 아이들

책 속에 숨은 아이

왕따를 넘어선 공연

외로워 둘만 붙어 다니는 아이들

악몽으로 고통받는 아이

우울증으로 극단적 선택을 한 은영이

가정 폭력으로 심하게 삐뚤어진 희주

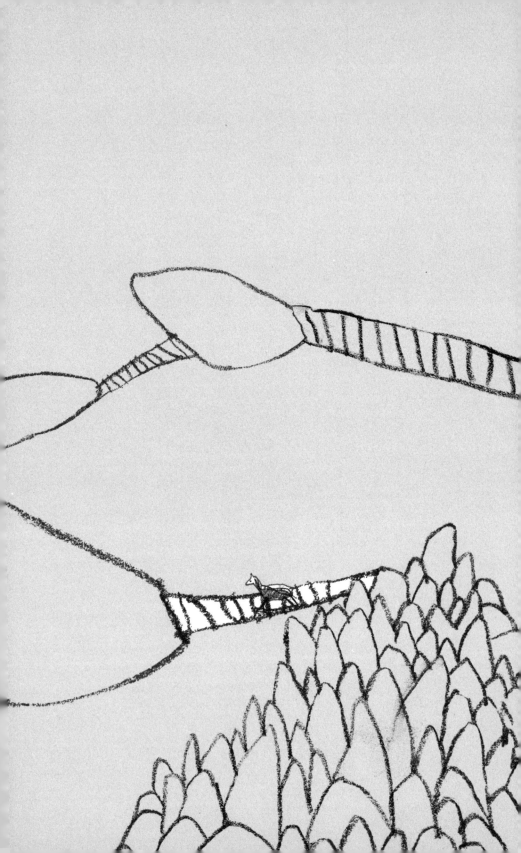

책 속에 숨은 아이

엄청난 속도로 엄청난 분량의 책을 읽는 혜원이. 항상 나와 책 이야기를 하고 싶어 하는 아이다. 책에 대해 물어보면 작은 흐트러짐도 없이 책에 대해 줄줄 이야기를 한다. 내용은 물론이고, 머리말과 작가의 말까지 빠짐없이 외우고 있을 정도다.

방학 동안 학교 도서관에는 책을 좋아하는 아이들이 찾아온다. 당연히 혜원이도 빠지지 않았다. 책을 좋아하는 아이인지라 여러 가지 책을 이야기로 만드는 활동을 하면 좋을 듯했다. 평소에 소설책과 음악을 좋아해서 뮤지컬에 관심을 가지기 시작하는 혜원이를 위해, 뮤지컬 〈노트르담 드 파리〉와 디즈니 애니메이션 〈노틀담의 꼽추〉, 그리고 원작 소설인 『파리의 노트르담』을 한 주씩 보고 비교하며 이야기를 나누기로 했다. 다른 학생들이 참여할 수 있도록 프로그램 안내문을 붙였다.

독서에 깊이가 있는 아이들은 책과 관련된 것이라면 무엇이든 흥미를 느낀다. 아이들은 이것저것 많이 준비하고 묻곤 한다. 그래서 교사 역시 많은 준비를 해야 한다. 미리 작품을 읽고 관련 자료를 확인하는 것은 물론, 논문이나 전문 서적에서 관련 내용을 정리해 놓는 것도 필요하다. 근거 자료가 풍부할수록 아이들은 교사의 말을 더욱 신뢰한다.

자기의 감정을 잘 드러내지 않는 아이

첫 시간에 뮤지컬을 봤다. 노래의 비중이 압도적으로 높았고, 시간도 꽤 길었다. 혜원이는 넋을 놓고 보는데, 노래만 나온다며 자는 아이도 꽤 있었다. 꽤 긴 시간이었는데 혜원이는 맨 앞에서 조금의 흐트러짐도 없었다. 뮤지컬이 끝나자마자 혜원이는 도서관 컴퓨터에서 등장 배우를 조사하고, 삽입곡 '벨(Belle)'의 동영상을 찾아 보여 줬다. 한국 배우가 같은 노래를 부르는 것까지 보여 주며 열성이었다. 하지만 다른 아이들은 시큰둥한 기색이었다.

혜원이는 뮤지컬에 대해 더 이야기하고 싶어 했지만, 우선 자제를 시켰다. 다음의 것을 보고 나서 한꺼번에 이야기하는 것이 좋을 듯싶었다. 다음에 볼 애니메이션 〈노틀담의 꼽추〉에 대한 소개를 하며, 나머지 이야기는 애니메이션을 보고 비교해서 이야기하자고 했다.

〈노틀담의 꼽추〉는 모든 아이들이 재미있어 했다. 모두 할 이야기들이 많은 듯이 보였다. 뮤지컬 〈노트르담 드 파리〉와 비교하면, 이번 애니메이션이 상상할 수 없을 만큼 재미있다고 아우성이었다. 하지만 혜원이의 의견은 달랐다.

"전 뮤지컬이 좋아요. 콰지모도 역의 캐나다 출신 배우 '거루'는 동영상에서 찾아보니 정말 키도 크고 멋있었어요. 플로도 역의 다니엘 라부아는 정말 꽃중년인 거 같아요. 한국 배우는 별로였는데……. 아무튼 원작을 다시 읽어 봤는데 원작에서는 페뷔스는 악인이었는데 뮤지컬에서는 우유부단한 사람으로 묘사하고 있고, 플레르 드 리스의 설정도 좀 다르고……."

속사포처럼 쏟아지는 혜원이의 이야기를 아이들은 왠지 심드렁해했다. 나는 신부, 군인, 꼽추로 나눠 다시 알기 쉽게 설명해 줬다. 내 얘기가 끝나기도 전에 크고 빠른 혜원이의 목소리가 들렸다.

"애니메이션에서 특히 화나는 부분, 아무리 아이들이 보는 거라도 그렇지 페뷔스를 왕자님으로 만들어 놓다니……. 그럼 완전 악인이 선인이 된 거잖아요. 그건 원작에 대한 모독이에요."

아이들에게 다른 관점에서 생각해 볼 수 있도록 이야기를 했다.

"『아이 러브 뮤지컬』이라는 책에서 보면 〈노트르담 드 파리〉가 훌륭한 뮤지컬이긴 한데 너무 노래만 부르는 거 아니냐고 비평한 내용이 있더라고. 연극적인 요소보다는 말이지. 그리고 난 개인적으로 에스메랄다가 너무 수동적이라는 생각도 들었어. 원작에서 출생의 비밀 부분에서 정말 펑펑 울면서 봤는데, 너무 단순해져 버렸잖아."

아이들이 내 말에 동의하자 혜원이의 얼굴에 당황한 표정이 나타났다. 아이들은 내게 '혜원이를 흥분시키지 말라'며 주의(?)를 줬다. 갑자

방학 동안 도서실을 이용하는 아이들과 함께 할 프로그램은 이렇게 홍보지를 마련하여 도서실 앞에 붙여 둔다. 처음에는 관심 없던 아이들이 이제 도서실 프로그램을 챙기고, 자신이 하고 싶은 프로그램을 제안하기도 한다.

기 혜원이가 〈노트르담 드 파리〉의 평이 실린 소논문 복사본과 『아이 러브 뮤지컬』을 읽어 보겠다고 했다. 그러고는 고집스러운 표정으로 그 것들을 읽어 나갔다.

잠시 후 혜원이가 화장실에 가자, 저래서 아이들이 혜원이를 싫어한 다는 불평이 쏟아졌다. 워낙 말을 잘해 말싸움에 이길 아이가 없어서, 정말 착한 아이들이 아니면 같이 다니기 힘들다고 했다. 그렇다고 공부 를 잘하는 것은 아니라고 했다. 흉볼 것이 끝이 없는 듯했다. 이야기를 듣다 보니 혜원이가 자신의 이야기는 잘 하지 않는다는 사실을 깨달았 다. 책 이야기를 하더라도 정보만 이야기할 뿐이었다. 방학 동안 다섯 시간 이상씩 세 번이나 만났다. 하지만 혜원이에 대한 이해가 아니라, 혜원이를 통해 지식만 쌓이는 느낌이었다. 진짜 혜원이를 만나고 싶은 욕심이 생겼다.

주상태 선생님과 함께 하는 사진 수업

2학기에는 방과 후에 활동하는 독서토론반을 만들었다. 혜원이를 포 함해 일곱 명의 아이들이 모였다. 주제를 정해 관련된 책을 읽고, 이야 기 나누고, 글을 써 보기도 하는 활동이었다. 혜원이는 그중에서도 단연 돋보였다. 하지만 한계도 뚜렷했다. 혜원이의 아이디어는 창의성은 느 껴졌지만 글은 지루했다. 글 속에서 혜원이는 보이지 않았다.

다섯 권의 책을 함께 읽고 이야기를 나누는 동안 혜원이는 고집스레 평가자로 남았다. 나는 매시간 아이들의 의견을 글로 정리해서 보여 줬 다. 특히 혜원이의 글과 나란히 다른 아이들의 의견들도 정리해서 생각 이 잘 담긴 문장, 창의성이 돋보이는 부분 등 장점을 부각시켰다. 그리 고 혜원이가 다른 아이들의 이야기가 담긴 글에 관심을 가질 수 있도록 격려를 아끼지 않았다. 그리고 다음 시간, 혜원이는 내가 칭찬했던 것에 대해 자신의 글을 정리하는 모습이 보였다.

여섯 번째 책은 『잘 찍은 사진 한 장』으로 정했다. 혜원이가 잘 모르는 사진 분야였다. 저자는 아니지만 아마추어 사진가로 열심히 활동 중인 중학교 국어 선생님, 주상태 선생님을 만나 사진 수업을 받았다. 아이들에게 새로운 사람도 만나고, 자신의 새로운 모습도 만나게 해 주고 싶었다. 책이 꽤 어려워서 다 읽고 온 사람은 혜원이뿐이었다.

수업은 이론보다 실기 위주로 진행했다. 사진에 대한 기본 설명을 듣고, 돌아가면서 모델과 사진작가가 돼 사진을 찍었다. 그런데 혜원이가 사진 찍히는 것을 무척 싫어했다. 수업이니 참여하라고 했더니, 자신이 못생겨서 사진 찍히는 것이 싫다며 언성까지 높였다. 그런 혜원이에게 주상태 선생님이 책 속에 나오는 '바보 같은 여자' 이야기를 꺼냈다.

저자의 여자 후배 하나가 외모 콤플렉스 때문에 성형수술을 했다. 새로 남자 친구를 사귀자 성형한 사실을 숨기려 과거 사진을 모두 버렸다. 저자는 사진은 있는 그대로 찍혀 있는 진실이기 때문에 아름다운 것이라며 후배가 '바보 같다'라고 생각했다.

수업이 끝났지만 아이들은 사진 찍기를 멈추지 않았다. 돌아가는 차 안에서 한강의 야경을 찍었다. 같은 곳을 찍었지만 아이들이 찍은 사진

책 읽는 모습을 찍은 사진 전시회가 진행되는 중대부속중학교 도서실의 모습. 다양한 행사, 깔끔하게 정리된 넓은 도서실, 수많은 책 때문에 아이들과 한참 부러워했다.

의 분위기는 모두 달랐다. 흥분한 몇은 운전하고 있는 나에게까지 그 사진들을 번갈아 보여 줬다. 『잘 찍은 사진 한 장』까지 꺼내어 '사진 찍는 것은 나만의 무언가를 발견하는 일'이라며 멋진 글을 들려주는 아이도 있었다.

혜원, 책 밖으로 한 걸음 내딛다

갑자기 누군가 '나만'이라는 표현이 싫다고 했다. 학교에서 혼자 다니는 것이 너무 싫다는 것이다. 오늘은 이동 수업이 있는 날인데, 자기에게만 알려 주지 않아, 교실에 혼자 남았다고 했다. 그래서 늦게 음악실에 갔더니, 아이들이 자기를 보며 비웃는 것 같았다고 했다. 뒤이어 아이들은 따돌림을 당한 경험을 털어 놓았다. 자연히 돌아가며 이야기하는 분위기가 되자, 혜원이는 처음으로 자기 이야기를 시작했다.

"난 혼자 다니는 건 괜찮아. 차라리 그냥 혼자 있게 가만히 놔뒀으면 좋겠어."

혜원이는 학기 초에 반 아이들에게 집단 따돌림을 당했다. 무슨 일인지 모르고 이유도 알고 싶지 않은데, 아이들이 뒤에서 욕을 했다. 처음에는 자신을 싫어하는 아이들은 늘 많으니 하며 그냥 쿨하게 넘기려고 했다. 자신만 마음에 담아 두지 않으면 피해가 되지 않는다고 생각하면서…….

그런데 거기서 끝이 아니었다. 여자아이들이 남자아이를 시켜 혜원이를 뒤에서 껴안게 한 것이 문제였다. 불쾌했고 명백한 성추행이라 생각했다. 담임 선생님을 찾아가 사실을 이야기하고 공개 사과를 받게 해 달라고 했다. 결국 한 달이나 지나 공개 사과는 받았지만, 오히려 선생님이나 다른 아이들은 혜원이가 유난스럽다는 인상을 받았다.

방학이 지나면서 남자아이들과는 예전처럼 잘 지냈지만, 여자아이들과는 계속 껄끄러웠다. 이야기를 들으며 '혼자 있게 내버려 두었으면 좋겠다'는 혜원이의 마음을 이해하고 모두 따뜻한 말을 건넸다. 또 혜원이의 행동이 용기 있는 행동이었다고 토닥여 줬다. 화답하듯 혜원이는 기회가 되면 사진전에 함께 가자고 제안했다. 혜원이가 무언가를 아이들에게 제안하기는 처음이었다. 혜원이가 친구들과 소통을 시작했다. 선생님이나 나이 많은 사람들과만 소통하려 했던 혜원이다.

혜원이의 마음의 문이 열리는 순간, 그동안 혜원이와 함께했던 시간들이 눈앞을 스쳐 지나갔다. 혜원이와는 다르게 생각하는 사람들의 이야기를 들려주고, 혜원이가 좋아하는 책으로 아이들과 이야기를 나누게 했던 시간들. 책의 주인공들을 통해 모든 아이들이 공격하려고 하는 것이 아니라, 사실은 소통하고 싶어 한다고 느낄 수 있도록 마음속으로 염원했던 시간들. 그 시간들이 이제 혜원이에게 영향을 미치는 듯싶었다.

만날 때마다 혜원이가 여린 아이일지도 모른다는 생각이 들었다. 자신이 상처받기 싫으니 책으로 성을 쌓아 놓은 것이다. 그리고 그 속에 숨어서 자신에게 상처 줄 만한 사람들을 선별하고 있었다. 혜원이는 돌아가는 길을 택했던 것이다. 바로 자기를 내보이면서 친구들을 만나면 좋을 것을, 다가온 친구에게 책이라는 벽부터 내밀었다. 그러니 친구를 바로 만날 수 없었다. 지식 전달자가 아닌 친구가 됐어야 했다.

"『생생심리학』을 봐. 너한테 잘 맞을 것 같아. 내가 다른 애들이랑 책을 좋아하는 스타일이 달라서 책을 잘 권하지 않는데 왠지 이 책은 네가 재미있게 읽을 수 있을 것 같네."

심리학책에 관심을 가진 혜원이가 친구에게 심리학책을 권하는 모습이 종종 보인다. 심리학책을 통해 자신과 다른 사람의 마음을 이해할 수 있는 법을 배우고 있으니, 언젠가 마음의 거리를 좁힐 수 있을 것이다.

그리고 자신의 상처를 치유하는 방법도 스스로 터득할 수 있으면 좋겠다. 똑똑한 아이이니 분명 그럴 것이다. 그래도 혹시 내 도움이 필요할지 모르니 너무 멀리 떨어져 있지는 말아야겠다.

책 속에 숨은 아이를 현실로 이끌어 내는 책

이런 아이의 경우 흔히 말하는 고전이라고 하는 작품이나 토론의 여지가 있는 작품으로 이야기를 나누는 것이 좋다.

예를 들어, 『레미제라블』(빅토르 위고 지음, 범우사)과 『노트르담의 꼽추』(빅토르 위고 지음, 청목사)를 함께 읽고 작가의 초기 작품과 말기 작품을 비교해 보는 것이다.
『노트르담의 꼽추』는 빅토르 위고가 쓴 초기 작품인데, 사람의 감정에 대해 극단적이며 과감하다. 반면 말기 작품인 『레미제라블』은 사람에 대한 애정이 훨씬 짙게 깔려 있다. 종이에 아이와 함께 등장인물을 분석하고 비교하면 좀 더 흥미를 느낄 수 있다.

『빨간머리 앤』(루시 모드 몽고메리 지음, 인디고)과 『작은 아씨들』(루이자 메이 올콧 지음, 인디고)은 특히 책을 좋아하는 아이들이 마음에 들어 할 고전 작품이다. 앤의 상상력과 조의 작가가 되고 싶은 바람은 문학소녀라면 누구나 한 번쯤은 꿈꿔 봤을 것이기 때문이다.

『80일간의 세계일주』(쥘 베른 지음, 창비)는 세계 여러 나라에 대한 아이의 지식욕을 점검해 볼 수 있다. 이 책을 읽어 내려가다 보면 몇몇 나라에 대한 작가의 편견을 확인할 수 있다. 특히, 아시아를 무척이나 미개한 나라로 그려 놓아 아이와 흥분하며 비판했던 기억이 있다.

이광수의 작품들은 책을 좋아하는 아이들이라면 쉽게 읽을 수 있다. 특히, 『무정』(이광수 지음, 문학과지성사)을 아이들이 재미있게 읽는데, 작가의 친일과 작품과의 관련성을 이야기할 수 있어 흥미롭다. 서정주의 시를 함께 읽어 보는 것도 좋겠다.

『홍길동전』, 『춘향전』 등의 고전 작품들도 아이의 지식욕을 자극할 수 있다. 어렸을 때 동화책으로 읽던 것과 커서 소설책으로 읽을 때의 느낌이 다르기 때문이다. 동화책과 소설책의 내용을 비교하며 이야기를 이끌어 갈 수 있다.
가장 중요한 것은 고전 작품들 속의 등장인물의 이야기를 끊임없이 아이의 현실과 연결시켜 주는 것이다. 그러면 책 속에 숨어 있는 아이에게 현실과 통하는 길을 넓혀 줄 수 있다.

왕따를 넘어선 **공연**

'머리가 나쁘다. 얼굴도 못생기고
키도 작다. 성격도 좋지 않다.'

승희에 대한 선생님들과 반 친구들의 평가다. 방과 후 승희가 수학 선
생님과 함께 들어왔다. 승희가 할 만한 쉬운 숙제를 아무리 내 줘도 고
집스럽게 숙제를 하지 않아서 교육복지실에서 시키겠다는 것이다.

그렇게 중학교 2학년 승희를 만났다. 그 당시에는 숙제하는 것만을
좀 도와줬다. 사칙 연산도 잘 못해, 최대한 천천히 가르쳐 줬다. 온순하
게 곧잘 따라오기에 30분 만에 숙제를 끝냈다. 그날 이후 승희는 계속
교육복지실에 왔다. 그런데 와서 내게 말을 거는 것이 아니라, 교육복지
실에 오는 아이들을 멍하니 쳐다보고만 있었다.

자존감 회복 프로젝트 – 남들 앞에 서는 공연을 계획하다

학교에서 집단 따돌림을 당하는 아이들을 조사하는 때가 있었다. 피해 학생들이 진로상담부 선생님들과 상담을 시작했다. 상담을 기다리는 동안 몇몇 아이들과 이야기를 나누며 친해졌다. 그러다 보니 교육복지실이 집단 따돌림 피해 학생들의 근거지가 됐다. 그렇게 모인 1학년 아이들을 모아 승희가 같이 놀아 줬다. 처음에는 보드게임을 하더니 나중에는 방과 후에도 한참 이야기를 나누다 갔다.

"승희 언니, 애들이 내가 숙제하고 있는데 일부러 내 책상을 치고 갔어. 그래서 공책이 찢어질 뻔했다고."

"그래서 네가 뭐라고 하면 '뭘 쳐다봐. ××, 눈을 뽑아 버릴라' 하고 얘기할걸."

"누가 욕 못하는 줄 아나? 내가 뭘 그렇게 잘못했다고 매번 그렇게 욕을 하나 몰라."

"진짜 확 칼로 찔렀으면 좋겠어."

"언니, 너무 무서워. 난 애들이 욕해도 그냥 안 들린다고 생각하고 참아. 같이 욕할 자신도 없고, 어떻게 보면 그 애들이 말하는 것이 다 틀린 것도 아닌 것 같기도 하고……."

대화를 들으면서 아이들에게 자존감 회복이 필요하겠다는 생각이 들었다. 문제를 아는 순간 해결의 기회는 옆에 있다는 것을 알게 된다. 마침 근처의 중학교 도서실에서 수학 관련 도서의 '저자와의 대화'를 한다는 이야기를 듣게 됐다. 아이들에게 무대에 서는 경험을 갖게 해 주고 싶었다. 그 학교 사서 선생님에게 연락하여 우리가 오프닝 공연을 할 테니 5분만 시간을 달라고 부탁했다. 당장 아무런 준비도 없었지만 할 수 있을 것 같았다. 아니 꼭 할 것이다. 공연 날까지 남은 시간은 한 달.

집단 따돌림 학생들을 모아 프로그램을 하는 것은 쉽지 않았다. 따돌림을 당한다는 낙인감이 심할 뿐만 아니라, 위축돼 있기 때문에 작품의 완성도도 현저하게 떨어지기 쉽다. 그렇기 때문에 '집단 따돌림을 당하는 학생들이 하니 그렇지' 하지 않도록 세심한 배려가 필요했다. 충분히 준비해 준다면 적은 노력으로 멋진 성과를 낼 수 있을 듯싶었다. 마침 그 학교에서는 우리 아이들을 모르니 새로운 모습을 보여 줄 좋은 기회였다. 자신들을 왕따시킨 아이들을 의식하거나 그 아이들에게 야유받을 염려도 없었다.

학교의 미운 오리, 백조로 거듭나다

아이들에게 공연에 대한 안내를 했다. 수학과 관련된 내용으로 5분간의 공연. 간단한 책 한 권을 고르고, 그 내용에 맞는 그림을 재미있게 그리고, 역할을 연습하기.

쉬워야 했기에 초등학생용 책을 선택했다. 『4학년 수학이랑 악수해요』. 책 내용 중에 표현하기 쉽고, 연극으로 할 만큼 대사가 많은 부분을 선택하라고 했더니, 「사각형 나라 미운 오리 새끼」라는 장을 골랐다.

사각형 나라에 마름모, 평행사변형, 사다리꼴이 매일 앉으나 서나 똑같아서 두루뭉술하다며 정사각형을 따돌렸다. 정사각형은 그것이 너무 속상했다. 그러던 어느 날 사각형 나라의 임금님이 행차하신다는 소문

'사각형 나라의 미운 오리 새끼'의 한 장면. 정사각형이 다른 사각형들에게 성의 없이 생겼다며 놀림을 받고 밤에 달을 보며 우는 장면을 그린 것이다. 생긴 것에 대해 놀림을 받았던 아이들이 공감하며 공연 때 대사를 실감나게 읽어 줬다.

을 듣게 되고, 그 다음 날 친구들과 임금님의 모습을 보게 된 정사각형은 깜짝 놀라고 말았다. 임금님이 정사각형이었던 것이다. 정사각형은 길이는 물론 네 변의 각도 같아야 하기에 완벽한 사각형이다. 전체적인 내용은 이런 것이었다.

아이들은 책 속에서 자신들의 이야기를 찾아낸다. 자신들의 이야기이기에 대본 쓰는 것을 어려워하지 않았다. 대본에 맞춰 생각나는 것을 종이에 그린 후에 그림을 스캔해 포토샵으로 색깔을 넣고, 파워포인트 슬라이드쇼로 동영상을 만들었다. 처음에는 엉성했던 그림들이 포토샵을 통해 제법 그럴싸하게 변했다.

한 달 내내 점심시간에 모여 대본을 쓰고 그림을 그렸다. 처음에는 열정은 넘쳤지만 무엇부터 해야 할지 몰라 막막해했다. 계속 다른 사람 눈치 살피기만 바쁘고 누구 하나 나서지 못했다. 그래서 약간의 도움을 줬다. 역할 분담을 맡고 각자 해야 할 일에 대해서는 승희가 확인하도록 했다. 승희는 마치 학급 회장이 된 것처럼 열심히 아이들을 챙겨 가며 일정을 맞췄다. 마무리 작업이 좀 길었지만 모든 아이들의 글과 그림이 들어갈 수 있도록 작업이 끝났다.

드디어 공연 날, 아이들은 한껏 멋을 내고 왔다. 저자가 강연을 하기 전에 마이크를 들고 아이를 한 명씩 소개했다. 집단 따돌림을 당하는 아

결국 사각형 나라 임금님이 정사각형이었다는 사실을 알고 다른 사각형들이 얼마나 자신과 정사각형이 닮았는지를 이야기하고 있는 장면이다. 미운 오리 새끼가 백조가 됐듯이 우리 아이들도 자신의 아름다움을 찾을 수 있었으면 좋겠다.

이들이라는 느낌은 전혀 없었다. 내가 가운데에서 화면도 넘겨 주고 순서도 눈짓으로 알려 주는 약간의 도움을 줬지만 아이들은 성공적으로 공연을 마쳤다. 비록 짧은 공연이었지만, 관객들은 박수로 호응해 줬다. 아이들은 만족스러워했다. 아이들은 하나의 공연을 자신들이 해냈다는 성취감과 박수 소리에 뿌듯함을 느꼈다. 승희가 가장 상기돼 있었다.

"우리 잘했죠?"

승희에게 양손의 엄지손가락을 들어 보여 줬다.

무대에 설 수 있는 기회를 주는 책

아이들에게 성공했다는 경험을 주기 위해, 무대에 설 수 있는 기회를 만들어 주는 것이 좋다. 공연은 단순히 연기를 하기보다는, 시각적인 요소를 도입하는 것이 좋다. 그림을 그리거나, 사진을 이용하거나, 그림책을 스캔해서 출력하는 것도 방법이다. 한 편의 이야기로 공연을 해 보니, 내용은 너무 정적인 것보다 발랄한 것이 좋다.

초등학교에서는 그다지 잘 알려지지 않은 옛이야기의 호응이 좋았다. 성실한 농부가 도깨비를 도와줬다가 똥을 얻게 되어 풍작을 이루지만, 욕심 많은 부자가 그 똥까지 빼앗으려고 해서 똥벼락을 맞았다는 『똥벼락』(김회경 지음, 사계절),

잘난 체하는 곰이 친구를 찾아가는 이야기를 그린 『난 말이야』(필리프 베히터 지음, 책그릇)가 인기 있었다.

중학교에서는 『1학년 1반 34번』(언줘 지음, 명진출판)을 좋아했다. 화가가 된 작가가 초등학교 1학년 때의 추억을 수채화로 그린 책인데, 잔잔한 음악과 내레이션으로 보는 이에게 감동을 전할 수 있다. 이런 공연은 제작이나 공연 과정에서 그다지 많은 기술을 요구하지 않는다. 그림책을 스캔해 읽어 주기만 해도 좋은 반응을 얻기 때문에 책 선정만 잘하면 얼마든지 좋은 공연이 될 수 있다. 소질이 있는 아이에게는 직접 그림을 그리고 대본까지 각색시킬 수도 있다.

외로워 둘만 붙어 다니는 아이들

노을은 져 가는데, 운동장 모래밭에 아이들이 있다. 중학생들은 모래밭에서 잘 놀지 않는다. 며칠째 퇴근길마다 만난 아이들은 중학교 1학년 지현이와 유진이다. 학교 운동장 한 귀퉁이, 학교 앞 문방구, 운동장 스탠드, 심지어 학교 주차장에서 까지……. 둘이만 있는 것이 자주 눈에 띄었다.

눈여겨보니 둘은 다른 반인데 꼭 붙어 다녔다. 마음에 걸렸다. 그래서 이름을 외워 뒀다. 며칠 뒤 지나치는 아이들의 이름을 부르며 인사말을 건넸다. 아이들이 깔깔거린다. 자기들 이름을 어떻게 알았느냐며 난리다. 난 모르는 게 없다고 하며 지나갔더니 뒤에서 내 이름을 맞히려고 둘이 또 난리다.

다음 날 둘은 교무실의 내 자리에 놀러 왔다. 체육을 해서 목이 마르다고 하기에 내 컵을 빌려 줬다. 그 뒤로 자주 컵을 빌려 갔다.

라디오극에서 본 지현이와 유진이의 새로운 면모

어느 날 컵을 빌리러 온 두 아이에게, 방과 후에 그냥 학교에서 멀뚱히 있지 말고 독서토론반에 들어올 것을 권했다. 책이라면 질색이지만, 그래도 나랑 하면 좋다고 승낙한다.

때마침 독서대학 르네21의 '희망의 인문학' 시범 사업으로 책을 기증받았다. '푸른독서학교'라는 이름의 독서 프로그램이었다. 저소득 지역을 위한 사업이었다. 책을 좋아하는 세 명과 책을 싫어하는 세 명으로 반을 꾸렸다. 우리가 하는 수업이 다른 학교에도 적용할 수 있는지 알아보는 것이기 때문에, 억지로 잘하려고 할 필요는 없다고 아이들에게 설명했다. 지겨우면 지겹다고, 어려우면 어렵다고 있는 그대로 이야기해 달라고 했다. 그래야 시범 적용에 의의가 있다고. 그랬더니 그 역할을 충실히 해 줬다.

수업을 진행하면서 지현이와 유진이를 주목했다. 책의 분량이 조금 많거나, 내용이 어려우면 집중력이 떨어졌다. 수업은 한 번도 빠짐없이 참여했지만, 권해 준 책의 1/3만 겨우 읽어 오는 수준이었다. 수업을 하면서 알게 된 것은 두 가지였다. 유진이와 지현이의 집이 경제적으로 무척 어렵다는 것. 둘 다 부모에게 이유 모를 화가 나 있지만 어쩌지 못한다는 것.

단편 모음집 『영두의 우연한 현실』로 수업을 할 때였다. 그중 「그가 남긴 것」은 착하기만 해서 공장의 사고를 자기가 떠맡고 한 푼도 못 받고 나와 병에 걸린 아버지와 그 아버지의 무능력으로 인해 돈을 벌어야만 한 어머니, 실업계 고등학교로 전학 가야 했던 누나와 인문계 고등학교 1학년인 아들이 아버지의 장례를 치르는 이야기다. 예정된 죽음이라

가족들은 담담히 장례를 치를 수 있을 것 같지만, 친척과 친구들이 등장하면서, 장례식장은 남겨진 가족들의 한풀이 장소가 돼 버린다. 등장인물의 대화체가 무척 사실적인데 내용이 통쾌하기까지 하다.

책의 내용을 주제로 라디오극을 만들어 보기로 했다. 유진이와 지현이에게 연극을 통해 자신들이 하고 싶은 이야기를 사람의 입을 빌려서 해 보게 하는 것이 좋겠다고 생각했다. 먼저 여섯 명이 한 쪽씩 맡아서 대본을 썼다. 그리고 각자 등장인물을 골랐다. 지현이는 자신이 '짜증의 대가'라며 누나 역할을 맡았다. 기대한 대로 됐다. 다른 아이들도 내가 내심 맡아 주기를 바란 배역을 선택했다. 그런데 유진이는 내용의 상황은 이해가 가지만 누구 한 사람 편을 들 수 없다며 자신은 음향을 하겠다고 했다. 어쨌든 배역은 정해졌다. 각자 연습을 하고 다음 시간에 녹음을 하기로 했다.

지현이와 유진이는 학교에 빠지는 일은 없었지만 숙제는 물론 준비물도 챙겨오지 않는다. 교실에서도 멍하니 앉아 있었다. 스스로 공부는 잘한 적이 한 번도 없고, 앞으로도 잘할 것 같지 않다고 이야기했다. 독서 토론 시간에 뭘 해도 시큰둥한 아이들이었다. 정말 방과 후에 할 일이 없어서 여기 있는 것 같다는 생각이 들 때도 있었다.

아이들은 혼자서 무언가를 시작하기를 힘들어한다. 그럴 때면 친구를 찾고, 친구가 하겠다면 그것이 정확하게 무엇인지 알아보지도 않고 한다고 한다. 특히, 여자아이들은 하루 종일 붙어 다닌다. 화장실도 같이 가고, 이동 수업도 같이 가고…….

그런데 녹음하는 날 두 아이의 대본을 보고 깜짝 놀랐다. 대본에 형광펜까지 사용해 자신의 부분을 표시했고, 집에서 연습해 온 티가 역력했다. 유진이가 더 적극적이었다. 아버지가 쓰러지는 소리를 내기 위해 집에서 여러 가지 시도를 해 봤는데, 책이 좋고 그중에서도 가죽 성경책이 가장 좋다며 가져왔다. 지현이는 짜증의 대가인 누나 역할을 완벽하게 했는데, 대사를 하는 지현이 모습을 보고 내가 다 후련해지는 느낌이었다.

그 뒤로 독서토론 시간에 아이들은 훨씬 적극적으로 참여했다. 책도 다행히 어려운 책이 아니어서 긴 책을 제외하고는 다 읽어 왔다. 그렇게 독서토론 수업은 성공적으로 끝났다.

시간을 혼동하는 유진이

그러던 어느 날 물어볼 것이 있다며 학교가 끝나고 지현이와 유진이가 나를 찾아왔다. 꽤 심각해 보였다.

"자꾸 시간을 잘못 보는 것도 병인가요? 저 요즘 이상해요. 분명히 어제 우리 집에서 지현이가 8시에 간 것 같은데 지현이는 6시에 갔다는 거예요. 엄마도 이상하대요. 분명 어제 엄마가 10시에 들어오는 것을 본

아이들이 쓴 대본. 한 시간이 넘게 꼼짝하지 않고 대본을 정리했다. 그렇게 모아 보니 제법 긴 라디오극이 됐다. 함께 복사해서 상대방이 잘못 쓴 부분도 찾아냈고, 너무 길거나 짧은 부분을 보충하기도 했다. 이렇게 길게 쓴 건 처음이라며 팔이 아프다며 투덜거리기도 했다.

것 같은데 좀 전에 전화해 보니 새벽 1시에 들어왔다는 거예요.”

“엄마가 원래 몇 시에 들어오시는데?”

“12시 넘어서요. 그것도 정확하지 않아도 제가 항상 자고 난 다음에 들어와요. 강아지들이 알겠지만 물어볼 수도 없고 말이죠.”

자신들을 꽁꽁 싸매고 있는 이 아이들과 좀 더 친해지고 이해하는 데 도움을 얻기 위해, 아이들의 집에 가는 것이 좋겠다는 생각이 들었다. 왜 그렇게 집에 가지 않고 학교 근처를 돌아다니는지도 궁금했다. 마침 유진이 집에 강아지가 있다는 소리를 들었다. 그래서 개를 좋아한다는 핑계를 대며 유진이 집에 같이 가자고 구슬렸다.

아이가 즐겨 있는 공간에 가는 것이 아이를 이해하는 데 많은 도움이 된다. 그런데 가정 방문을 할 때는, 아이의 평소 모습을 그대로 볼 수 있는 상황에 가는 것이 좋다. 만약 방과 후 매일 친구와 집에 함께 있다면, 그 친구도 함께 가야 한다. 방문받은 아이의 모든 것은 평소와 다름없고 내가 그 공간에 자연스레 들어가는 것이 좋다. 그래야 아이가 나에 대해 마음을 쉽게 열 수 있다.

“우리 집 진짜 작아요. 정말 코딱지만 해요. 지저분한데…….”

“그래, 유진이 너희 집에 가자. 매일 우리 둘이 놀기도 심심했는데 선생님이랑 가면 재밌잖아. 이 선생님은 괜찮잖아.”

“내가 떡볶이 사 줄게. 먹을 거 사 가지고 가서 놀면 좋지 않을까?”

유진이가 허락했다. 가는 길에 떡볶이집에 들르니 주인아주머니가 알은체했다. 단골손님들이라며 떡볶이를 많이 줬다. 유진이 집은 여덟 평 정도의 작은 지하 원룸이었다. 가구가 별로 없어서 썰렁했다. 유진이가 주섬주섬 이불을 개어 자리를 마련하고, 지현이가 그릇과 작은 상을 폈다. 매일 똑같은 하루라고 했다. 학교 끝나고 와서 라면을 먹거나 떡볶이를 사 먹는다고 했다. 유진이는 그냥 보기에도 영양 상태에 문제가 있어 보였다.

책꽂이에 독서 수업을 할 때 읽은 책들이 깔끔하게 꽂혀 있었다.

"저 요즘 책 읽어요. 쌤이랑 읽은 책은 다 재미있어요. 수업할 때는 다 못 읽었는데 요즘 다 읽고 있어요. 밤에 무서울 때 읽으면 좋더라고요."

"집이 지하라 귀신 나올까 봐?"

"저 귀신은 안 무서워해요. 사람 소리 나는 게 제일 무서워요. 밤에 혼자 있는데 계단을 내려오는 소리가 가끔 들리기도 해요. 술 취한 사람들이 가끔 내려오기도 하는데, 문이 잠겨 있지만 왠지 열릴 것 같거든요. 그러면 강아지들을 꼭 껴안고 이불 뒤집어쓰고 있어요. 이런 생활이 벌써 3년이나 지났는데 아직도 무섭다니 웃기죠. 아무 일도 일어나지 않았는데 말이에요. 엄마는 식당에서 일하는데 가끔 11시에 올 때도 있지만 대부분 엄마 얼굴을 못 봐요. 엄마는 나 자는 얼굴만 보고, 나는 엄마 자는 얼굴만 보고……. 주말에는 아빠 집에 가고……. 우리 엄마랑 아빠 이혼했거든요. 그런데 엄마가 너무 돈을 많이 써서 이혼한 거라며, 할머니가 엄마한테 한 푼도 주지 말라고 했대요."

유진이가 갑자기 평소에 절대 하지 않던 부모님 이야기를 시작했다. 집이라서 그럴까? 다른 아이들이 없어서 그럴까? 무척 편하게 이야기했다. 유진이가 이야기를 시작하니 지현이도 덩달아 이야기했다. 지현이 부모님도 이혼했는데, 엄마가 절대 밖에서 이야기하지 못하게 한다고 했다. 유진이에게도 아빠가 일본으로 파견 나갔다고 거짓말을 했다며 정말 미안해했다.

지현이는 생생한 기억이 하나 있다. 아빠가 자고 있는 아이들 이불에 불을 지른 것이다. 그래서 엄마와 오빠가 물을 가지고 와서 이불에다 붓던 기억이 선명히 남아 있다고 했다. 아무래도 지현이 엄마는 아빠가 정신분열 증세라는 소문이 나면, 아이들에게도 안 좋으니 다른 사람들에게 절대 이야기하지 말라고 한 것은 아닐까 싶었다.

"참, 유진이 너 시간을 자꾸 잊어버린다는 거 있지?"

"네, 그게 시계를 본 기억이랑 이야기를 나눈 기억까지 너무 생생해서 더 무서워요."

"내가 생각하기에는 너는 지현이가 늦게 갔으면 좋겠다고 생각해서 그런 건 아닐까? 6시가 아니라 8시까지는 같이 있고 싶어서 말이지. 너무 원하면 그것이 정말인 것처럼 느껴질 수도 있거든. 너무 싫었던 기억을 지워 버리기도 하고 말이지."

"그런 것 같아요. 지현이가 6시에 간다고 하면 5시부터 시계를 보거든요. 이제 얼마 안 남았네 하고요. 선생님은 점쟁이 같아요."

네 명이 모이는 것이 목표인 두 아이

이 정도로 점쟁이 소리를 듣다니……. 유진이가 정말 외로웠던 모양이다. 혼자 남겨지는 것이 너무 두렵고 힘들어서 이런 착각을 했다고 생각하니 마음이 아팠다. 유진이 말대로 유진이에게 형제가 있었으면 했다. 주말에 아빠가 살고 있는 친할머니 집에 가는데 할머니와 아빠가 잘해 주신다고 했다.

"그럼 거기 가서 살면 어떨까?"

"그럼 엄마는 어떡해요? 우리 엄마 혼자서는 못 살아요. 지금도 엄마가 담배 피우고 술 먹는 것 때문에 속상한데, 나 없으면 매일 집에도 안 들어오고, 술 마시고 담배 피우고 그럴 거 아니에요. 그리고 나도 전학 가야 하는데 그럼 지현이랑 헤어져야 하잖아요. 전 『4teen』에 나오는 애들처럼 그런 친구 네 명만 있었으면 좋겠어요."

『4teen』은 열네 살 동갑인 네 명의 남자아이들의 우정과 고민을 그려낸 성장 소설로 독서토론 첫 시간에 선정된 책이었다. 그 당시 유진이와 지현이는 읽어 오지 않았다. 그런데 이 두 아이들이 이 책에 관한 이야기를 나누고 있다. 정말 아이들이 책을 읽었다. 그러면서 자기들도 네 명을 만들기 위해 노력하고 있다고 했다. 갑자기 유진이가 지현이 손목을 들어서 내게 보여 줬다.

"저보다 지현이가 더 심각해요. 이 손목 좀 봐요."

"사실 저도 이상한 게 있었어요. 정말 자꾸 이유 없이 짜증이 나는데 그게 엄마를 보면 더 그렇고, 오빠를 봐도 그래요. 그리고 자꾸 죽고 싶다는 생각이 들어요. 그런데 이건 그냥 커터칼로 한번 그어 본 거예요. 혹시나 피가 나는지 해서 말이죠. 그런데 엄마가 난리였어요. 다 같이 죽어 버리자고 칼 가져오라고……. 정말 엄마가 미친 것 같았어요."

"지금 기분은 어때? 좀 전에 지금까지 비밀로 가지고 있던 아버지 이야기를 하고 나니 좀 좋아진 것 같지 않니? 내가 보기에 그 비밀은 네가 감당하기 좀 힘든 것 같았거든. 그러면 우울한 기분이 생길 테고 더 짜증이 쉽게 날 수 있어."

지현이는 그동안 살면서 아버지에 대한 이야기를 해야 할 때면 거짓말을 해야 했을 것이다. 자신의 잘못이 아닌데 착한 지현이가 얼마나 죄를 짓는 기분이었을까 하는 생각이 들었다. 지현이는 내 말에 그렇다고 하지는 않았지만 표정은 훨씬 밝아져 있었다.

그동안 다른 반인 지현이와 유진이는 수업 시간에는 자기 반에서 혼자 있었다. 수업이 없는 시간에는 둘만 붙어 다녔다. 그리고 하루에 한 번씩은 내 컵을 빌려 물을 마셨다. 그런데 독서토론 수업 후 둘 다 내게 찾아오는 횟수가 줄었다. 그러다가 지현이와 유진이가 따로 내게 찾아왔다. 혼자가 아니라 각자의 반에서 사귄 새로운 친구와 함께.

아이들이 감당하기에 무거운 짐을 책과의 만남을 통해 조금은 가볍게 만들 수 있었다. 둘만의 세계에 갇혀 있던 아이들이 세상 밖으로 나오기 시작하는 모습을 보니 행복했다.

친구 문제를 고민하는 아이들에게 권하는 책

요즘 중학교에는 여자아이의 숫자가 적어, 적은 반은 35명 중에 열 명 남짓 되는 반이 있다. 이러다 보니 아이들의 따돌림에 대한 부담이 예전보다 큰 편이다. 3~4명이 어울린다고 보면 한 반에 세 개의 팀이 생기는데, 그 팀에서 떨어져 나가면 혼자 다니게 되는 경우가 생긴다. 그런 경우 학년이 바뀌어서도 혼자 다니는 경우가 종종 있다.

여학생은 가장 친한 친구의 수는 물론, 보통 친구의 수도 남학생보다 많다. 또한 동성 친구 간에 상호 작용이나 자기 노출, 정서적 지지에서도 남학생보다 더 민감한 것으로 보고됐다. 친구 관계에서의 갈등 해결과 관련된 연구에서도 여학생이 남학생보다 친사회적 목표와 전략을 더 강하게 사용한 것으로 나타났다. 여자아이들에게는 이렇게 친구 문제가 다른 어떤 문제보다 학교 적응 여부에 중요한 요인이 된다.

『친구가 되기 5분 전』(시게마츠 기요시 지음, 푸른숲주니어)에는 여자아이들의 이런 복잡한 심리가 잘 묘사돼 있다. 일본 소설이라 이름이 나왔다가 성이 나왔다가 해서 혼동된다고 투덜대는 아이도 있지만, 대체로 등장인물에 대한 공감도는 높았다. 각 인물마다 별개의 이야기처럼 진행되다가 알고 보니 서로 연결된 인물들이라는 것을 확인하는 재미도 있다.

『싫다고 할걸 그랬다』(아니카 토어 지음, 주니어파랑새)는 막 사춘기에 접어든 친구들 간의 우정, 소외……, 이런 이야기들이 현실감 있게 그렸다. 10년 동안 단짝으로 지내던 친구가 방학 동안에 달라져서 왔다는 설정만으로도 흥미를 끌기에 충분하다.

악몽으로 고통받는 아이

"저 원래 왕따예요. 이제까지 왕
따였고, 앞으로도 그럴 거예요."

중학교 2학년 반별 집단 상담이 끝나고 선아가 큰 소리로 이렇게 이
야기했다며 당황한 상담자가 나를 찾아왔다. '녀석, 많이 당당해졌구
나.' 씩 웃으며 선아를 떠올렸다.

선아는 중학교 교육복지실에서 근무하며 제일 처음 만난 학생이었다.
반 아이들이 놀린다며 눈물을 펑펑 흘리며 교육복지실로 들어왔다.

"애들이 저더러 더럽대요. 그리고 제 물건들을 숨기고, 창밖으로 버리
고 그래요. 할머니한테 죽는데……. 엉엉."

중학년 1학년이나 된 녀석이 마치 초등학교 저학년 아이처럼 큰 소리
로 울었다. 우선 선아를 달래고 특히 괴롭히는 아이들의 이름을 물어봤

다. 그랬더니 거의 모든 반 아이들의 이름을 말했다. 그러면서 또 한참을 울었다. 그러더니 금세 기분이 좋아져서 교실로 돌아갔다. 나는 담임 선생님에게 상황을 물었다.

"반 아이들이 선아를 싫어하는 건 사실이에요. 그런데요. 저도 아이들을 몇 번 불러 물어보고, 혼내기도 했거든요. 이제는 다른 아이들이 피해자라고 항의를 해요. 선아가 냄새나는 건 사실이고, 과도하게 반응하는 면도 많더라고요. 특히 학용품은 아이들이 건드린 것이 아니라 선아가 간수를 못한 경우가 많았어요. 우리 반에서 선아 자리가 제일 지저분하거든요. 정말이지 매일 아이들과 싸우고, 매일 우는 것 같아요."

꿈과 현실을 혼동하는 선아

다음 날부터 선아는 쉬는 시간 종만 울리면 가장 먼저 교육복지실로 달려왔다가 가장 늦게 교실로 돌아갔다. 이렇게 교사가 없는 시간에 반 아이들과는 함께 있을 일이 없으니, 선아가 싸우거나 울 일이 없어졌다. 게다가 교육복지실을 이용하는 학생이 늘면서 자신과 처지가 비슷한 아이들과 친구가 됐다.

그렇게 사계절을 보내면서 나는 가정 방문과 할머니와의 전화 통화로 선아 이야기를 들었다.

"불쌍한 아이예요. 어려서 엄마 죽고, 아빠는 IMF 때 사업이 크게 망했고……. 게다가 삼촌네 집에 살았는데 그것도 여의치 않아서 2년 전부터 제가 데리고 있어요. 데리고 와서 보니 삼촌네 집에 있으면서 공부를 하나도 안 했는지 정말 기본적인 것도 모르더라고요. 그래서 학원을 보내고 싶은데, 경제적으로 너무 어려워서……. 게다가 아빠는 한 달에 한 번 정도 와서 너무 부족한 것이 많으니 혼만 내고 가더라고요. 그래서 선아가 겁이 많아요. 그래도 착한 아이예요. 거짓말도 안 하고…….

너무 안 해서 아빠한테 혼나죠. 그리고 나를 많이 생각하고……."

할머니의 이야기를 들으며 이해가 안 되는 부분이 생겼다. 지나치게 금방 들통 날 거짓말을 하고, 꿈과 현실을 잘 구분하지 못하는 학교에서의 선아와 할머니가 말하는 선아는 달랐다.

"담임 선생님께서 제게 막 화를 내셨는데 그게 꿈인지 진짜인지 모르겠어요."

"어젯밤에 필통을 집에 안 가지고 가서 할머니께 혼나고 학교에 찾으러 왔거든요. 깜깜해서 진짜 무서웠어요. 그런데 아이들이 또 숨겼는지 못 찾았어요."

학교는 저녁 6시부터 보안 시스템을 가동하기 때문에 들어올 수 없다. 그래서 몇 시에 왔는지 누가 문을 열어 주었는지 물어보자 8시에 급식실 문을 통해서 몰래 들어왔다고 했다. 혹시 꿈은 아니냐고 묻자 정말이라고 몇 번이나 이야기했다. 그러면서 자주 반복해서 꾸는 무서운 꿈이 있긴 한데 다음에 아이들 없을 때 이야기해 주겠다고 말을 흐려 버렸다.

선아의 꿈 이야기

내가 교육복지실에 근무한 첫 1년 동안은 책꽂이에 책을 채우는 것이 주된 일이었다. 주로 그림책, 동화책이었다. 읽던 책을 집에서 가져다 두기도 하고, 사다 두기도 하고, 후원을 받기도 해서 제법 좋은 책들이 책장 안에 가득했다.

그림책과 만화책이 아이들에게 인기가 높았다. 아이들이 앉는 탁자 위에 그림책을 펼쳐 두거나 재미있거나 멋진 장면을 펼쳐서 이야기를 나눠 봤다.

스스로 책을 찾아보거나 책 이야기를 나누는 아이들보다 선아는 늦게 책에 관심을 보였고, 그나마 몇 장 넘기다가 그냥 덮어 버렸다. 겨울 방학이 시작되기 전에 선아에게 방학 동안 그림책을 함께 읽자고 말했더니, 흔쾌히 수락한다. 여러 권의 책을 읽고 독후활동을 묶은 책을 만들자는 목표도 정했다.

처음 선택한 책은 『도서관』이었다. 책의 내용을 바탕으로 미래의 자신의 모습을 그림으로 그렸다. 미술 선생님이 되고 싶다고 이야기했다. 두 번째 책은 『프레드릭』을 골랐다.

"레오 리오니는 원래 잡지 기자였대. 그런데 할아버지가 되어 손자를 보니 손자에게 들려주고 싶은 이야기들이 생긴 거야. 그냥 들려주면 재미없을 수 있잖아. 그래서 잡지를 이용해서 그림책을 만들기 시작했지. 그림 봐. 멋지지? 잡지 같지?"

선아는 그림 하나하나에 관심을 보이며 그림책을 읽어 나갔다. 그런데 계속 단어를 틀리게 읽었다. '잿빛'이라는 단어의 뜻은 알지 못했고, '프레드릭'이라는 단어도 끝까지 천천히 조심스럽게 읽었다. 함께 책을 다 읽은 후 주인공처럼 아름다운 꿈을 잡지로 꾸며 보자고 했다.

"선생님, 전 즐거웠던 꿈이 없어요. 무섭거나, 슬펐던 꿈이라면 모를까……."

선아가 만든 꿈 이야기 작품. 먼저 꿈에 대한 이야기를 충분히 해서 머릿속에 이미지가 떠오르게 한 다음 밑그림을 그리고 잡지를 이용하여 붙이기를 했다. 선아는 평소에 집중력이 많이 떨어지는데 이 작업은 열심히 했다.

지난번에 이야기하다가 만 꿈 이야기를 해 보는 것도 좋을 것 같다고 했다.

"외할머니 꿈이에요. 엄마랑 아빠는 제가 아주 어렸을 때 이혼했대요. 처음에는 외할머니 집에서 살았어요. 엄마는 없었고, 삼촌이랑 할머니, 할아버지랑 살았거든요. 일곱 살 이전 일인데 아직도 그 집을 기억해요. 외할머니랑 마당에 꽃도 심었고, 석류나무도 있었어요. 김장독도 묻어 봤어요. 제가 지금도 그렇지만 어려서부터 힘이 좋았어요. 여름이면 마당에서 물놀이도 할 수 있었어요. 언젠가는 사냥꾼 때문에 지붕에서 총을 맞아 제비가 죽어 있었어요. 그때 제가 지붕에 올라가려고 했거든요. 조금만 빨리 올라갔더라면……. 제가 죽었겠죠? 그때 제비가 피 흘리며 죽은 것을 봤어요."

선아는 이야기를 하는 동안 얼굴이 빨갛게 달아올랐다. 그리고 마치 반 전체 아이들이 있는 것처럼 큰 소리로 이야기했다. 둘밖에 없었는데. 외갓집 이야기를 좀 더 들어 본 후 꿈 이야기로 유도했다.

"그 꿈은 제가 일곱 살 때 작은아빠네 집으로 온 뒤 얼마 후 꾸기 시작했어요. 친할머니가 이씨 집안 자식은 이씨가 키워야 한다면서 학교 들어갈 때 삼촌네 집으로 데리고 갔거든요. 정말 삼촌이 무서웠어요. 쇠파이프로 맞기도 했어요. 참, 꿈 이야기 물으셨죠?

어떤 돌로 된 언덕에서 아빠인지, 작은아빠인지를 따라가며 함께 가자고 말하려고 했어요. 그때 외할머니께서 가지 말라며 쫓아오시는 거예요. 그러다가 외할머니가 언덕 아래로 굴러 떨어지셨어요. 그 아래에는 기찻길이 있었는데 외할머니가 떨어지자마자 기차가 달려왔어요. 나는 너무 놀라 그 자리에 멈춰 섰어요. 외할머니의 피가 제 얼굴에 튀는 것을 느꼈어요. 꿈을 꾸고 난 며칠 후 외할머니가 돌아가셨다는 소식을 듣게 됐어요. 외할머니가 날 보고 싶어 한다고 하셨대요. 아마 내가 꿈을 꾼 날이 외할머니가 돌아가신 날인가 봐요. 며칠 전에도 이 꿈을 꿨어요. 제가 원래 겁이 없잖아요. 그런데 이 꿈은 꿀 때마다 너무 너무 너무 무서워요."

외할머니가 그리운 아이

우리는 외할머니와의 추억으로 밖을 꾸미고, 그 안을 펼치면 꿈 이야기가 들어가도록 책을 꾸며 보자고 했다. 선아는 잡지를 펼치고 외할머니와 비슷한 눈이라며 가수 인순이의 눈을 골라 붙였다. 그리고 외할머니가 꽃을 좋아했다며 꽃으로 장식했다. 꾸미는 내내 선아는 외할머니와 가꾼 꽃에 대해 이야기했다.

"교육복지실에 있는 죽어 가는 화분도 우리 외할머니한테 가져다 드리면 금방 살려 놓으실 수 있을 거예요."

겉장을 다 꾸민 후 안쪽을 꾸몄다. 선아가 먼저 밑그림을 그리고 나는 선아가 말하는 색을 잡지에서 찾았다. 반복해서 꾼 꿈이라서 등장인물의 옷 색깔, 그날의 날씨까지 기억했다. 두 시간이 넘게 걸렸다.

"이런 장면을 꾸미는데 왜 즐겁죠?"

외할머니에 대한 그리움이 담겨 있기 때문이 아닐까 했다. 선아는 다

항상 속상하고 아픈 이야기만 하던 선아에게 아름다운 추억 이야기는 처음 들었다. 외할머니가 아름답게 꽃을 가꾸시고, 이웃과도 재미있게 지내던 즐거운 추억이 남아서 선아에게 다행이다.

른 사람들에게는 보여 주지 말라고 했다. 이렇게 겨울 방학 동안 만나면서 선아의 상처를 많이 엿볼 수 있었다. 2학년이 됐지만 선아는 여전히 반 아이들과 어울리지 못했다. 하지만 이제는 자신이 반 아이들에게는 관심을 두지 않는 방법('내가 아이들을 왕따시키는 방법')을 터득(?)해 교실 내에서 아이들과 싸우거나 하는 일은 없었다. 그리고 쉬는 시간마다 교육복지실 문을 열고 들어온다.

"선생님 뭐하세요?"

선아가 항상 내게 하는 말이다. 처음 만났을 때 크지 않던 목소리도 이제 심하다 싶을 정도로 커졌다.

"선아야, 제발 네 물건 좀 챙기고 다녀."

내가 항상 선아에게 하는 말이다. 엄마처럼 매일 잔소리를 해도 항상 뭔가를 놔두고 다닌다.

하지만 이제는 자신의 물건이 없어지면 반 친구들을 의심하는 것이 아니라 교육복지실을 의심(?)하게 됐다.

교육복지실에서 1년 반을 지내는 동안 아이들과 그림책을 보며 책도 만들고, 작은 공연도 하고, 근처 초등학교에 가서 그림책 읽어 주기 자원봉사도 했다. 그러면서 아이들의 상처를 이전보다 쉽게 알아차리고 만날 수 있게 됐다. 아이들은 남의 이야기를 하듯이 그림책을 보며 자신의 이야기를 한다. 그렇게 실컷 이야기를 쏟아 내며 조금씩 상처를 치유하는 것을 확인한다.

아이들과 이야기를 나누다 보면 왜 자신이 힘들어하고 있는지를 알지 못하는 경우가 많다. 그럴 때면 근처에 있는 그림책을 한 권 집어 들고 편하게 읽어 준다. 그러면 아이들은 등장인물 속에서 자신의 모습을 발견하고 깜짝 놀란다.

선아는 일주일에 한두 번 정도는 『프레드릭』을 읽는다.

"자꾸 자꾸 봐도 좋아요. 제가 제일 좋아하는 책이에요. 참, 그리고 그 꿈은 그 책을 만든 이후로 이제까지 한 번도 안 꿨어요. 신기하죠?"

※ 월간 『어린이와 문학』 2007년 10월호에 발표

나만의 책 만들기

내가 있는 곳에는 늘 색지, 풀, 가위와 간단한 꾸미기 재료들을 마련해 둔다. 더불어 북아트 책도 가져다 놓고, 내가 만들거나 아이들이 만든 샘플도 전시해 둔다. 나를 찾아온 아이들은 심심하다며 책 만들기를 시작하는데, 그 안에 무엇을 채우든 간에 그 안에 무엇을 채울까 고민하는 시간을 갖는다. 일종의 숙제가 생긴다고 해야 할까.

학교에 있다 보면 아이들에게 무언가 생각을 해 볼 수 있게 하는 것이 참 어렵다는 것을 경험한다. 무슨 말을 하든 '몰라요', '귀찮아요', '싫어요' 이 세 마디로 답을 한다. 만든 작품은 아이가 가져가도록 하는데, 아이의 동의를 얻어 사진 찍거나 스캔한 아이들의 북아트를 출력해 전시하기도 한다.

아이들이 책을 만들 때는 곁에 있어 주는 것이 좋다. 책 만들기는 생각보다 시간이 많이 걸리기 때문에 집중력 없는 아이들은 쉽게 포기해 버린다. 그래서 옆에서 풀칠을 해 준다든지 하며 아이와 자연스럽게 대화를 유도하는 편이 책을 완성시키는 데 도움이 된다.

학교 부적응 아이들 중에는 어린 시절 엄마와 충분한 대화를 나누지 못한 아이가 많은데, 교사가 곁에서 엄마처럼 챙겨 주며 이야기를 들어 주는 것만으로도 아이의 감정이 부드러워지는 것을 자주 봤다. 당연히 이럴 때 생기는 관계의 회복이 책의 완성보다 더 중요한 성과다.

제일 중요한 것은 기다려 줘야 한다는 것이다. 교사는 마음의 여유를 가지고 작품을 빨리 만들어야겠다는 조급한 생각은 반드시 버려야 한다.

우울증으로 극단적 선택을 한 은영이

은영이를 처음 만난 곳은 밤 11시의 놀이터였다. 가출해서 집에 들어가기 싫다는 아이와 이야기를 나누고 있는데, 술에 잔뜩 취한 은영이가 슬그머니 우리 옆에 앉았다.

"선생님, 얘 집에 들어가라고 이 늦은 밤에 오신 거구나. 그런데 들어가라고 하지 말아요. 다 자기가 알아서 들어가고 싶으면 들어간다니까요. 제가 책임지고 우리 집에 데리고 가서 재울게요. 어차피 내가 들어오는지 안 오는지 모르니까 둘이 들어가도 돼요."

다음 날부터 은영이는 쉬는 시간, 점심시간, 심지어 수업 시간 중에도 불쑥불쑥 교육복지실에 나타났다. 키가 크고 날씬한 데다 싸움도 잘하는 은영이는 이른바 2학년 '여자 짱'이었다. 수업 시간에 선생님한테 반항하다가 교실 문을 차고 나온 적도 있고, 가출을 해 며칠씩 결석을 한 적도 있다. 복도에 은영이가 지나가면 아이들이 살짝 길을 만들어 준다. 거칠게 말하고, 기분도 자주 바뀌어 친한 친구들도 눈치를 본다.

은영이의 자살 시도

그러던 어느 날부터 문자 메시지를 보내오기 시작했다. '심심하다, 수업 듣기 싫다' 등의 메시지가 오더니 저녁은 먹었는지, 새벽까지 혼자 있는 빈집이 싫다는 등의 이야기를 했다. 아빠는 새벽 1시, 고2인 언니는 밤 11시 반에 들어왔다. 엄마는 아빠와 별거 중이라 항상 집에서 혼자 지낸다고 했다. 가족이 없는 것과 마찬가지라고 했다. 특히 힘든 시간은 저녁 7~9시 사이. 옆집에서 나는 찌개 냄새와 정다운 웅성거림 때문에, 혼자라는 외로움이 더 절실했다. 그 시간만 되면 텔레비전 보는 것도, 만화책을 읽는 것도 싫고 그냥 멍하게 앉아 있다고 했다.

시간이 갈수록 날씨에 따라, 과목에 따라, 정말 아무 이유 없이 기분이 휙휙 바뀌는 은영이를 친구들은 점점 불편해했다. 그리고 그런 친구들의 분위기를 눈치챈 은영이는 점점 더 우울해했다.

그러던 중 결국 걱정하던 일이 생겼다. 저녁에 은영이가 문자를 보내왔다.

"피 많이 나요. 근데 죽진 않을 것 같아요."

이 문자를 받은 때는 은영이가 가장 싫어하는 저녁 시간이었다. 다시 문자가 왔다.

"피가 끈적끈적해요. 신기하네……."

그날은 설을 앞두고 학교는 봄방학 중인 때였다. 근처에 사는 친구에게 빨리 은영이 집으로 가 보라고 했다. 은영이는 커터칼로 손목을 그었고, 제법 피가 많이 나고 있었다. 전문 상담원에게 전화를 해서 응급 처치 방법을 알아내어 급한 대로 지혈을 하도록 하고, 은영이 언니에게 전화해서 빨리 집으로 가라고 일렀다. 은영이에게는 내일 일어나는 대로 학교로 오라고 했다.

다음 날 아침 일찍 은영이는 손목에 붕대를 감고 교육복지실로 들어 왔다. 어제 언니랑 실컷 울고 나서 오랜만에 잠을 잘 잤다고 했다. 엄마, 아빠한테는 제발 알리지 말아 달라고 했지만 엄마한테는 이야기해야 한 다고 설득했다.

은영이와 함께 만든 책

은영이와 무엇인가 할 것이 필요했다. 마침 내가 '책 만들기' 연수를 받고 있던 터라 은영이와 함께 해 보자 싶었다. 그래서 은영이에게 내가 만든 책을 보여 주고, 숙제로 학생 작품이 필요하다고 했다. 자기가 만 들어 보겠단다. 교육복지실에는 은영이가 좋아하는 책이 꽤 있었다.

은영이는 『빨간 나무』의 내용이 마음에 든다며 그 책의 내용으로 책 만들기를 하자고 했다. 먼저 탁상 달력의 가운데를 잘라 뒤집은 후 표지 를 만들고, 그 안에 들어 있는 달력 속지 위에 색상지를 붙였다.

그런 다음 은영이와 함께 다시 『빨간 나무』를 읽었다. 아무 희망도 보 이지 않은 곳에 있는 소녀가 자신이 키워 낸 희망의 빨간 나무를 발견한 다는 내용이지만 우울한 그림이 많은 책이다. 은영이는 이 각 장마다 숨 어 있는 빨간 나뭇잎을 발견하는 것을 좋아했고, 자신도 이런 식의 복선 이 들어 있는 그림책을 만들겠다고 했다. 그리고 내용은 반대로 가겠다 고 했다. 나는 쪽수를 맞춰야 한다는 주문만 했고 별다른 설명은 하지 않았다. 좀처럼 집중해서 무언가를 하는 일이 없었던 은영이가 『빨간 나무』를 보며 글을 금방 써 내려갔다.

빨간 나무가 검은 나무로 변해 갈 때

때로는 하루가 시작되면 희망이 보이는 날도 있다.

아침에 일어나자마자 기분이 상쾌했어요.

왠지 기분 좋은 일만 생길 것 같아요.

모든 것이 점점 좋아지기만 하네요.

햇살이 비치고 세상이 장밋빛으로 보이네요.

분홍 장미 빨간 장미

난 보라색 장미가 좋아요.

가끔 기대했던 좋은 일들과 행복한 생각이

어느 날 한꺼번에 터져요.

밝고 아름다운 것들은 계속 내게 다가와서

끔찍한 운명들은 다가오지도 못하는 것 같아요.

나는 내 자신을 너무 잘 알아요.

무엇을 해야 될지도······.

내가 누구인지, 내가 무엇을 하는지, 내가 어디 있는지

너무 잘 알아요.

하루가 끝나면 행복한 기억들을 되새겨 봐요.

그러다 문득 바로 앞에 조용히 기다리고 있는 것이 있다.

끔찍한 운명

행복도 잠깐인 것을 모르고 있었네요······.

    은영이는 글을 쓰면서 그림들이 머리에 다 떠올랐다고 했다. 글에 어울리는 그림과 사진을 인터넷에서 찾았다. 각 장의 소재, 주제에 해당되는 단어를 입력해서 찾아지는 모든 사진 자료를 꼼꼼히 검토했다. 특히 '희망'이라는 낱말에 쓰일 사진을 찾기 위해 몇 시간 동안 인터넷을 뒤졌다. 희망이라는 낱말에 어울리는(?) 가장 우울한 사진을 찾아야 했기

때문이다. 우울한 이야기로 끝나는 책을 만들어야 했기에, 희망과 관련된 단어는 약간 아래로 붙이는 등 여기저기에 복선을 깔았다. 본문 속의 '보라색'에는 휴지를 붙이기도 하였다. 보라색은 은영이 자신이 가장 좋아하는 색이기 때문에 보호(?)해 줘야 한다며 휴지를 붙인다는 설명도 덧붙였다. 그리고 내용에 따라 다채로운 작업을 했다. 그림을 구겨 붙이기, 글자를 나눠서 붙이기 등……. 25쪽 작업을 하는 데 꼬박 일주일이 걸렸다.

은영이가 가장 먼저 했던 작업은 첫 장과 마지막 장을 쓰는 것이었다. 첫 장은 검은 나무에 포토샵으로 빨간 잎을 붙이고, 끝에 살짝 검은 잎을 넣었다. 마지막 장에는 검은 나무에 검은 잎을 붙이고, 살짝 빨간 잎이 보이게 만들었다. 재료로 쓰인 탁상 달력은 마지막 장에 거울이 붙어 있었는데 그것을 살려 쓰기로 했다. 거울이 있어서 가장 마음에 든다는 은영이는 커터칼로 정성껏 거울이 깨지는 것 같은 금을 새겨 넣었다.

표지는 은영이가 제일 좋아하는 보라색으로 꾸몄다. 한 권의 책이 완성됐다.

"선생님, 정말 멋져요. 우울하게 만들려 최선을 다했는데 오히려 기분이 좋아졌어요."

은영이가 만든 책. 인터넷에서 주제어에 맞는 사진을 찾고, 기존의 「빨간 나무」 책의 내용을 패러디하여 쓴 내용을 본문으로 하고, 배치에도 하나하나 신경을 써서 정성껏 완성한 책이다. 은영이는 이 책을 만드는 일주일 동안 행복했다고 했다.

은영이가 만든 책은 교육복지실에서 가장 인기 있는 책이 됐다. 다른 아이들도 은영이처럼 책을 만들겠다며, 탁상 달력을 찾아 다녔다. 다양한 작품들이 만들어졌다. 은영이는 친구들이 책 만드는 것을 도와주거나 조언을 해 주면서 즐거워했다.

우울증을 극복한 은영이

그 후 은영이는 엄마와 함께 신경정신과에 다녀왔다. 우울증 약을 먹기 시작하면서 교육복지실 오는 날이 줄어들었다. 이제는 가끔 안부 문자를 보내면 답만 할 정도로, 문자 보내는 횟수도 줄었다. 문자 내용이 바뀌었다.

"약 먹고 나니 잠을 잘 잘 수 있어서 좋아요."

"아르바이트 시작했는데, 에구 심심하지 않아서 좋은데 힘들어요. ㅜㅜ"

"애들이랑 중간고사 시험 공부하러 도서관 가요."

시험을 한 달 앞두고 은영이가 한 가지 제안을 했다. 자신은 시험 점수 10점을 올릴 테니 나더러 10kg을 빼라는 것이다. 서로에게 좋은 내기의 조건을 고민하다가 이런 제안을 했다는 것이었다. 다행히 나는 쉽게 살이 찌고 빠지는 체질이어서 흔쾌히 그 제안을 받아들였다. 결과는 ……. 난 8kg을 빼는 데 그쳤지만 은영이는 평균 20점을 올렸다. 문득 '나는 떡을 썰 테니 너는 글을 쓰거라' 하는 한석봉 일화가 떠올랐다. 일화 속에서는 엄마가 이겼는데……, 현실에서는 엄마가 졌다.

※ 계간 『창비어린이』 2007년 여름호에 발표

책 만들기를 할 때 따라 하기 좋은 책

아이들에게 무작정 책을 만들어 보라고 하면 무척 어려워한다. 그럴 때는 아이들에게 쉽게 따라 할 수 있는 책을 보여 주며 패러디를 하라고 권한다. 그러면 아이들은 비교적 쉽게 책을 만든다. 책을 만들 때, 이야기를 하면서 아이들의 생각을 들을 수 있다. 자신에 대해 표현할 수 있는 책을 가지고 이야기하면 그 작업이 더 쉽다.

가장 많이 사용하는 책은 『내가 좋아하는 것』(앤서니 브라운 지음, 책그릇)과 『난 말이야』(필라프 베히터 지음, 책그릇) 두 권이다. 그림 그리기 어려운 아이들은 전단지나 잡지를 가져다 자기가 좋아하는 것을 잘라서 붙이기도 한다.
『난 말이야』는 여자아이들이 특히 좋아하는데 『내가 좋아하는 것』보다는 좀 어렵지만 마지막에 곰이 친구를 찾아가는 것처럼 절정 부분을 만들어 내는 것이 재미있다.

『얘들아, 이리와 놀자』(매그넘 사진, 키다리)는 세계의 어린이들의 노는 모습을 사진에 담은 어린이용 사진집이다. 쳐다보기만 해도 아이들은 행복한 웃음을 웃는다. 이 책을 보고 아이들과 사진을 찍어 책을 만들기를 할 수 있다.

『아름다운 가치 사전』(채인선 지음, 한울림어린이)은 믿음, 공평이라는 가치에 대한 정의를 사례를 들어 정리한 책이다. 이 책에 나온 가치를 주제로 삼아 아이들에게 책을 만들라고 할 수 있다. 그러면 각 가치에 대한 아이들의 기발한 표현이 나온다. 아이들의 창의성을 엿볼 수 있는 활동이 될 수 있다.

포토샵으로 만든 그림책의 한 장면. '난 뭐든지 할 수 있어.' 색점토로 만든 왕따.

가정 폭력으로 심하게 삐뚤어진 **희주**

　　　　　　　　　　　　　희주에게는 이상한 소문이 따라
다닌다. 아버지가 조폭이다, 남자 친구를 계속 바꾸는데 갈 데까지 간
다, 평소에는 모르는데 한 번 화나면 사람 죽일 수도 있다, 말싸움은 아
직 아무에게도 진 적이 없는 최고다……. 그런데 학교에서는 그냥 조용
했다. 친하게 지내는 아이 하나 없고, 아이들과 이야기도 잘 하지 않는
다. 학교는 나오지 않는 날이 많고, 지각도 많이 했다.

희주를 분노하게 만든 책

　그런 희주가 도서관에서 씩씩거리며 책을 읽고 있다. 책을 읽고 있는
얼굴이 빨갛다. 들고 있는 책이 무척 두꺼운데, 벌써 1/3이 넘어서고 있
었다. 희주 같은 아이는 책을 읽지 않을 것이라 생각했는데 책 읽는 모

습을 보며 내 안에 편견이 있나 반성이 됐다. 무슨 책이기에, 왜 그렇게 화가 나나 궁금해 묻자 욕이 튀어나온다.

"이런 ××, × 같은 것들, 뭐 이런 × 같은 나라가 있는 거야?"

"책 읽다가 왜 흥분해?"

"쌤, 이 책 읽은 적 있어? 그냥 국어 시간에 도서실에서 아무 책이나 읽으라고 해서, 표지가 맘에 들어 골랐는데 그냥 끝까지 읽는 거야. 정말 어이가 없네. 이 나라는 왜 그래? 여자가 봉이야?"

"너 이렇게 두꺼운 책도 보니?"

"그럼요. 나 책은 좀 읽어. 그래서 국어 성적만 좀 좋지."

"그래? 몰랐네. 그래서 그 책이 재미있어?"

"쌤도 읽게? 여자들이 아주 그지 같이 사는 나라 이야기야. 와, 정말 어처구니가 없네."

"재미있겠다."

"하긴 쌤은 책을 좋아하니 재밌게 보겠네. 5교시까지 읽으면 다 읽을 거야. 집에 가기 전에 줄게."

"응, 나도 읽어 보고 싶네."

6교시가 끝나고 희주가 책을 들고 나타났다. 삼류 소설같이 화려한 표지를 한, 이슬람 문화권 이야기였다. 여자가 주인공이었는데 명예살인과 같은 내용이 나왔다. 자극적이지만 내용이 잘 다가오지 않아서, 지금은 책 제목도 기억이 안 난다.

꽤 두꺼운 분량이었는데, 다섯 시간 만에 읽은 것이다. 믿을 수가 없었다. 그래서 새벽까지 읽고 다음 날, "난 이 부분에서 그랬는데 넌 어땠어? 이 부분 다음에 어떻게 됐더라? 기억이 안 나네" 하는 식으로 자연스럽게 희주가 읽었는지를 알아봤다. 희주는 주제와 세밀한 내용까지 정확하게 파악하고 있었다. 평소 친구들 앞에서 욕을 잘하지만 내 앞에서는 쓰지 않았는데, 그날은 말마다 욕이 들어갔다. 도대체 그런 일이 지구 상에서 일어난다는 것이 이해가 안 간다는 것이다. 그 지역 여자들은 그렇게 당하고만 있는지 화가 난다고 했다. 그래서 이슬람 문화 관련한 다른 책을 권했다. 이슬람 문화권인 파키스탄 소녀의 이야기가 그려진 『바람의 딸 샤바누』였다.

파키스탄 유목민 열두 살 소녀 '샤바누'는 낙타를 돌보며 자유로운 삶을 동경한다. 엄마는 아빠와 남편한테 복종하는 법을 배워야 한다고 가르친다. 샤바누는 열세 살이 되면 원치 않는 결혼을 해야 한다. 안 좋은 일이 많이 생긴 가족을 위해 샤바누가 희생을 해야 한다는 것이다. 샤바누는 도망을 치지만, 아빠에게 붙잡혀 심한 매를 맞는다. 몸은 붙잡혀 왔지만 샤바누는 소중한 꿈을 가슴속에서 키워 나간다는 내용이다.

"표지가 많이 구렸는데 재미있게 읽었어. 이 책도 화나긴 하지만 그래도 그전 것보다는 낫네."

"훨씬 문학적이지? 문학적이어서 끔찍한 일들에 흥분하게도 하지만 가라앉혀 주기도 하지. 그런데 네가 만약 그런 나라에서 태어났다면 어땠을까?"

"운명인 줄 알고 살았겠지. 아님 콱 죽어 버렸을까? 하긴 죽고 싶다고 죽는 건 아니더라고. 죽으려면 예전에 죽었지. 하하하. 또 뭔 책 없어요? 책 읽고 이야기하니까 시간이 잘 가네."

학대당하는 여자에 공감하는 희주의 진실

바로 다음 날 점심시간에 권한 책을 다 읽었다며 즐거운 표정으로 나타났다. 슬슬 희주의 마음을 열기 위한 주제를 이야기하는 것이 좋을 것 같았다. 비슷한 이야기로 이끌고 나가 보기로 했다. 유독 학대당하는 여자 이야기에 민감한 이유가 희주에게 있으리라 짐작했다. 그래서 아예 눈물을 흘릴 수 있는 이야기를 골랐다. 단편집 『자린고비의 죽음을 애도함』에서 「하늘여자」부터 읽어 보라고 했다. 몇몇 작품은 재미없을 수 있으니 빼 놓고 읽어도 좋다고 했다.

「하늘여자」의 내용은 우리가 아는 선녀와 나무꾼의 이야기를 패러디한 것이다. 이 책에서는 나무꾼을 나쁘게 설정했다. 착하고 아름다운 선녀를 아내로 맞았는데 매일 일만 시키고 때리기만 했다. 그렇게 하루하루를 힘들게 살아가던 선녀는 두 아이를 데리고 자살하고, 뒤늦게 자기 잘못을 깨달은 나무꾼도 자살한다는 이야기다. 화자는 선녀를 사랑한 사슴으로 설정돼 더 가슴 아프게 읽힌다.

희주는 수업이 끝나고 얼굴이 벌게져 들어왔다. 수업 시간에 눈물이 나서 혼났다며, 집에 가서 다시 울 준비하고 읽는다고 했다. 그러면서 표지가 마음에 든다며 『바람의 딸 샤바누』를 쓴 지은이의 다른 책 『위험한 하늘』도 읽었노라고 했다. 내용이 괜찮다며 공공도서관에서 대출한 책을 다시 내게 빌려 줬다.

다음 날 2교시가 넘어서까지 희주가 학교에 오지 않았다. 전화를 걸었더니 이제 일어났다고 했다. 사는 환경도 볼 겸 데리러 갔다. 학교로 오는 길에 희주가 자기 이야기를 했다.

어제 아빠가 술을 마시고 들어와 또 엄마를 때렸다. 엄마는 아빠의 소개로 노래방에서 아르바이트를 한다. 그런데 노래방에서 남자들과 이야기를 했다며 엄마를 때렸다. 맞다가 집 밖으로 도망간 엄마를 아빠가 칼을 들고 쫓아갔다. 희주는 아빠를 뒤쫓았고 경찰에도 연락했다. 하지만 늘 그랬듯 경찰은 아빠와 이야기 몇 마디 나누다 돌아갔다. 엄마와 희주는 밖에서 새벽까지 앉아 있다가 아빠가 잠이 들었다는 동생의 전화를 받고서야 집에 들어갔다. 남동생이 아들이라 그런지 아빠는 남동생은 절대 때리지 않는다고 했다.

엄마는 선녀처럼 아름다웠는데 아빠와 결혼한 후 하루도 편하게 산 날이 없었다. 시간이 지날수록 의처증이 심해지는 아빠는 점점 더 엄마를 괴롭혔다. 폭력도 심해졌다. 한번은 희주가 다섯 살 때 아버지가 두 살밖에 안 되는 남동생을 12층 창문 밖으로 집어 던지려고까지 했다. 엄마는 기절했다. 희주는 아빠가 자신까지 죽일 수 있겠다는 생각에 옷장에 숨었다. 희주는 아직까지 그 일이 기억에서 안 지워진다고 했다. 그러면서 아빠를 조직폭력배라고 했다.

아빠에 대한 비슷한 아픔

"선생님은 우울하지 않아서 좋아. 다른 선생님들처럼 슬픈 이야기를 해도 내가 너무 불쌍하다는 표정을 짓지 않아서 다행이고. 난 우울한 거 너무 싫거든. 엄마랑도 자주 우울한 밤을 보냈는데, 둘이 그렇게 아빠를 피해 지내면서는 재미있는 이야기하며 지내."

끔찍하고 슬픈 이야기를 희주는 마치 소설책 이야기하듯이 말했다. 상담에서는 자기 노출*을 통해 공감을 이끌어 낼 수 있다. 희주에게 내 어린 시절 이야기를 들려줬다. 나 역시 알코올중독인 아빠가 있었다. 희주 아빠처럼 때리지는 않았지만, 술만 마시고 오면 엄마와 나를 앉혀 놓고, 해묵은 이야기를 하나하나 꺼내어 고함치고 욕을 했다. 그런 밤이 너무 싫어서 아빠의 퇴근 시간이 가까워지면 기도를 했다. '빨리 잠들게 해 주시고, 내일 아침이 빨리 되게 해 주세요.'

하지만 이 기도는 한 번도 이루어진 적이 없었다. 항상 자다가 깨어 오랜 시간 무릎을 꿇고 있어야 했다. 그렇게 피곤한 밤을 보내고 학교에 간 나는 친구들 앞에서는 유쾌한 아이인 척했다. 무서운 아빠 대신 자상하고 재미있는 아빠의 모습을 상상하며, 아이들에게 이야기를 해 줬다. 어린 시절 책 속에 빠져 있던 나는, 저녁에 일터에서 돌아온 엄마에게 책 이야기를 학교에서의 내 모습처럼 들려줬다. 엄마는 집안일을 하면서 내 이야기를 들어 줬다. 지금 생각하면 거짓말인 줄 알면서도 신기한 듯 들어 준 엄마가 정말 고맙다.

비슷한 아픔을 가지고 있는 우리는 서로 끌렸다. 내 이야기를 듣고 희주가 나처럼 책 속에서 희망을 찾기 바랐다. 서로에게 책을 권해 주며 3학년 2학기를 보냈다. 무단 조퇴, 지각이 많아서 졸업이 힘들던 희주가 무사히 졸업을 했다. 나를 통해 자신의 고통을 털어 내곤 했던 것이 도움이 됐던 모양이다.

"쌤, 그 ×××이 어제도 난리였어."

"경찰들은 뭐하나? 그런 사람 안 잡아 가고."

"경찰이랑 친하다고 하잖아."

"그래? 그럼 어디에다 찔러야 하는 거야? 눈물의 편지를 경찰청장한테 한번 보내 봐? 그런데 네 아빠 경찰청장하고도 친하면 어쩌지?"

"하하하. 그럼 청와대 쪽으로 한번 날릴까?"

희주의 모습이 점점 좋아지는 것 같았다. 졸업을 몇 주 앞둔 어느 날 희주가 신이 난 얼굴로 등교 시간이 시작되기도 전에 교육복지실 문을 열고 들어왔다.

"쌤, 쌤, 나 안 죽은 게 신기해. 울 아빠 칼 들고 덤비는 사람인데 내가 어제 막 대들고 엄마도 목숨을 걸고 날 거들었어. 그런데 우릴 안 죽이고 아빠가 집을 나갔어. 엄마한테 한 달은 안 들어온다고 연락 왔다는 거야. 와, 이게 되는 일이었어. 사실 나 죽고 싶었던 것 같아. 그냥 자살하면 지옥 갈지 모르니까 아빠 손에 죽는 게 낫다는 생각을 했어. 암튼 난 살았고 죽기 전에는 우리를 안 놔줄 것 같던 아빠가 자기 발로 집을 나갔어."

쉽게 끝나지 않는 희주의 방황

희주의 졸업식장에서 눈물을 글썽이던 희주 엄마에게 힘들게 고비를 넘겼으니 이제 고등학교 가서는 잘 지낼 거라고 했다. 차라리 중학교 때 방황하는 것이 낫지 고등학교 가면 더 어려워진다고 위로했다. 그날은 우리 모두 희주의 미래가 안정될 것이라는 마음으로 마음껏 떠들며 즐거워했다. 그럴 줄 알았고 그렇게 믿고 싶었다. 그런데 희주가 고등학생이 된 어느 날 10시쯤 교육복지실 문을 열고 들어왔다.

"학교 다니기 싫어요. 이혼하면 모든 게 끝나는 줄 알았는데 내 이 더러운 인생은 왜 이렇게 긴 거야?"

"뭐래? 너 요즘 무슨 문제 있구나. 책은 읽고 있니?"

"책? 끊은 지 좀 됐어. 도서실에 가면 애들이 안 어울린다고 빈정대서……."

"그게 뭐야? 난 너랑 책이랑 참 잘 어울린다고 생각했는데. 학교는 재미없어?"

"죽겠어. 하루 종일 학교에 잡아 놓고. 남자 친구 있는데 지방에 사는 애야. 거긴 빨리 끝나는데 말이지. 대학 안 갈 애들은 그냥 놔두지. 참, 나 반성문 썼는데 내 반성문 보고 쌤들이 감동했다네."

"그거 알아? 신경숙이라는 유명한 작가가 있는데, 그 작가가 고등학교 때 지각을 많이 해서 반성문을 많이 썼대. 정말 교사들을 울리기도 했다는 것 같던데. 너도 작가 해라. 하하하."

"그 작가 싫어. 궁상맞아."

"많이 괜찮아진 거야. 하하. 그리고 너야말로 궁상맞지 뭐야. 너 성공한댔잖아. 나중에 나 도서관 차려 준다고……."

"그러게. 그땐 그랬는데 지금은 안 될 것 같지?"

"책은 끊지 마. 학원도 아닌데, 책은 왜 끊고 난리야. 하하."

"그래, 쌤 보니 좀 낫다. 쌤은 항상 즐거우니⋯⋯."

그 후로도 희주는 계속해서 가출과 무단결석을 반복했다. 상처가 쉽게 치유되는 않을 것이다. 다행히 희주는 전문대 사회복지학과에 입학했다. 국어 성적이 월등히 높아서 갈 수 있었다.

희주는 내게 반말을 쓴다. 희주가 나를 무시해서 반말을 쓴다고 느껴지지 않아 못 쓰게 하고 싶지는 않다. 그런데 한번은 남자아이들이 희주가 내게 반말을 쓰면 자기네들이 무시당하는 느낌이 든다고 화를 낸 적이 있다. 그래서 희주에게 부탁을 했다. 네가 나한테 반말하는 것을 싫어하는 아이들이 있으니, 다른 학생들 있으면 존댓말을 써 달라고. 이제는 여럿이 있으면 존댓말을 쓴다. 그러나 둘이 있으면 자연스레 반말을 한다. 우리 사이에 거추장스러운 가림막을 치워내듯이.

*자기 노출(自己露出, self-disclosure) 자기 노출이란 간단히 말하면 내담자의 문제와 관련하여 도움이 될 만한 비슷한 자기 경험을 상담자가 내담자에게 말하는 것이다. 내담자는 자존심이 많이 낮아져 있고, 상담 과정에서 자신의 잘못된 부분, 부끄러운 부분을 말하게 마련이므로 많이 위축돼 있다. 그래서 점점 자신의 이야기를 하는 것이 힘들어진다.
이때 상담자도 완벽한 인간이 아니라, 평범한 사람으로서 비슷한 경험과 잘못을 했다는 것을 말해 주면, 내담자는 상담자에게 더욱 거리낌 없이 자신의 이야기를 할 수 있다. 즉, 상담자의 자기 노출은 내담자와 더욱 깊은 관계를 맺고 내담자로 하여금 그의 속마음이나 경험을 더욱 깊이 있게 개방하도록 촉진한다. 그리고 내담자는 상담자를 자기와 같은 한 사람으로서 생각해 더욱 친밀감을 느낀다. 자기 노출은 구체적으로 비슷한 경험과 비슷한 느낌에 초점을 맞추어야 한다. 혹시 자신에게서 비슷한 경험이 없다면 형제, 친구, 소설, 드라마 등에서 본 간접 경험을 말해 주는 것도 방법이다. 그때는 '만일 그러한 경우가 된다면 나는 어떻게 느낄 것 같다'와 같은 가정법을 써서 말해 주면 된다.

주인공의 상황에 마음껏 가슴 아파할 수 있는 책

자신이 처한 상황이 답답하다면, 책을 통해 다른 사람의 아픔에 실컷 흥분하고 속상해하는 경험을 하는 것도 좋다.

『환절기』(박정애 지음, 우리교육)의 주인공 수경이는 할머니와 동생과 어렵게 살아가고 있었다. 그러다가 수경이 할머니가 돌아가셨다. 힘겨운 삶을 견디다 한계에 가까워지자, 돌아가신 할머니가 힘들면 찾아가라는 할머니를 찾아간다. 그리고 죽음보다도 끔찍한 고통들을 겪었던 위안부 할머니들의 삶을 듣는다. 이 책은 수경이와 위안부 할머니의 삶에 몇 번의 눈물을 닦아야만 읽을 수 있다. 그래서 울고 싶어 하는 아이에게 실컷 울라고 자주 권해 준다.

『호기심』(김리리 외 지음, 창비)에 나오는 임태희의 단편 소설 「호기심에 대한 책임감」은 친구 생일잔치에 갔다가 친구들의 장난으로 갇힌 남녀 학생의 이야기다. 둘은 방에서 컴퓨터 검색만 하며 있었는데, '둘이 키스를 했느냐'라는 친구들의 짓궂은 질문에, 당사자인 남자아이가 대답을 고의로 얼버무려, 학교에 소문이 걷잡을 수 없이 심하게 퍼진다는 내용이다. 글을 읽고 흥분하는 아이들이 많았는데, 주변에서 들었음 직한 이야기라서 공감이 컸던 것 같다.

『이름 없는 너에게』(벌리 도허티 지음, 창비)는 한 번의 실수로 임신을 하게 된 평범한 고3 여학생이, 배 속의 아가에게 '이름 없는 너에게'라는 편지를 쓰는 것으로 시작하는 이야기다. 이 문제는 양쪽 집안 문제로까지 이어지는데, 이 과정에서 주변 사람들이 주인공 여자아이에게 가하는 횡포, 남자아이가 상대적으로 문제에서 책임감을 덜 요구받는 상황을 보며 아이들이 흥분했다. 어떤 아이는 책의 배경인 영국이 우리나라보다는 좀 더 임신에 대해 자유로울 것이라고 생각했는데, 별반 다르지 않다고 분개했다. 아이들의 각각의 반응을 지켜보는 것도 흥미로운 책이다.

국가인권위원회에서 나온 〈시선1318〉이라는 옴니버스 영화 속의 단편 영화 〈릴레이〉를 아이들과 본 적이 있다. 한 여자 고등학교에서 친구가 낳은 아이를 반 친구들이 키우면서 교사들의 편견과 부딪히는 내용이다. 영화를 보고 기억에 남은 장면을 물었더니, 교사에게 쫓겨 아이를 안고 뛰던 아이가 "왜 미혼모는 있는데 미혼부는 없냐"라고 외치는 장면이라고 했다.

『초콜릿 전쟁』(로버트 코마이어 지음, 비룡소)은 학교에서 학생들에게 시킨 부당한 초콜릿 판매를 거부하고 학교 비밀 서클인 '야경대'에 맞서는 내용이다. 힘의 논리 앞에 무너지는 주인공 제리의 모습이 사실적으로 묘사되고 있다.

소통하고 싶은 아이들

엄마 잃은 슬픔을 뒤늦게 겪는 태경이
뿌리를 잃고 흔들리는 아이
10년이 넘게 만난 '문제아'
비행을 막 시작한 소연이
외계인 명호의 지구 적응기
성 정체성이 조금 다른 아이
너무나도 작아 안쓰러운 민혁이
아버지에게서 떼어 내야 했던 아이
가슴에 묻어야만 하는 창훈이

엄마 잃은 슬픔을 뒤늦게 겪는 태경이

                                       키 크고 덩치도 크지만 귀여운 아이. 모나지 않은 성격에 공부도 곧잘 하는 태경이. 가정 형편이 어렵더라도, 태경이처럼 그렇게 밝게 잘 자라면 좋겠다고 생각했다. 알게 된 지 채 3개월이 안 됐지만, 학교에서 만나면 꼭 포옹을 할 만큼 사랑스러운 아이.

그런 태경이가 며칠 전부터 학교에서 보이지 않았다. 걱정스러워 태경이의 친한 친구에게 무슨 일이 있었는지 물었다.

"사실, 태경이 집 나왔어요. 태경이 아빠가 동네에서 유명한 술주정뱅이거든요. 아무래도 맞다가 도망 나온 것 같아요. 지금 교회 기도실에 숨어 있어요. 태경이가 아무한테도 말하지 말랬는데……."

태경이의 가출

태경이에게 연락을 하고 교회 옆의 공원에서 만났다. 11월이라 날씨가 제법 쌀쌀했는데 반바지 차림이었다. 허벅지와 종아리가 온통 시퍼런 멍투성이었다. 멍을 보니 상태가 심각했다. 그냥 몇 대 맞은 정도가 아니었다.

교회 갔다가 늦게 들어왔다고 아버지에게 두들겨 맞았다. 언니는 수학여행을 가서 말릴 사람도 없었다. 술을 사 오라고 준 돈을 들고 집을 나와 교회 기도실에서 숨어 지냈다. 친구들이 먹을 것도 사 주고 해서 굶지는 않았다며 천진한 얼굴로 웃었다. 태경이는 교회에서 지내는 시간이 제일 행복한데, 아빠는 그것을 이해하지 못한다고 했다. 집도 치우고 자신이 해야 할 일도 다 했다며 웃으며 편안하게 보이려 애썼다.

태경이 엄마는 태경이가 세 살 때 암으로 세상을 떠났다. 두 딸을 아버지 혼자 키웠다. 엄마 병원비로 재산을 다 쓰고 빚만 남은 상황이었다. 아이들을 돌보느라 긴 시간 집을 비울 수 없던 아빠는 일용직으로 전기 배선 일을 시작했다.

그러다가 술을 마시기 시작했는데, 술에 취하면 태경이를 때렸다. 하지만 이상하게 태경이 언니는 때리지 않았다. '아마 언니가 공부를 아주 잘해서 그런 것 같다'고 했다. 집안일도 늘 태경이에게만 맡겼다. 평소 아빠는 무척 수줍음 많고 말도 잘 하지 않아 술만 마시지 않는다면 좋은 사람이라고 했다.

가출은 생각도 해 보지 않았지만 이렇게 맞고 사는 것은 아닌 것 같아 집을 나왔다. 애초부터 기도실에 갈 생각이었다. 태경이는 집에 들어가지 않고 살 수 있는 방법을 물었다. 이번처럼 심하게 때리면 아동 학대니, 쉼터 같은 곳으로 피할 수 있다고 답해 줬다. 태경이는 집만 아니면 어디든 좋다고 했다.

쉼터의 사회 복지사는, 태경이의 상처를 보고 태경이와 이야기를 해 보더니 입소는 가능하다고 했다. 그러나 짧은 기간만 허락됐다. 장기 입소는 반드시 부모의 동의가 있어야 했다. 태경이가 아빠 만나기를 너무 무서워해, 나와 사회 복지사가 먼저 아빠를 만나 허락을 받기로 했다.

태경이 아빠에게 그간의 태경이 사정을 말하고 방문하기로 했다. 술을 마시지 않았는지 목소리가 점잖았다. 태경이네 집은 열 평 아파트인데 냉장고, 침대, 옷장, 책상이 살림살이의 전부였다. 방바닥은 닦지 않아서인지 끈적거렸고, 여기저기 작은 바퀴벌레들이 기어 다녔다. 살림은 하지 않는지 싱크대 위에 그릇은 보이지 않았다. 대신 소주병들이 잔뜩 놓여 있었다.

"태경이는 뭐라던가요?"

"집에 들어오기 싫다고 하지요. 태경이 상처를 보았어요. 너무 심하게 때리셨어요. 잠깐이라도 태경이의 마음을 이해해 주셨으면 하는데요."

"절대 안 됩니다. 이제까지 엄마 없는 것을 제가 최선을 다해 키웠어요. 전 잘 키웠다고 생각해요. 그놈의 교회에만 미치지 않았어도 제가 때리거나 하는 일은 없었을 거예요."

"태경이에게 이야기 들었어요. 아빠가 자기네들을 위해 얼마나 노력했는지도 알고 있더라고요. 그런데 때리는 건 정말 아니에요."

"저도 그건 잘못한 거 알아요. 이제 절대 안 때릴 테니 우리 딸 보내 주세요. 태경이 없으면 제가 살아서 뭐하겠어요. 그냥 애들 엄마 따라갔어야 하는데……. 죄송해요. 애들 앞에서는 한 번도 엄마 이야기를 한 적이 없는데……, 아무리 술을 마셔도……."

어깨를 들썩이며 울고 있었다. 태경이 아빠를 만나러 가는 동안에, 은근히 폭력에 대한 걱정을 했다. 하지만 막상 만나 보니 너무나도 초라하게 늙은 아버지가 있을 뿐이었다. 당시에 나는 세 살짜리 아이를 키우던 터라, 남자 혼자 아이를 키우는 것이 얼마나 힘들지 이해가 돼 같이 울었다.

쉼터에 계속 있을 수 있었지만, 아버지에 대한 연민과 집을 나오고 싶다는 욕구 사이에서 고민하던 태경이는 결국 집으로 돌아갔다. 탈출 시도가 실패하자 머리가 더 복잡해졌을 것이다. 게다가 탈출하는 데 도움이 되리라 믿었던 나에 대한 실망감도 컸던 모양이다. 그래서인지 그 이후 서먹해졌다. 슬금슬금 나를 피했다. 환하게 웃어 주는 대신 고개만 까닥하고는 바로 교실로 들어가 버린다.

뒤늦게 느끼는 엄마의 빈자리

교육복지실에 놀러 온 아이들로 정신없는 점심시간, 태경이가 책을 읽고 있는 모습이 눈에 들어왔다. 『마지막 거인』이라는 책이었다.

신기하게도 아이들은 자기에게 맞는 책들을 골라 읽는다. 아니 책이 아이들에게 가는 것 같다. 마치 아이들의 상처를 치료하기 위해 스스로 움직이는 것처럼. 아이들의 눈에 띈다. 나 역시 어려서부터 힘들 때면 책을 읽었다. 그냥 내 눈에 띈 책을 말이다. 그러면 고민의 답이 책에서 나왔다. 그게 어떤 책이든.

『마지막 거인』이라는 책도 순간 태경이에게 갔을 것이다. 마냥 떠나고 싶은 것이 태경이의 마음이었을 테니, 주인공이 모험을 떠나는 장면에 끌렸을지 모른다. 이야기가 태경이에게 말을 건 이 기회를 잡아야 했다. 책 이야기를 하면 아이들은 쉽게 마음을 열고, 남의 이야기를 하듯 자기 이야기를 하기 때문이다. 책을 막 덮은 태경이에게 문방구 갈 일이 있으니 같이 다녀오자며 팔짱을 끼었다. 학교 밖 거리는 조용했고 늦가을의 하늘은 맑고 높았다.

"책 감동적이지? 좀 끔찍하기도 하고 말이야. 그림도 좋고 내용도 좋지? 내가 참 좋아하는 책이야."

"네, 요즘 제가 거인이 된 느낌이에요."

"그래? 보통 이 책을 보면 주인공에게 감정 이입을 하는데, 넌 거인이라니 새로운데?"

"만약, 교회에 다니지 않았다면, 선생님을 만나지 않았다면, 쉼터에 가지 않았다면 어떻게 됐을까 생각해요."

"그래서 네가 잘못돼 가고 있는 거 같아?"

"네, 정말 머리 아플 만큼 생각해 봤는데요. 그전까지는 문제없었던 거 같아요. 그냥 엄마 없으면 없는 대로 지냈고. 아빠가 술 마시는 날은 그 시간만 넘기면 되니까 그저 시간이 가기를 기다리고……. 학교에 오면 또 다 잊어버리니까……."

"그런데?"

"교회를 다니다 보니 자꾸 엄마 생각이 나더라고요. 얼굴도 모르는 엄마인데 갑자기 생각나고……. 그러다 슬프고 화나고 죽고 싶다는 생각도 들고……. 그러다가 선생님을 만나면서 뭔가 희망이 생기기도 했어요. 이 상황이 좋아지지 않을까? 어린 시절 읽었던 소공녀 같은 책에서처럼 갑자기 내 삶이 변해서 성공할 수 있지 않을까? 생각하면서 말이죠. 그래서 가출도 했고, 선생님도 만났고, 쉼터도 갔었는데……."

"결국은 다시 원래의 상황으로 돌아와서 아무 성과도 없었다는 생각이구나."

"네, 더 혼란스럽기만 한 거 같아요. 그전에는 정말 잘 살았던 거 같은데……."

"평생 그렇게 모른 체하며 살 수 있을까?"

"네, 아무도 안 건드리면 그렇게 되지 않을까요?"

"태경이에게 도움이 못 돼 미안하고 또 미안해……."

태경이는 울고 있었다. 울고 있는 아이를 꼭 안아 줬다. 실컷 울라고 했는데, 오래 울지 못했다. 그러고는 자기가 미안하다고 했다. 태경이에게 자신의 상황을 그냥 모른 체하지 말고, 힘들면 충분히 울고 속상해했으면 좋겠다고 했다. 그리고 두려워 말고 희망을 가지라고 했다. 이렇게 용기를 내서 내게 와 준 것이 고맙다고 했다.

아이들을 만나다 보면 가끔 이런 비슷한 원망을 듣는다. 그냥 잘 살아 왔는데 나를 만나 더 혼란스러워졌다고. 자꾸 아픈 이야기를 해서 더 아프고 울게 만든다고. 하지만 많은 아이들을 만나면, 아픈 상처를 꽁꽁 싸매고 있는 것보다 햇빛을 보게 하는 것이 더 낫다는 확신이 든다. 처음에는 놀란 상처들에 피가 나고 고름이 맺히더라도, 결국 딱지가 앉고 새살이 돋은 것을 많이 봤다.

이런 확신에도 불구하고, 원망 섞인 소리를 들을 때면 혹시 이 아이만은 예외가 아닐까 불안에 휩싸이기도 한다.

태경이는 애도 과정*을 겪고 있었다. 얼굴도 기억나지 않는 엄마를 교회 전도사에게서 그리고 내게서 봤을 것이다. 그제야 엄마를 잃은 슬픔을 인식하기 시작했던 것이다. 교회를 다니며 처음으로 다른 존재에 '의지'라는 것을 했을지도 모른다.

그냥 내버려 두는 것만이 답은 아닌데……

그동안 태경이는 그냥 살아 왔다. 그런데 갑자기 엄마의 느낌을 주는 사람들이 나타났다. 얼마나 혼란스러웠을까? 태경이를 안으면 덩치가 있는데도 나보다도 훨씬 큰 아이라는 느낌이 들지 않았다. 그냥 세 살짜리 내 딸을 안을 때처럼 가슴에 폭 들어온다. 그 느낌이 너무 짠하여 만날 때마다 꼭 안아 줬다.

다시금 생각하니 그런 경험 속에서 태경이에게 엄마의 빈자리가 불현

듯 크게 느껴졌을 것이다. 아빠의 폭력이 부당함을 알았을 것이다. 또 태경이만의 몫으로 남겨진 집안일도 버거웠을 것이다. 중학교 3학년 아이에게는 분명 견디기 힘들고 위로받아야 할 상황이었다. 하지만 태경이는 받아들이려 하지 않고, 도피하려고만 했다.

잠시 관계가 회복되나 싶었는데 태경이는 다시 나를 피했다. 여전히 문제가 해결되지 않은 것이다. 곧 졸업인데 더 이상 나를 찾아오지 않았다. 걱정스러운 마음에 외면한다고 없어질 문제가 아니라는 문자를 여러 번 보냈다. 그럴 때마다 '네'라는 짧은 답만 왔다.

"저 꿈을 정했어요. 선교사가 될 거예요. 그래서 위험한 나라에 가서 선교하다가 죽으려고요. 선생님 말씀대로 꿈이 생기니 마음이 편해졌어요. 하나님을 믿고 자살은 안 된다는 것을 알고 참 힘들었거든요. 그런데 오랜 고민 끝에 이 방법을 알아냈어요. ^^;"

졸업을 앞둔 어느 날 새벽 2시에 이런 문자가 왔다. 마음을 정리한 듯해 한결 마음이 놓였다. 그 뒤 태경이는 성적이 괜찮은 아이들이 가는 근처의 상고에 갔다.

그런데 그 뒤 친구들과 연락도 끊고, 가출해서 주유소 아르바이트 하며 지낸다고 했다. 결국은 자퇴까지 했는데 예전의 태경이가 아니라고 했다. 좀 더 쫓아다니며 태경이를 챙기지 못한 것이 후회됐다. 문제를 끌어냈으면 이야기할 수 있도록 기다려 주고 품을 만들어 줬어야 했는데…….

태경이를 그냥 내버려 둬야 했는데, 태경이의 문제를 드러내기만 한 것은 아닌가 후회가 된다. 그러나 시간이 좀 더 있었으면 결국 좋아지지 않았을까, 생각도 든다. 좀 더 많이 안아 주고 투정도 들어 주고 슬퍼할 때 곁에 있어 주면서 말이다.

*애도 과정 가족과의 사별로 인해 극심한 인격적인 위기와 정서적 충격을 경험한 사별가족이 사별에 대하여 적응해 나가기 위해 경험하게 되는 슬픔의 과정을 말하며, 고인과의 유대를 끊고 고인이 없는 환경에 다시 적응하면서 새로운 관계를 형성해 나가는 과정이다. 애도 과정은 충격-분노-타협(죄책감)-절망(슬픔)-수용의 5단계로 나눌 수 있다.

등장인물에게 감정 이입이 쉽게 되는 책

자신의 아픔에 빠져 허우적거리는 아이와 책에 대한 이야기를 하려면, 가장 자연스러운 상황을 만드는 것이 중요하다. 책상을 마주하고 이야기하는 것보다는, 산책을 하거나 간식을 먹을 때 마치 다른 친구의 이야기를 하듯이 대화를 이끄는 것이 더 효과적이다. 그러면 아이가 방어하려는 본능이 수그러들어, 이야기를 이어 나가기 쉽다. 팔짱을 끼고 걸으면 친근감을 더 얻을 수 있다. 물론 어색해하는 아이들도 있다. 스킨십을 자연스럽게 익힐 수 있는 방법이다.

부유한 가정에서 공주처럼 지내던 세라가 아버지의 사업 실패와 죽음 때문에 하루아침에 하녀로 전락한 『세라 이야기』(프랜시스 호즈슨 버넷 지음, 시공주니어)를 읽으면, 많은 아이들은 지금 초라한 나의 아버지보다 엄청난 부자인 아버지 친구에 대한 꿈을 꾸기도 한다. 백마 탄 왕자처럼 등장해 세라의 든든한 후원자가 돼 주는, 세라 아버지의 친구처럼. 하지만 어떤 아이들은 원래 하녀였던 베키에게 감정을 이입하기도 한다. 자신이 세라가 될 가능성은 전혀 없기 때문에, 차라리 착한 주인을 만나는 것이 더 현실적이라고 여기는 것이다.

『깨지기 쉬운 깨지지 않을』(김혜진 외 지음, 바람의 아이들)은 이 시대를 살아가는 청소년이라면 공감할 수 있는 이야기들이 들어있다. 단편 모음인데 때로는 발랄하게, 때로는 심각하게 청소년기를 겪고 있는 등장인물들을 만날 수 있다.

청소년이라면 누구든 외모콤플렉스 하나쯤은 있지 않을까? 『삼봉이발소 1, 2, 3』(하일권 지음, 소담출판사)은 이런 외모 콤플렉스라는 주제를 명랑, 코믹, 순정만화로 흥미롭게 소개하고 있다. 외모 때문에 주눅 들고 '외모바이러스'에까지 걸리는 등장인물들을 보며 충분히 공감할 수 있게 묘사되고 있다.

이렇듯 작품의 어떤 등장인물에게 감정 이입을 하는지 알아보는 것도 아이를 이해하는 데 많은 도움이 된다. 모든 아이들이 주인공에게만 감정 이입을 하는 것은 아니다.

『여우의 전화박스』(도다 가즈요 지음, 크레용하우스)를 볼 때는 아기를 잃은 엄마 여우와 전화 부스에서 엄마가 보고 싶은 아이를 보며 등장인물 모두에게 번갈아 가며 감정 이입을 하는 것을 보기도 했다.

뿌리를 잃고 흔들리는 **아이**

"시골에서 왔대요. 이모 집에서 산다는데……. 그런데 정말 이해가 안 가요. 집도 잘산다고 하고 엄마, 아빠도 착하고 여자 애들도 잘생겼다고 난리고……. 그런데 왜 저러고 사는지 모르겠어요. 쟤는 정말 집 나올 이유가 없어요."

"암튼 입만 열면 뻥이에요. 개도 자기도 무슨 말을 했는지 모를걸요. 말도 얼마나 많다고요. 게다가 겁도 많아서 조금만 뭐라고 하면 바로 쫄거든요."

"부모가 불쌍해요. 항상 찾으러 돌아다니고, 집에다 협박해서 돈 부쳐 달라고 하고……. 엄마한테 전화하는 걸 옆에서 들었는데 어찌나 싸가지 없게 하던지……. 어쩌다 놀다 보니 같이 노는 거지. 아마 정말 친한 애는 없을걸요."

순창에서 온 현수

현수는 친구들을 따라 교육복지실에 들어왔다. 중학교 2학년 때 전학와서 불량스러운 아이들과 놀다 보니 그 아이들의 아지트(?)인 교육복지실까지 들어온 것이다. 언젠가 아이들은 교육복지실에서 국어 숙제를 하고 있었다. 시를 외워 오는 것이 숙제였는데, 아이들은 외워야 할 시를 찾지 못해서『국어시간에 시읽기』책을 권해 줬다. 그중 한 아이가 안도현의 '연탄재'를 외우고 있었다. 갑자기 현수가 웃었다.

"연탄재 함부로 차지 말라고? 이게 시야? 너 연탄이 뭔지 알아? 도시 애들이 연탄을 알 턱이 있나?"

시를 외우고 있는 애한테 연탄을 아는지 물었다. 현수 말대로 그 애는 연탄이 뭔지 몰랐다. 놀라서 현수에게 물었더니 순창 집에서는 아직 연탄을 쓰고 있다고 했다. 마침 내 친구 고향이 순창이라서 순창에 대한 이야기를 했다. 동양화처럼 펼쳐져 있는 강천산, 시내에서 본 고추장집 등등…… 처음에는 약간 경계하는 듯하더니, 이내 어떻게 변했다는 이야기로 화답한다. 다른 아이들에 비해 유난히 친해지기 힘든 현수와 관계를 좋게 할 기회라고 생각했다. 그래서 순창에 얽힌 좋은 기억들을 이야기했다. 내 얘기에 조금씩 수긍을 하면서도 순창에 대해 안 좋은 기억이 있는지 이야기를 깊이 하고 싶어 하지는 않았다. 그때 다른 한 아이

아이들은 자연과 있을 때 가장 어울린다. 그냥 뛰어다니는 것만으로도 아이들은 아름답다. 아이들은 자연 속에서 금세 놀잇감을 찾아내고 행복해한다.

가 '똥 냄새'라는 시를 외우고 있는 소리가 들렸다.

"뭐야. 서울에서도 똥 냄새가 난다는 거야 뭐야? 시골에서 거름 냄새를 안 맡아 본 모양이군."

"네가 시를 써야겠다. 시골의 풍경이 그려지는 그런 시 말이지."

"순창은 시골이 아니에요. 순창시라고요. 서울 사람들은 서울만 아니면 다 시골이라고 하더라. 이래 봬도 류씨 가문의 큰 인물이 되라고 서울로 유학 온 사람이라고요."

"큰 인물이 우리 반 꼴찌냐?"

'서울로 유학'이라는 말은 현수를 서울로 보낼 때 부모님이 한 말인 듯했다. 그런 이야기가 현수에게는 부담이 됐을지도 모른다. 그때 제법 큰 벌이 교육복지실에 들어왔다. 여자아이들이 호들갑이다. 아무렇지도 않게 현수가 벌을 내쫓자, 박수를 치고 환호를 보낸다. 현수는 어려서 땅벌 집을 건드려서 심하게 쏘인 적이 있다고 했다. 신기하게도 그 뒤로부터 감기에 한 번도 걸리지 않았다며 벌에 쏘이는 것도 좋다고 했다. 하지만 뱀독을 탈 가능성이 많다는 이야기가 있어서 산에 갈 때는 늘 조심한다고 했다. 현수의 이야기는 재미있었다. 그러고 보니 현수가 여자아이들과는 이렇게 많은 이야기를 하는 것을 본 적이 없었다. 잘생긴 외모 덕택에 여자아이들이 좋아했는데, 현수가 낯을 많이 가렸다. 여자아이들과 뱀에 대해 꽤 오래 이야기를 이어 갔다. 대부분 서울에서 태어나고 자라 현수의 이야기를 무척 신기해했다. 이야기를 하는 현수의 얼굴에서 강천산이 보이는 듯했다. 현수는 자기도 국어 숙제를 좀 해 본다며 『국어시간에 시읽기』를 빌려 갔다.

여름 방학의 자원봉사 – 초등학생에게 농구 가르치기

여름 방학이 됐는데 현수는 여전히 서울에 있었다. 얌전히 있는 것은 아니고 계속 가출 상태였다. 아이들은 여름에 집을 쉽게 나온다. 아파트 옥상에서 잘 수도 있고, 친구 부모님이 휴가 간 틈에 친구 집에서 잘 수도 있기 때문이다. 겨울보다 단속이 뜸해지는 찜질방도 주로 이용한다. 게다가 방학이면 하루 종일 북적이는 학원가가 있어 돈 걱정을 덜 수 있다. 언제든 지나가는 아이들의 용돈을 빼앗으면 되기 때문이다. 놀다 지치면 때로 교육복지실에 놀러오기도 했다.

여름 방학이 끝나면 고등학교에 갈 준비를 본격적으로 해야 하지만 현수와 친구들은 학교 성적은 물론, 출석일, 자원봉사도 전혀 챙기지 않았다. 졸업 전에 해야 할 여덟 시간의 자원봉사도 도울 겸 아이들에게 색다른 경험을 시켜 보면 좋겠다 싶어 초등학생을 돕는 봉사 활동을 하도록 했다. 초등학생에게 그림책 읽어 주기는 사내아이들에게는 어울리지 않을 것 같았다. 아이들이 즐겁게 할 수 있는 일을 고민하다가 농구가 떠올랐다. 그래, 초등학생에게 농구를 가르쳐 주는 자원봉사가 좋겠다. 조금 거리가 먼 초등학교를 알아봤다. 현수와 친구들의 안 좋은 소문을 알고 있다면 안 좋을 듯싶었다.

아이들은 초등학생들과 정말 신 나게 놀아 줬다. 사흘 동안 단계별로 농구를 가르쳤는데, 마지막 날에는 초등학생들과 편을 짜고 4:4 농구 시합도 했다. 급하게 만들어진 자원봉사였지만 생각보다 반응이 좋았

이런 곳에서 자더라도 집에 들어가고 싶지 않은 이유는 무엇일까? 가출한 아이들을 찾으러 다니다 보면 아이들이 머물렀던 곳을 발견하게 된다. 그럴 때마다 아이들의 아픈 상처를 확인하는 것 같아 마음이 아프다.

다. 중학교 형들도 초등학교 아이들을 귀여워하고, 초등학생 아이들도 형들과 땀을 뻘뻘 흘리며 즐거워했다.

팀을 짜다 보니 운동을 잘 못했던 현수와 소아마비로 다리가 불편한 한 초등학생은 스탠드에 앉아서 농구 시합을 구경했다. 갑자기 현수가 다리가 불편한 아이를 데리고 빈 농구대로 향했다. 그리고 아주 친절하게 농구를 가르쳐 줬다. 가끔 아이를 번쩍 들어 올려 공을 골대에 넣게도 해 줬다. 심지어 다른 아이들 몰래 그 아이에게만 아이스크림을 사 주기도 했다.

모두 땀에 흠뻑 젖어 돌아가는 길, 현수가 내 휴대전화로 집에 전화를 했다. 전화를 돌려주며 오늘 저녁에 시골집에 가겠노라고 했다. 그 이야기를 들은 아이들은 아마도 간다고 말만 하고 차비를 받아 찜질방에 갈 것이라고 예상했다. 그런 일이 몇 차례 있었던 모양이다. 시골집에 가서 연락하라고 하고 다음 여름 방학 때 아이들이랑 순창에 놀러 가고 싶다고 했더니, 방도 넓고 많으니 오라고 했다.

입양된 현수의 아픔

그날 밤 10시에 전화가 왔다. 현수 이모였다. 지금 시골집에서 현수 전화가 왔는데, 오전에 전화기 빌려 준 선생님이 집에 가라고 해서 갔다고 했다는 것이다. 현수가 어른 이야기할 때 호감을 표시한 적이 없는데, 궁금하기도 하고 고맙다는 인사를 드리려고 늦은 시간에 전화했다고 했다.

이모는 현수가 하지 않은 이야기를 들려줬다. 현수 엄마에게는 왜소 증이라는 장애가 있었다. 그 때문에 애를 낳을 수 없었다. 그래서 아기였던 현수를 입양했다. 엄마, 아빠 나이가 마흔이 훨씬 넘었을 때였다. 시골 마을이라 동네 사람들이 모두 그 사실을 알고 있었다. 유치원 친구가 입양아라고 놀려 대 현수가 울고 온 날이 있었다. 절대 그렇지 않다고 달래고 순창 시내로 이사를 갔다.

하지만 초등학교 고학년 때 퍼진 소문이 결국 현수 귀에까지 들어갔다. 더 이상 숨길 수가 없어 이모가 사실대로 말했고, 현수가 받은 충격은 엄청났다. 그때까지 현수는 공부도 잘하고, 눈물이 많고 착한 아이였다. 엄마를 때리는 알코올중독 아버지로부터 엄마를 지켜 주기도 했다.

시골에 있다가는 현수 상처가 더 커질 것 같아 이모가 현수를 서울로 데리고 왔다. 이모는 곧 후회를 했다. 올라오자마자 바로 나쁜 아이들과 어울리기 시작했고 얼마 지나지 않아 가출을 했다. 첫 가출이었다. 현수 아빠는 몸이 불편한데도 연락을 받자마자 바로 올라왔다. 현수를 찾고는 아빠도 현수도 울었다. 그 뒤 아버지는 알코올중독을 치료하고 지금은 술을 끊었다.

하지만 현수는 점점 나빠지기만 했다. 엄마에게 시골 내려가겠다고 돈을 부쳐 달라고 해서 그 돈으로 가출하고, 아버지에게도 학교에 낼 돈이 부족한데 이모한테 부담스러워서 이야기 못하겠다는 거짓말을 해서 돈을 타 내기도 했다. 현수 엄마, 아빠는 너무 쉽게 속았다. 알고도 그렇게 속아 넘어가 준 것일지도 모른다. 이모는 조만간 현수를 시골로 다시 전학 보낼 생각이라고 했다.

개학을 하니 현수는 다시 서울에 왔다. 그러나 가출은 계속됐다. 현수가 방과 후에도 왜 안 보이는지 아이들에게 물었다. 한동안 못 볼 거라는 대답을 들었다. 얼마 전 함께 찜질방에서 잤는데, 현수가 친구들 돈을 훔쳐서 달아났다고 했다. 현수는 그렇게 계속 방황하고 있었다.

자연이 아름답게 그려진 책

도시에 살아도 유난히 자연 속에서 얻은 경험이 많은 아이들이 있다. 나는 그 아이들이 자연 속에서 얻은 경험을 자랑스럽게 이야기할 수 있는 분위기를 꼭 만들어 준다. 예를 들어 잠자리를 직접 잡은 경험이라든지 하다못해 바퀴벌레에 대한 이야기들을 하게 한다. 그리고 "대단하다", "난 몰랐네" 등의 반응을 하며 성의 있게 들어 준다. 소외받은 아이들일수록 자연 속에서 위안을 받은 경험이 많은데, 이런 이야기들을 통해 그 경험을 삶의 좋은 힘으로 쓸 수 있도록 도울 수 있다.

자연 속에서 살지 못했다면, 자연을 아름답게 그린 책을 권해 주는 것도 도움이 된다. 시골에서 도시로 와서 느끼던 외로움을 이겨 내며 회색빛 도시 건물을 꽃으로 꾸민 주인공의 이야기가 있는 그림책 『리디아의 정원』(사라 스튜어트 지음, 시공주니어),

시골에 사는 오소리 아줌마가 자신의 집을 예쁜 꽃밭으로 꾸미려고 꽃들을 파내려 가다, 문득 주변의 자연 그대로의 꽃밭이 더 아름답다는 것을 깨닫는 그림책 『오소리네 집 꽃밭』(권정생 지음, 길벗어린이)을 아이들과 보면 어느 새 행복한 미소가 떠오른다.

『행복한 사람, 타샤 튜더』(타샤 튜더 지음, 윌북)를 보면 평생 시골에서 소박하면서도 화려하게 살아온 이야기들을 사진과 그림으로 만날 수 있다.

글만으로 아름다운 시골 풍경을 만날 수 있는 책도 있다. 『그리그리나무 위에는 초록바다가 있다』(린 호셉 지음, 다른)에서는 카리브 해 연안에 있는 도미니카 공화국의 작은 바닷가 마을에 사는 여자아이의 조금은 아픈 성장기를 만날 수 있다.

『하이타니 겐지로의 시골 이야기 1~5』(하이타니 겐지로 지음, 양철북)는 도시에 살던 가족이 시골로 내려가 생활하는 모습을 현실적으로 그린 동화책이다. 아름다운 시골만이 아니라 불편한 시골의 모습도 사실적으로 묘사돼 있다.

『자연 그 경이로움에 대하여』(레이첼 칼슨 지음, 에코리브로)는 생태주의자이자 보호주의자인 저자가 세상을 떠나기 얼마 전에 쓴 글이 들어 있다. 아름다운 사진과 함께 대자연의 아름다움을 조용하지만 선명하게 전하고 있는 책이다.

10년을 넘게 만난 '문제아'

"혹시 무료 요양원 모르세요?
사는 게 정말 힘들어서……."

문자 한 통이 왔다. 종현이다. 그래 힘들 만하다. 열네 살에 집을 나와
5년을 길거리에서, 창고 같은 월세방에서 지냈다. 집에는 아빠와 지금
은 몇 번째인지 알기도 힘든 엄마라고 불러야 할 사람이 있다고 했다.
나왔을 때 그 집에 계속 사는지도 모르겠지만…….

'이제 노숙도 익숙하고 주유소나 중국집의 쪽방에서 자는 것도 괜찮
았다. 1년 전에는 배달하다가 교통사고가 났다. 그때 받은 보상금을 치
료가 아닌 집을 얻는 데 다 써 버려 몸이 많이 망가졌다. 게다가 월세도
밀려 이제 쫓겨날 일밖에 남지 않았다. 여러 차례 절도죄로 걸려 소년원
도 다녀왔다.' 전화로 들려준 종현이의 근황이었다.

종현이에게 다가온 행운

일단 만나야 했다. 종현이는 항상 자기가 돈을 많이 벌면 내게 고기를 사 준다고 했다. 그래서 내가 돈을 버니 고깃집에서 만나자고 연락했다.

"선생님은 제가 선생님이라고 부르는 유일한 사람인 거 아시죠?"

"영광인걸……. 그런데 무슨 일이 있는 거야?"

"소년원 다녀와서 2년 동안 저를 보호 관찰하는 담당 경찰이 있는데, 무료로 재워 주고 정비 기술도 가르쳐 주고 취직까지 시켜 주는 곳에 가 보라고 하는데……. 정말 좋은 기회라는 걸 아는데 왜 겁이 날까요? 제게 이런 기회가 주어지는 것도 신기하고……."

"그거 대기업에서 하는 '행복날개 프로그램' 아니야? 그거라면 갈 만해. 대학 기숙사에서 자고, 정말 취직도 시켜 준다던걸."

"네, 그거 맞는 것 같아요. 그런데 전 항상 재수가 없었어요. 막상 이런 기회가 오니까 믿어지지도 않고 도망가고 싶고 그래요. 사실 면접도 본다니 붙을 자신도 없고……."

"친구들과 떨어지기 싫은 건 아니고?"

"제가 친구가 있나요? 애들한테 잘한다고 했는데……. 돈 있으면 왔다가 없으면 가 버리는 것들은 친구도 아니에요."

생각보다 경쟁률이 높았는데, 다행히 종현이는 합격했다. 여러모로 어려운 상황이 가산점을 얻었던 모양이다. 축하해 주러 입소식에 갔다. 종현이는 정비 기술자들이 입는 옷을 입고 있었다.

멀끔한 모습은 처음이었다. 종현이는 신이 나 있었다. 이렇게 좋은 곳에서 자는 건 처음이라며 기숙사부터 구경시켜 줬다. 뿌듯했다. 말썽꾸러기 녀석이 힘들게 학교를 졸업한 것보다 좋은 대학에 간 것보다 더 뿌듯했다.

"잘하려고요. 이렇게 매일매일 어디서 잘까, 무엇을 먹을까? 하는 생각 안 해도 된다는 게 믿어지지 않아요. 선생님, 제가 돈 많이 벌어서 고기 꼭 사 드릴게요."

그 후 필기자격시험에 붙었다고 연락이 왔다. 공부도 해 보니 재미있다고 했다. 6개월 정도 지난 어느 날, 갑자기 내일 기숙사를 나간다는 문자가 왔다. 이제 겨우 1년 과정의 반밖에 안 지났는데…….

너무 놀라 전화를 했더니, 기숙사 수칙을 몇 번 어겨 더 이상 기숙사에 있을 수 없다고 했다. 당장 교수님 전화번호를 알려 달라고 했다. 그리고 무조건 전화를 걸었다.

어디서 그런 용기가 났을까? 얼굴도 본 적이 없는 사람에게 이렇게 매달리며 부탁한 적은 한 번도 없었던 것 같다. 평소에도 누군가에게 부탁하는 걸 가장 어려워했는데…….

교수님은 교수 회의에서 이미 결정된 일이라 안 된다고 했다. 그리고 질이 나빠서 더 데리고 있을 수 없다고 했다. 여자 선생님에게 말하긴 그렇지만 어린애 성추행 사건도 있었다고 했다. 자기는 장난으로 한 것이라고 했지만 기숙사 기강 차원에서 절대 놔둘 수가 없다고 강하게 말씀하셨다.

그런데 전화를 끊지 않고 내 말을 계속 듣고 있는 것을 보니 기회가 전혀 없는 것은 아닌 듯싶었다. 내가 할 수 있는 일은 제발 종현이에게 기회를 달라고 비는 것뿐이었다. 종현이를 살려 달라고 울면서 매달렸다. 다시 종현이를 거리에서 지내게 할 수 없지 않느냐고 했다. 또 어떤 말을 했는데, 잘 기억이 나지 않는다. 종현이가 거기에서 나오면 안 된다는 생각뿐이었다.

한 시간 넘게 통화했다. 확답은 못 하지만 다시 한 번 회의를 소집해 보겠다는 답을 받아 냈다.

시기를 놓친 종현이

　퇴소 결정은 다행히 번복됐다. 그리고 종현이는 남은 6개월을 무사히 넘겼다. 졸업하는 날, 꽃다발을 사들고 갔다. 앉아 있는 뒷모습만 봐도 눈물이 났다. 나를 발견한 종현이가 환하게 웃으며 손을 흔들어 줬다. 고기를 먹으러 갔다. 약속대로 종현이가 고기를 샀다. 그동안 생활 보조금을 모아 뒀다고 했다.

　"저 정말 졸업했어요."

　"응, 정말 대견하다. 이제 차량 정비 현장에 실습 6개월 가면 되는 거지? 네가 살던 동네로 가?"

　"숙소가 있는 곳으로 가야 해서 고를 처지는 아니지만, 거긴 안 가려고요. 전 그 동네에서 그저 문제아일 뿐이잖아요. 절 모르는 곳에 가서 다시 시작하고 싶어요."

　"그러게. 그것도 좋은 방법인 것 같네. 문제아는 자기 아닌 다른 사람들이 그렇게 되도록 만들 수도 있으니 말이지."

　"네, 사람들이 문제아, 문제아, 라고 하니 그냥 막 살면 되겠다는 생각을 하기도 했던 것 같아요."

　"말이 나왔으니 그런 이야기가 나온 책이 있어. 한번 읽어 볼래? 제목도 『문제아』야. 단편 이야기들이 있으니 어렵지 않을 거야."

　"하하, 주시면 읽죠. 여기서 저 책 좀 읽었어요."

　일주일 뒤에 실습 매장이 정해진다고 했는데, 그렇게 되지 않았다. 갑자기 사업비가 줄어 더 이상 이 사업 진행이 어렵다는 소문이 돌았다. 일단 기다리라는 말만 듣고 사람들은 모두 훈련소를 나왔다. 종현이는 그렇게 싫어하던 그 동네로 돌아갈 수밖에 없었다. 친구 집에 머물며 소식을 기다렸다.

　얼마 후 종현이가 실습 매장이 정해졌다는 문자를 보내 왔다. 마침 내가 근무하는 학교 근처였다. '축하한다. 꼭 거기서 차를 정비할게'라고 전화를 했는데, 종현이의 목소리가 영 심드렁했다. 첫 출근하는 월요일에 맞춰 먼저 케이크를 보냈다. 그리고『문제아』책도 샀다. 며칠 후 찾아가겠다고 전화를 했다. 그런데 대답은 엉뚱했다.

"저 배달해요. 거기 안 가려고요. 실습할 때 보니 정비가 제 적성이 아닌 것 같았어요. 게다가 그렇게 힘들게 일하면서 평생 돈을 모아도 매장 하나 열기 힘들 것 같더라고요. 미안해요. 그래도 걱정 마세요. 꼭 성공할게요."

종현이의 목소리에 힘이 많이 빠져 있었다. 전화를 끊고 만약 훈련을 마치고 바로 매장에 갔다면 갈 수 있지 않았을까? 하는 생각으로 매장에 전화해 봤더니 다음 주까지 오면 받아 주겠다고 했다. 종현이는 싫다고 했다. 힘이 빠져 더 이상 설득을 못 했다. 그렇게 1년이 넘는 나의 바람은 그냥 바람으로 끝나 버렸다. 책은 아직도 내 방 책꽂이에 있다.

"즐거운 한가위 되시고 항상 좋은 일만 가득하시길 바랄게요. ♥"

"그래. 이제 네가 잘 사는 일만 남았네."

"단란주점에서 일해요 서빙해요. ㅠㅠ 돈 마니 벌어서 쌤이랑 꼬기 한 번 먹어야 하는데. ^^~"

"쉽게 번 돈은 쉽게 쓰기도 쉬우니 조심하구 정신 건강도 잘 챙기길."

"그렇죠. 천안에서 일해요. 힘든 일은 못해서 이 일하고 있어요."

"멀군. 그래 담에 호두과자 사와 ㅋ 널 잘 챙기고."

"당일 택배로 쏴 드려요? ㅋ"

종현이는 여전히 명절이 되면 문자를 보내온다. 나도 항상 답장을 한다. 오랫동안 알고 지낸 아이인데, 내가 제대로 손을 못 써 본 사이에 어른이 돼 버렸다. 좀 더 일찍 종현이를 만났다면, 종현이 삶이 바뀌었을까? 자신이 없다. 나는 왜 책 한 권 전해 줄 여유가 없었을까? 몸과 마음에 상처만 가득 안고 지방의 술집에서 일하는 종현이를 생각하면, 항상 마음이 아프고 한없이 미안해진다.

주위가 만든 문제아에게 주고 싶은 책

청소년들이 비행을 저지르는 여러 요인 중 하나가 애착에 대한 문제다. 비행의 유혹을 강하게 받고 있는 소년들에게 있어서 부모의 애정에 대한 집착이 없으면 오히려 비행에 대한 통제력이 사라지고 급격히 비행이 증가하고 심각해진다. 그만큼 부모에 대한 애정을 가지려는 노력은 비행을 통제하는 데 효과가 크다고 할 수 있다

믿었던 친구에게 배신당하고, 부모에게도 외면당하며, 점점 폭력적으로 변해 가는 주인공의 이야기가 담긴 『요헨의 선택』(한스 게오르크 노아크 지음, 풀빛)이 좋은 예다.

『자전거 말고 바이크』(신여랑 지음, 낮은산)라는 단편 소설집에 실린 동명의 단편 「자전거 말고 바이크」는 원조 교제를 하는 '화란'이라는 아이의 비참한 상황을 그려 놓은 단편 소설이다. 이 책을 읽은 아이들의 반응은 다양했다. '아무리 그래도 이 정도는 아니'라며 불쾌해하는 아이, '막 비행을 시작한 아이들에게 보여 줘서 경각심을 갖게 해야 한다'는 아이……. 짧고 속도감 있게 읽혀, 대부분 쉽게 읽을 수 있다.

여러 매체에서 묘사되는 비행 청소년들은 어느 정도 미화가 돼 있다. 하지만 학교에서 만나는 비행 청소년들은 아이들 눈에도 마냥 멋있어 보이지만은 않는다.

『당나귀 귀』(쎄르쥬 뻬레즈 지음, 문원)는 부모, 교사, 친구로부터 학대받는 아이의 이야기다. 정직하고 따뜻한 시선을 가진 소년이 당하는 폭력이 가슴 아프게 읽힌다. 단편이지만 연작 소설집이라 「당나귀 귀」, 「이별처럼」, 「난 죽지 않을 테야」를 순서대로 읽는 것이 전체 이야기를 이해하는 데 좋다.

이런 책들을 읽으면서 아이들과 이야기를 나누면 그래도 부모님과 관계를 유지하고 있는 아이들이 제자리로 돌아갈 가능성이 크다. 부모에 대한 연민 때문인지 자신을 함부로 버리지는 않는다. 그리고 다시 사랑스러운 아들, 딸이 되는 것도 그렇지 않은 아이들보다 시간이 훨씬 적게 걸린다.

비행을 막 시작한 **소연이**

　　　　　　　　　　　　　내 욕심이었다. 무식해서 용감했다고 할 수밖에 없다. 특수반 선생님한테 장애인과 비장애인 통합 캠프인 '도깨비 캠프' 이야기를 듣고, 내가 만나는 아이들과 함께 가자고 하기도 전에 무작정 신청부터 해 버렸다.

　당시 막 비행을 시작하는 초등학교 5학년 여자아이들을 만나고 있었다. 화려한 옷차림으로 학교에서도 눈에 띄었다. 비행을 하는 애들은 대부분 계보가 있어서, 친구들에게 돈을 빌리거나 자신의 용돈을 모아 언니들에게 바치기도 했다.

　동년배 중에서 가장 우두머리 역할을 하고 있는 아이가 '소연'이다. 초등학교 4학년 때부터 알고 지내던 아이인데, 외로움을 많이 타고 덩치가 커다란 아이다.

소연이에게 캠프에 가자고 했다. 나랑 가는 것이면 무조건 좋다고 했다. 게다가 캠프라면 집도 나올 수 있고 친구들과 같이 갈 수도 있는 것 아니냐며 무척 좋아했다. 장애인 아이들과 함께 가는 캠프라고 했는데 특수반 아이들 귀엽다며 마냥 좋아했다.

장애아를 책으로 만나다

소연이를 포함한 친구들 네 명, 공부방에서 추천해 준 착한 아이 두 명, 이렇게 여섯 명이 캠프에 참여했다. 캠프에 같이 가는 장애 아이들은 다운증후군 아이 둘, 자폐아 넷이었다.

특수 학급 선생님들과 나는 각 조의 주 강사로 정해졌다. 전체 회의에 가서 캠프에 대한 사전 지식을 쌓았다. 특수 아동을 이해할 수 있는 이론서를 특수 학급 선생님에게 추천받아 공부했다. 비장애 아이들이 장애 아이들을 어떻게 이해해야 할지에 대한 교육이 필요했다. 함께 『우리 누나』를 읽었다.

"책을 보면 장애인들이 착하다고 나와 있는데 그렇지 않은 애들도 많아요. 3반에 떨어지는 애 있잖아요. 걔는 얼마나 못됐는데요. 선생님들 앞에서는 착한 척하고 뒤에서는 막 욕하고 그래요."

"정아야, 그건 다른 남자애들 때문이야. 그 애가 잘 모르니까 막 욕하는 거 가르치고, 여자애들 안고 오라고 시키고……."

"소연이 네 말이 맞아, 애들 못됐어. 그리고 여기 왕따당하던 아이가 장애인을 괴롭힌다는 이야기는 정말 그럴 수 있을 것 같아."

"이 책 좀 괜찮은 거 같아. 그런데 캠프 가면 특수반 애들이랑 짝해야 하는 거예요?"

"응, 혜민아. 너희끼리 다니면 절대 안 돼. 프로그램 걱정은 하지 마. 요즘 열심히 준비 중인데 재미있을 것 같거든. 참, 자폐증 아이들에게는 특히 조심해야 할 것들이 많아. 그 아이들은 외모는 비장애인 같지만 전혀 의사소통이 안 되고 자신만의 세계가 있으니 대화가 쉽지는 않아."

"잘할 수 있어요. 우리 애들 중에 못하는 애가 있으면 제가 다 혼내 줄게요. 기대돼요. 선생님, 잠은 꼭 제 옆에서 자야 해요."

소연이가 장담했다. 나는 아이들에게 『악어 클럽』, 『휠체어를 타는 친구』, 『아주 특별한 우리 형』, 『괜찮아』를 더 권해 줬다. 아이들은 돌려서 읽었는데 소연이는 『괜찮아』 한 권만 읽고는 장애인이 착하게만 나왔다며 투덜거렸다. 다른 책은 장애인을 마냥 착하게만 그려 놓지 않았다고 해도, 너무 두꺼워서 싫다고 했다.

캠프를 통해 장애인을 조금이나마 이해한 아이들

캠프 전날 새벽, 갑자기 심한 복통이 왔다. 걸을 수 없을 정도로 아파서 응급실에 갔다. 응급실에 가면서 다른 선생님에게 캠프를 부탁할 수밖에 없었다. 하루 만에 안정을 찾아 캠프를 진행하는 선생님에게 연락을 했더니 빨리 와 달라고 했다.

"선생님, 지금 난리예요. 우리 애들은 잘 있는데요. 5학년 여자 애들이 다루기 너무 힘들어요. 말도 안 듣고 자기들끼리만 다니고 말이에요. 선생님, 정말 죄송하지만 오시면 안 될까요?"

사태의 심각성을 알 만했다. 특수 학급 선생님이 웬만하면 그렇게 말하지 않았을 것이다. 급히 고속버스를 타고 강원도로 향했다. 출발한 지네 시간 만에 캠프장에 도착했다. 도착한 시간은 밤에 있을 축제를 준비해 조별로 풀꽃을 뜯어 몸을 장식하는 시간이었다. 다른 조의 비장애인 아이들은 장애인 아이들의 손을 잡고 풀을 뜯고 있었는데, 소연이와 친구들 넷은 자기네들끼리만 신 나게 풀을 뜯고 있었다. 아이들을 모아 놓고 화를 냈다.

잘하려고 했는데 자폐아들이 너무 힘들게 했다고 변명한다. 함께 있다가 갑자기 물을 틀어 놓고 소리 지르며 그것만 보고 있고, 아무리 이야기를 해도 듣지 않거나 갑자기 물을 먹다가 물이 튀었다고 속옷까지 벗어 버린다는 것이다. 물론 대학생 자원봉사자들이 바로 도와주긴 했지만 다시 그 아이에게 다가가기 싫었다고 한다. 대학생 자원봉사자들에게 영문을 물었다. 대학생들은 오히려 장애 아이들은 줄 맞춰 잘 가는데, 우리 아이들은 여기저기 다녀서 힘들다고 했다. 더 이상 장애인과 비장애인이 1:1로 짝을 지어 하는 프로그램은 없었다. 그래서 또 다른 불상사는 없었다. 모든 아이들은 적극적으로 참여하고 즐겁게 지냈다. 2박 3일 동안의 캠프를 무사히 끝내고 학교로 돌아오니 특수 학급의 학부모들이 나와 있었다.

소연이와 짝이 된 자폐아의 엄마가 소연이의 손을 잡고 고맙다고 연신 인사를 했다. 2박 3일 동안 잘 지내셨느냐고 물어봤더니 너무나도 해 보고 싶었던 일들을 했다고 했다. 엄마의 소원은 딸하고 찜질방 한 번 가 보는 것이었다. 자폐증이 있는 동생이 캠프에 가 있는 동안 딸과 찜질방에 가 봤다고 했다. 이렇게 쉽게 갈 수 있는 것에 놀랐다고 하며 눈물을 글썽였다.

"평생 한 번도 웃어 본 적이 없는 아이만 쳐다보고 있느라고 우리 딸이 이렇게나 많이 큰지 몰랐어요."

그 모습을 보고 소연이도 같이 눈물을 흘렸다.

나중에 캠프에 참가한 아이들과 평가회를 가졌다. 소연이는 『우리 누나』를 다시 읽었다며 장애인이 있는 가족에 대해 생각해 보게 됐다고 했다. 처음에 읽을 때는 눈물이 안 났는데, 다시 읽으니 헤어지는 날 짝이었던 자폐아의 엄마 생각이 나서 눈물이 났다고 했다.

개학을 하고 복도에서 낯선 모습을 봤다. 캠프에 참가했던 아이들이 특수 학급 아이들을 보호하는(?) 모습이었다.

장애인 이해를 돕는 책

자원봉사가 의무가 되니, 아이들은 자원봉사를 또 하나의 숙제로 인식해 버린다. 그러니 장애인을 도와주는 자원봉사를 그저 귀찮은 숙제라고 여기는 아이도 있다. 또한 장애인에 대한 이해도도 낮다. 장애인에게 도움을 주는 일은 이제는 교과서에나 있는 착한 일처럼 알고 있는 아이들도 많다. 장애인은 불쌍한 사람이고 여유 있을 때는 도울 수 있으나, 내게는 피해가 안 왔으면 좋겠다고 생각하는 수준에서 멈춘다. 이런 아이들에게 장애인에 대한 이해를 높일 수 있는 좋은 책이 있다.

『우리 누나』(오카 슈조 지음, 웅진주니어)는 장애인이 있는 가족들의 이야기가 담긴 단편 동화집이다. 장애인의 부모와 형제는 어떤 고민을 하고, 어디서 행복을 찾는지 살펴볼 수 있다.

『악어 클럽』(막스 폰 테어 그륀 지음, 창비)은 장애인 아들을 가지고 있는 작가가, 아들을 위해서 쓴 재미있는 모험 동화다. 또래 관계 속에 장애인 친구를 받아들이고 문제를 해결하는 과정을 잘 그려 내는 작품이다.

『휠체어를 타는 친구』(졸프리드 뤽 지음, 보리)에서 휠체어를 타는 주인공은 여자아이인데, 장애인 아이들의 심리묘사가 뛰어나다.

『괜찮아』(고정욱 지음, 낮은산)는 장애인에 관한 대표적인 동화책이다. 하지만 책에 나오는 착한 장애인이 현실적이지 못하다고 이야기하는 아이들도 꽤 있다. 같은 교실에 있는 장애인 친구에서 고집스럽거나 이기적인 모습을 많이 봤다는 것이다.

외계인 **명호**의 지구 적응기

북한에서 온 아이 명호는 원래 초등학교 5학년에 다녀야 할 나이다. 하지만 한글을 몰라 2학년 반에 있다. 키도 작아서 실제 나이가 많은지도 모른다. 하지만 까맣고 거친 피부, 촌스러운 옷차림으로 남의 눈에 잘 띄었다. 어느 날 명호 담임 선생님이 명호를 내게 맡겼다. 명호가 계속해서 반 아이들을 괴롭혀서 잠시라도 명호가 없는 곳에서 회의를 하고 싶다고 했다. 그래서 한 시간 동안 보살펴 주기로 했다.

도서실로 들어오는 명호는 무척 못마땅한 얼굴이었다. 인사도 않고, 어떤 이야기도 하지 않겠다는 듯 입을 굳게 다물었다. 같이 그림책을 보자고 했더니 다 아는 책이라고 했다. 그림책을 보며 인상을 찌푸리는 것을 보니, 혹시 그림책을 유치하다고 생각하는 건 아닐까 의문이 생겼다.

읽고 싶은 책을 가져오라고 하니 학습 만화를 골랐다. 매우 빠른 속도로 책을 넘겼는데, 알고 보니 글씨를 몰라서였다.

남자아이들이 즐겨 보는 책 가운데 'why?' 시리즈가 있다. 그 책 이야기를 하며 남자아이들끼리 쉽게 친해지는 것을 종종 봤다. 그래서 'why?' 시리즈처럼 흥미롭게 지식을 전달받을 수 있는 책을 골라 봤다. 『뱀은 왜 혀를 날름거릴까요?』인데 그림도 명호의 흥미를 끌기 좋았다. 나는 책을 보면서 계속 감탄사를 내며 참 신기하다고 명호에게 같이 보자고 했다. 다 알고 있다는 명호의 거짓말에 '대단한걸!' 하며 칭찬으로 받아 넘겼다.

명호의 한글 배우기

첫 만남 이후에도, 명호 담임 선생님과 상의해 매일 한 시간씩 내가 명호를 맡기로 했다. 반에서 아이들을 때리거나 아이들에게 욕하는 정도가 심했기 때문이다. 그 한 시간 동안 책 이야기를 했다. 먼저 명호가 골라오는 책을 읽었다. 그 책들은 모두 학습 만화책이었다. 읽어 주기는 힘들었지만 명호는 집중을 잘했다. 그렇게 일주일을 지내고 한 가지 제안을 했다.

"교실에서 가장 짜증 나는 일이 뭐니?"

"숙제 안 해 왔다고 혼날 때요."

"그럼 나랑 숙제 한 가지씩 할래?"

"니 슈어셤머(당신 뭐라고 하는 겁니까)?"

"워 능 팀동 쭝구어화(나 중국어 알아들어)."

삐딱하게 앉아 중국어로 심드렁하게 대꾸하던 명호가 놀란 표정을 지었다. 중국어로 대꾸를 하니, 드세던 명호가 조금은 수그러드는 분위기가 엿보였다. 그리고 내 말을 조금씩 따랐다. 처음에는 일기 쓰기 숙제부터 시작했다. 어제 무슨 일이 있었는지 이야기하면 내가 적고 그것을 명호가 옮겨 적었다.

그런데 명호는 자신의 이름 외에는 다른 글자는 그림을 그리듯 썼다. 한글 공부부터 해야 했다. 큰 서점에 가서 유아용 한글 교재를 샀다. 책을 보더니 명호가 자존심이 긁힌 표정을 지었다. 그래도 이렇게라도 시작하는 것이 나을 것 같아 그냥 진행했다. 하지만 한 권을 다 끝마칠 때까지 명호는 글자를 익히질 못했다.

'가나다'를 시작하려고 할 때, 명호가 'ㄱ'이 무슨 뜻이냐고 물었다. 또 'ㅜ'가 중국어의 'ㄱ(정)'과 어떻게 다른지 물었다. 명호의 글씨를 자세히 보니 한글을 쓴 것이 아니었다. 한글의 자음과 모음에 비슷한 모양의 한자를 모방해 썼던 것이다. 판단 착오였다. 표음문자와 표의문자를 구분하지 못하는 아이에게 무조건 가르쳤으니……. 답답한 마음에 통글자를 가르쳤다. 그런데 '오리'처럼 쉬운 글자의 뜻도 이해하지 못했다.

그래서 곰곰이 생각하다가 내가 중국에 있을 때 중국 학생들을 가르치던 한국어 교재가 생각났다. 그 교재로 수업을 하니 명호는 한글에 점차 익숙해졌다. 명호가 우리말을 할 줄 알아 글도 우리 유치원 아이들 가르치듯 한 것이 실수였다. 이 방법을 늦게 발견한 것이 아쉬웠다.

친해진 다음에는 학교 복도에서 만나면 중국어로 인사를 하며, 다른 아이들이 못 알아듣는 것을 둘이서 즐기기도 했다. 나와 함께 하는 일기 쓰기의 글씨도 자연스러워지고 옮겨 쓰는 속도도 빨라졌다. 여전히 혼자 쓰는 것에는 버거워했지만……. 명호의 글씨 쓰기는 반짝 성과를 보이다가 더 이상 늘지 않았다. 하지만 다른 부분에서는 점점 나아지고 있었다. 학습 만화를 계속 읽은 덕인지 상식도 많이 늘었다. 교실에서 아이들과 학습 만화에 대한 이야기를 나누기도 했다. 어제 있었던 일을 말할 때 보면, 제법 어휘력이 늘고 문장력도 있어 보였다. 아이들에게 폭력을 쓰는 일도 줄었다. 게다가 일기장에 담임 선생님의 참 잘했다는 별표가 늘어 가고 있어 명호도 신이 나 했다.

명호가 쓴 시 그리고 첫 편지

어느 날 일기로 공책 한쪽을 가득 채워 담임 선생님에게 처음으로 별을 다섯 개 받은 적이 있었다. 그 별을 보던 명호가 진짜 별은 그렇지 않다고 했다. 그러면서 내가 쓰는 연습장에 별 모양을 그리기 시작했다. 그날 숙제가 시로 일기를 쓰는 것이었다. 그래서 명호에게 별에 관한 시를 쓰면 되겠다고 했다. 먼저 시를 어떻게 쓰는지 아는지 물었더니, 모른다고 하여 그냥 노랫말처럼 하면 된다고 알려 줬다.

나는 우주인

아무것도 안 하는 나는 우주인
우주인에게 일을 시키는 선생님은 괴물
우주인은 원래 아무 것도 안 한다.
그래도 심심하지 않다.
우주인은 우주에 살기 때문에
별은 잘 그린다.
○ ? ☆
별은 진짜는 동그랗다.

명호는 외계인이었다. 어느 날 한국 사회에 떨어져 버린 외계인. 겉모습이 같다고 한국에서 살던 사람들과 같아질 것만을 요구받았다. 참고 기다려 주지도 않았다.

처음 명호를 만나던 날이 기억났다. 명호는 스킨십을 유독 부담스러워했다. 이야기를 나누다가 우스운 이야기를 해서 어깨를 살짝 쳤는데, 명호가 소스라치게 놀랐다. 한글을 가르치다가 손을 잡거나 해도 빨리 손을 빼려고 했다.

하지만 시간이 지나자, 팔을 잡고 인사를 해도 안아 줘도 더 이상 몸을 빼지 않았다. 만나면 늘 학습 만화를 읽었고 가끔 권하는 동화책도 잘 읽었다. 정확히는 내가 읽어 주는 것을 잘 들었다. 특히『똥이 어디로 갔을까』를 좋아했는데, 몇 번이고 더 읽어 달라고 했다.

그렇게 6개월을 만났는데, 내 출산일이 다가와 헤어져야 했다. 헤어지기 전에 명호에게 시 한 편을 더 지어 달라고 했다. 그날은『행성』이라는 과학책을 읽은 날이었다.

달을 사랑한 태양

하늘에 태양이 빛나네.
태양은 세상 끝까지 갈 수 있었는데…….
달을 사랑해서 바다에 빠지게 됐네.
달도 밝은 세상에 나올 수 없는 벌을 받았지.
태양은 바다에 빠진 후
바다의 아름다운 물빛이 됐네.

아쉬웠다. 결국 그렇게 노력했는데도 혼자 힘으로 쓴 일기를 못 보고 헤어졌다. 한 달 정도 지나고 집으로 편지가 왔다. 명호였다. 글씨도 궁서체로 무척 잘 썼다. 태어나서 처음 쓰는 편지라고 했다. 그동안 고마웠고 보고 싶고 사랑한다는 짧은 편지였다. 당장 명호 담임 선생님에게 연락하니, 명호가 어느 날 갑자기 글을 쓰게 됐다고 했다. 문장력이 좋아 잘하면 내년에는 원래의 학년인 6학년으로 갈 수 있을 것 같다고 했다. 나하고 있을 때 척척 써 내려가는 모습을 못 봐 아쉬웠지만, 늦게라도 글을 쓸 수 있어 다행이었다.

여전히 적응이 버거운 탈북 아이

새봄이 됐다. 나에게 새로운 가족이 생겨 정신없던 어느 날, 명호가 꿈에 나타났다. 무슨 일인지는 모르겠지만 내 품에 안겨 서럽게 울었다. 꿈이 너무나도 선명했다. 아무래도 걱정이 되어 학교에 전화를 걸었다. 내 후임 선생님이 전화를 받았다.

"명호가 꿈에서라도 거길 찾아간 모양이군요. 요즘 명호 아주 힘들어요. 지금도 교실 밖 복도에 서 있던걸요. 담임 선생님과 관계가 좋지 않아요. 학교에 나와도 복도로 쫓겨나 있는 경우가 많고, 4학년 올라와서 두 달도 안 됐는데, 10일도 넘게 결석했어요. 애들 소문에 의하면 칼도 가지고 다닌다고 하던걸요."

여태껏 쌓아 올린 것이 한순간에 무너져 내리는 느낌이었다. 무엇을 해야 할지는 몰랐지만, 그냥 가만히 있을 수는 없었다. 그 길로 학교에 가서 명호를 만났다. 그동안 키는 부쩍 커졌지만 몸은 더욱 안 좋아 보였다. 피부도 무척 거칠었다. 누가 봐도 북한 난민이었다.

점심시간이 훌쩍 지나갔는데도 밥을 먹지도 않고 있었다. 아침은 물론, 어젯밤에도 아무것도 먹지 않았다고 했다. 명호를 데리고 분식집에 갔다. 오랜만에 명호가 예전처럼 환하게 웃었다. 이제 국어도, 수학도 잘하게 됐다고 자랑을 했다. 그리고 잘 있다고 했다. 그런데 엄마는 안 들어오는 경우도 있어 누나가 밥을 챙겨 주는데 점점 먹기 싫다고 했다.

"요새 담임 선생님하고 무슨 문제 있니? 밥은 왜 안 먹고 다녀?"

"저 학교에서 밥 안 먹어요. 담임 선생님께서 제가 급식을 남기니까 북한으로 돌아가 버리라고 했어요. 애들 앞에서 큰 소리로 말이죠. 니 동포들은 굶어 죽고 있다면서……."

그 말을 들은 이후로, 좋아하던 책도 읽지 않고 학교도 나가지 않고 급식도 먹지 않는다고 했다. 명호가 이해됐다. 자존심 강한 명호가 받았을 상처도 짐작이 갔다. 이런 상황이 속상했다. 명호는 땀을 뻘뻘 흘리며 밥을 다 먹고 나서 엄마가 집을 나간 지 3일이 됐는데 돌아오지 않는다고, 어디에 있는지 알기 때문에 한번 찾아가 보겠다고 했다. 그러면서 명호는 자신의 과거를 이야기했다.

아빠는 중국에서 돌아가셨다. 중국에 살 때는 좋았다. 중국어를 잘하는 편이라 학교에서 공부도 잘했다. 북한 사람들이 거의 없는 동네라서 그냥 조선족처럼 지냈다. 그런데 갑작스러운 한국행. 엄마는 우리 집도 있고 맛있는 것도 많고 경찰들에게 들킬 걱정 없이 살 수 있어, 아쉬울 것이 없다고 말했다. 그렇지만 명호는 아쉬웠다. 명호는 지금을 더 힘들어 했다. 중국에서 만난 친구들도 보고 싶어 했다. 그들은 지금 친구들처럼 자신을 마냥 무서워하지 않았다.

명호가 한참 외로웠던 것 같다. 누나는 거의 제 나이에 맞게 학교에 들어갔다. 피구도 잘해서 함께 노는 친구들이 많은데, 명호는 그렇지 않았다. 엄마도 항상 친구들을 만나러 나간다고 했다.

탈북 아이들 부모는 북한에서처럼 아이들을 학교에 맡기면 자신들의 할 일이 끝났다고 생각하는 경우가 많다. 준비물을 챙기거나 숙제를 지도하는 것에 전혀 관심을 가지지 않는 모양이었다. 한편 교사는 공포와 경외의 대상인 듯했다. 아이들끼리 문제가 있을 때 선생님한테 이른다고 하면 모든 것이 해결된다고 했다. 배급을 받을 때도, 길을 걸을 때도 교사라고 하면 사람들이 양보해 줄 정도라고.

명호가 가지고 다닌다는 칼에 대해 물었다. 칼은 중국에 있을 때부터 지녔는데, 그러면 마음이 편해진다고 했다. 휘두른 적은 없지만 요즘은 휘두르고 싶어진 적이 있다고 했다. 한국에서는 칼을 가지고 다닌다는 것만으로도 문제가 생겼을 때 불이익을 당할 수 있다는 것을 알려 줬다. 그리고 칼을 믿기보다는 네 자신을 믿으라고 당부했다.

그 후 명호는 대안학교로 전학을 갔다가 운동을 시작해서 학교를 다시 옮겼다는 소식을 들었다. 6년이 흐르는 동안 몇 번 만날 약속을 했지만 취소하거나 약속 장소에 나타나지 않았다.

잘 살고 있는 아이들은 나를 찾지 않는다. 하지만 잘 있는 아이들은 나를 피하지도 않는다. 제발 명호가 더 이상 떠돌지 않고 뿌리를 내렸으면 좋겠다. 명호를 위한 좋은 방법이 생각나지는 않지만 일단은 만날 수 있으면 좋겠다.

징검다리가 될 수 있는 만화책

초등학생의 경우, 교사나 학부모들 중에는 아이들에게 학습 만화를 읽히는 것을 반대하는 경우가 있다. 게다가 학교 도서관의 경우 아이들이 다른 책은 보지 않고 모두 학습 만화만 읽고 있는 경우가 많다. 내 개인적인 생각으로는 학습 만화가 좋은 징검다리가 될 수도 있다고 생각한다.

학습 만화가 없으면 도서관에 오지 않을 아이들이 많다. 이 아이들이 일단 도서관에 왔으면 그 다음 노력을 해 보자. 학습 만화들은 다양한 감각을 자극하는 방법으로 아이들을 책 속에 불러들인다. 그렇다면 그 다음에는 어른들의 노력으로 다른 책에 눈을 돌릴 수 있도록 해 주자. 아이들이 빠져나올 때를 기다리고만 있지 말고 단계를 밟으면서 재미있는 다른 책들을 소개해 주는 노력이 필요하다.

아이들에게 인기 있는 『마법천자문』(스튜디오 시리얼 지음, 아울북)을 예로 들어 보자. 『마법천자문』은 한자 공부만을 위해 읽는 아이들은 없다. 한 권을 읽으면 20개 정도의 한자를 알 수 있지만, 그 한자를 모두 외우지는 않는다. 외우기도 쉽지 않다. 아이들은 그저 만화와 마법과 싸움이 즐거워서 책을 본다.

게다가 다른 만화책에 비하여 공부를 하고 있다는 느낌을 받는다. 그래서 부모의 눈치에서 비교적 자유롭다. 이럴 때 교실이나 도서실에서 『마법천자문』 관련 독후활동을 해 보면, 지식을 비교적 쉽게 전달할 수 있다. 다음 편에 이어질 이야기를 아이들이 직접 만들어 보게 하고, 한자에 대한 퀴즈를 만들어 보면 효과가 있다.

한자의 기본 원리를 재미있는 동화로 설명한 『저팔계 이야기』(김진경 지음, 문학동네)와 같은 책도 함께 소개해 주면 좋다.

중학생의 경우에는 아이들 사이에 유행하는 게임과 만화가 있다. 중학생 정도가 되면 읽지 못하게 하는 것보다는 아이들이 읽고 있는 만화를 함께 읽어 보는 것이 좋다. 선정적이고 폭력적인 장면이 생각보다 많이 있을 것이다. 그것보다는 아이가 공감할 수 있는 것에 더 관심을 가져 보는 것이 좋다. 아이들에게 유행하는 것은 그 이유가 있기 때문이다. 드라마의 원작이 되는 만화나 소설을 보는 것도 나쁘지 않다고 생각한다. 오히려 원작과 비교해서 차이점을 이야기해 보는 것도 좋겠다.

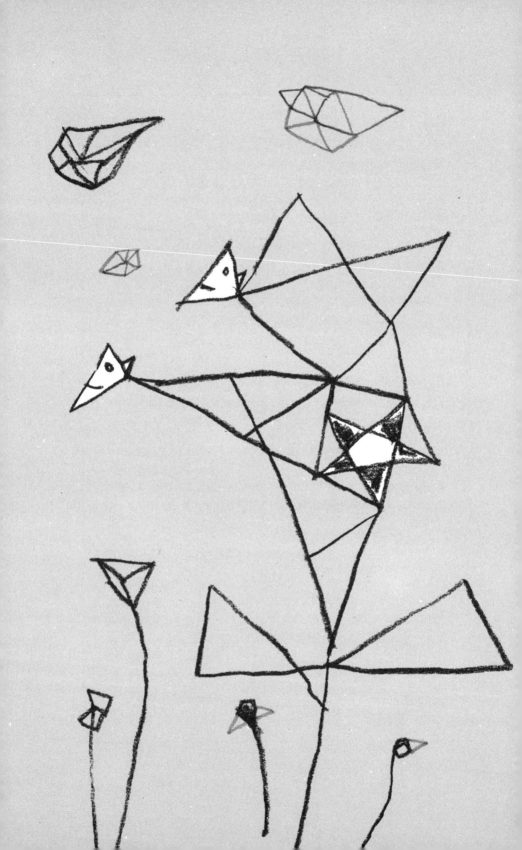

성 정체성이 조금 다른 아이

"쟤, 남자야? 여자야?"

동영이가 복도에 나타나면 남자아이들은 인상을 찌푸린다. 가만히 있으면 괜찮은데 걷거나 뛰거나 말을 하면 그렇다. 여자아이들이 앉아서 화장품 이야기나 손톱 이야기를 하고 있으면, 동영이는 그냥 지나치는 법이 없다. 여자아이들 못지않게 수다를 떤다. 처음에는 웃어 주지만 이런 일이 반복되자 여자아이들도 그다지 반기는 인상은 아니다.

평범해 보이던 아이

초등학교의 마지막 겨울 방학 때 동영이를 처음 만났다. 당시 교육복지실에 자주 놀러오는 동네 누나를 따라왔다고 했다. 입학하면 잘 지내자는 간단한 인사만 건넸는데, 대뜸 이야기를 시작했다. 내 대답은 중요하지 않다는 듯 자신의 이야기만 했다. 말하며 책장을 쭉 훑다가 책상 위의 책들에 시선이 멈췄다. 책상 위에는 사회복지, 교육, 상담 관련 책들만 있었다. 마치 심문하듯이 내게 물었다.

"뭐 이런 책들만 읽어요? 소설가는 좋아하는 사람 없어요?"

뭐 이런 건방진 아이가 다 있을까? 생각하면서도 '하이타니 겐지로'라고 순순히 말했다. 그랬더니 일본 작가보다는 한국 작가가 낫지 않느냐며 신경숙, 공지영을 언급한다. 그것이 첫인상이었다.

중학교에 입학한 동영이는 수업 시간만 빼고 거의 교육복지실에 왔다. 첫인상의 영향인지 동영이에게 깊이 신경을 쓰지는 않았다. 어쩌다 둘이 있을 때 동영이가 말을 걸어도 동영이의 독특한 관심사를 따라가기 힘들었다. 동영이의 이야기를 들어 주고 싶었지만, 장황한 동영이의 이야기를 들을 시간도 부족하고, 동영이의 독특한 성격에 따른 문제를 해결할 자신도 없었던 것 같다.

학교에서 전체 학생을 대상으로 한 정신 건강 검사가 있었다. 동영이에게 정신과 의사 상담을 요한다는 결과가 나왔다. 전문가의 개입이 필요하다고 판단했기에 동영이 부모님에게 검사를 권하는 전화를 한 것으로 동영이와의 기억은 끝나 있었다.

다시 만난 동영이

1년이 지나 내가 학교를 그만두고 교육지원센터 위기지원팀에 있을 때였다. 다른 아이들에게 동영이 소식을 들었다. 학년이 올라갈수록 아이들이 동영이를 점점 심하게 괴롭힌다는 것이었다. 특히 좀 논다는 아이들은, 동영이를 만나면 동영이가 뛰는 흉내를 내며 일부러 부딪치고 여자일 거라며 성기를 만져 보는 등의 행동을 한다고 했다. 여자아이들도 싫어한다고 했다. 복도에서 만나면 불쌍할 정도라고……

내가 도와줄 일이 없을 것이라 여기고 피하던 동영이였다. 큰 도움은 못 돼도 동영이 이야기는 들어주고 싶었다. 일주일에 한 번 정도는 만나고 싶었다. 우리 둘의 공통 관심사는 책뿐이었다. 책을 읽고 토론 하자는 제안에 무척 솔깃해했다. 점심시간, 교육복지실에서 만나기로 했다. 처음 동영이가 고른 소설은 공지영의 소설집 『존재는 눈물을 흘린다』에 나오는 「광기의 역사」라는 단편 소설이였다. 교사를 악인으로 그린 작품이였다. 아이들에게 폭력을 당하면서도 왜 교사를 악인으로 그린 소설을 골랐는지 궁금했다.

"이 책을 읽은 것은 1학년, 조울증으로 고생하던 때예요. 그래서 더 폭력적이고 비극적이라고 느낀 것 같아요."

"그럼 작년인데 네가 조울증이라는 것은 어떻게 알았어?"

"학교에서 정신 건강 검진했을 때 우울이 높다고 나왔다면서요. 그래서 의사와 상담도 했잖아요. 그리고 책을 보니 제 증세가 조울증인 것 같았어요."

"난 주인공 '혜자' 보다 나중에 버스 안내양이 된 주인공 친구가 더 기억에 남아."

"그래요? 저도 '혜자' 는 기억에 안 남아요. 담임 선생님이 '바보' 라고 했던 것이랑 고등학교 때 코 아래를 맞아서 피가 난 일만 기억에 남아요. 정말 이 작가는 우울한 삶을 산 것 같아요."

"아무리 소설이라고 해도 실화가 바탕이 된 것이겠지? 나도 이 책을 읽으면서 작가가 겪은 일이라는 생각이 들긴 했어."

"네, 공지영의 수필집을 읽어 보면 정말 우울해요. 소설도 다 자기가 겪은 이야기가 많은 것 같더라고요."

"그런데 그때 선생님들은 자신의 생각과 다른 것들을 가르쳐야 해서 지금보다 더 힘들었을지 몰라."

"전 그때 선생님들이 더 행복했을 것 같아요. 지금 선생님들은 아이들에게 너무 무시당해요."

"이 책에도 '우리들은 어느덧 그중 착한 사람 앞에서만 대항하는 법을 체득하고 있었다' 라고 하잖아."

"이나리 선생님이 그래요. 아이들을 통제를 못해요. 수업하다가 뛰쳐나간 적도 있다니까요. 아이들에게 조롱거리 같아요. 장난감이죠. 정말 안쓰러워요."

"네가 선생님이라면 어떻게 할 것 같은데?"

"전 우선 30분 동안 말로 이야기해 보겠어요. 그것으로 안 되면 매를 들긴 해야겠죠."

동영이가 이 책에서 동일시했던 인물은 학생이 아니라 교사였던 것 같다. 그래서 아이들에게 휘둘리는 이나리 선생님에게 연민을 느낀 모양이다. 동영이는 아이들과 다른 자신의 특징을 어른과 아이의 차이로 생각하고 싶은 것일까?

다음 책은 『이윤정의 스타일 플레이』를 읽기로 했다. 계속 소설책을 읽고 싶었지만 동영이가 이 책으로 할 것을 강력히 주장했다.

"독특한 스타일을 느끼실 수 있을 거예요. 25쪽에 '자다가 일어나서 흉한 내 모습도 사랑해야 한다.' 뭐 이런 것도 감명적이었죠. 다 재미있어요. 이번 금요일 날 홍대에서 윤정 씨 공연한다는데 미성년자 출입 금지라서 못 가요."

내 취향과 정말 거리가 멀었다. 마음을 단단히 먹어야 했다. 다음 주에 읽어 오겠다고 약속했다. 가정에서는 별 문제가 없는지 물었다. 동영이 스타일과 부모님이 맞지 않아서 힘들지는 않은지.

"매일 혼나요. 아빠는 매번 하는 소리가 네 주위에 손톱 가지고 노는 애가 있냐는 거예요. 있다고 하면 잘못 사귀었다고 하죠. 그럼 전 어떻게 그거 하나로 그 사람 전부를 판단할 수 있냐고 따져요. 지난 주말에 결혼식장에 갔어요. 엄마랑 동생이랑 갔는데 보라색 아이라인 한 것이 걸린 거예요. 진하게도 안 했는데 엄마가 당장 지우라고 난리여서 요즘 아이들 이 정도는 한다고 했어요. 누가 그런 것을 하냐며 정말 펄쩍 뛰어서 지우긴 했는데 결혼식장에서 화장한 남자들 한두 명은 봤어요."

보통 아이들과 다른 동영이의 취향

두 번째 만남을 마치고 동영이 엄마를 만나는 것이 좋겠다고 생각했다. 동영이 진로에 대한 생각을 알아보기 위해서였다. 동영이에게 어렵게 허락을 구하고 동영이 엄마를 만났다. 그 자리에서 동영이에 대한 이야기를 들었다.

동영이는 어려서부터 인형을 좋아했다. 그리고 무대를 좋아했다. 노래 자랑 이런 것이 있으면 꼭 나가서 노래를 불렀다. 친구를 사귄 적은 한 번도 없었다. 유치원 때 아이들을 집으로 불러 생일잔치도 해 줬지만 소용이 없었다. 지금도 동영이는 교육복지실에서 만난 누나, 여자아이와 놀기는 하지만 딱히 친구로 생각하지 않는 것 같다. 물론 그 아이들도 그런 것 같고…….

무척 보수적인 아빠는 동영이 때문에 특히 고민이 많다. 동영이 방에 신주 단지처럼 모셔진 인조 손톱, 화장품들을 버린 것도 여러 번이다. 때리기도 했다. 엄마는 동영이를 무척 걱정했는데 엄마의 분위기는 좀 이상했다. 무엇이라고 정확하게 표현할 수는 없지만 기가 무척 센 것 같은 느낌도 들었다. 동영이가 평범하게 살았으면 하는데 뭐가 되려고 저러는지 엄마는 늘 걱정이었다. 그래도 무대에서 동영이가 노래하는 것을 들어보면 끼는 있는 것 같다는 했다.

세 번째 만남은 동영이가 원하던 커피숍에서 가졌다.

"네 소원이 하도 간절하고, 주말이기도 해서 오늘은 특별히 커피숍에서 만났는데 기분 좋아? 그동안 네 영어, 수학 단과반 수업 시간 맞추기 힘들어서 학교에서 만났는데……."

"학교에서 만나는 것보다 훨씬 좋죠? 끝날 시간 걱정도 없고, 중간에 끼어드는 애들도 안 오고……."

"그러네. 시간적으로 여유 있으니까 좋다. 참, 엄마 만난 이후로 혼나거나 한 거 아니지? 걱정하더니만."

"네. 그런데 엄마가 그러는데, 선생님도 제가 이상하다고 했다고요?"

"그런 이야기는 안 했어. 특별하다고 했지. 그리고 다른 아이들이 너에 대해 이해하지 못하는 부분에 대해 걱정스럽다고 이야기했어."

"그럴 줄 알았어요. 엄마가 멋대로 이야기하는 편이에요."

"엄마는 엄마랑 아빠가 널 무척 공들여 키운 아들이라고 하시고, 무척 신경 많이 쓰고 사랑을 많이 주셨다고 하셨어. 정말 그런 것 같았고."

"네, 동생이 태어나기 전까지는 그러셨을 수도 있죠. 그런데 동생이 태어난 후부터는 아닐걸요. 항상 오빠니까 이래라 뭐 그런 틀에 가뒀던 것 같아요."

"동생은 무척 반듯하다고 하시더군."

"FM이라고 할까? 난 그렇지 않잖아요. 난 그게 뭐더라. FM의 반대말이 있었는데 뭔지 기억이 안 난다. 아무튼 난 그래요. 이 책에서 나오는 것처럼 사람들을 볼 때 너무 시대 순응적으로 사는 것 보면 바꿔 주고 싶어요. 머리 모양도 다 똑같고. 그런 건 정말 답답해. 제가 가장 견디기 힘들었던 것은 교과 종합 학원 다닐 땐가. 하루 종일 잡아 놓고 공부시키고 성적대로 줄 세우고. 저 그때는 잠도 제대로 못 자서 약(수면제)의 힘을 빌렸어요. 약국에서 한 알씩은 팔더라고요. 그래서 한 다섯번 정도 먹었지요. 학원을 다니지 않으니 이젠 불면증은 괜찮아지더라고요. 그리고 성적도 학원 안 다닐 때가 더 올랐지. 학원 다닐 때는 수학 점수가 30점에서 50점 정도였는데, 이번엔 69점 정도 될 거 같아요."

"공부하는 방법이 사람마다 다르니 맞는 것이 있겠지. 내가 보기엔 넌 머리도 참 좋은 것 같아. 책을 거의 외워서 이야기하잖아."

"전 제가 머리 좋다고 생각 안 해요. 그거야 좋아하는 책이니까 몇 번 읽어서 그런 거죠. 이번 이윤정 책도 일곱 번은 더 읽었어요. 여기 오면 서 지하철에서 또 읽으면서 왔어요. 그리고 요즘 이윤정은 내가 인생의 롤 모델로 삼고 있는 사람이라……. 그런데 엄마가 이상한 사람 좋아한 다고 뭐라고 해요. 아빠도 그렇고. 내가 이윤정은 서울예고 나오고 외국 에서 공부했다고 하니까 그런데 왜 그러고 다니느냐고 하더라고요. 정 말 억압이야."

"전에 아트숍도 하고 싶다고 했는데 지금은 뭐가 되고 싶어?"

"디자인을 하고 싶어요. 대학을 디자인과 이런 데를 가서……."

"그럼 지금부터 준비해야 하는 거 아니야? 미대는 학원도 다니고 해 야 하는데."

"엄마, 아빠가 미술 학원 다니는 거 허락 안 할 거예요. 그리고 난 외 국에 나가고 싶어요. 한국이 싫은데…… 이 책에도 나와 있잖아요. '술, 마약, 섹스가 범람하는 이 도시에서 난 나쁜 기억도, 부랑자도, 슬퍼 보 이거나 음탕해 보이는 사람도 보지 못했다. 모든 것이 금지된 우리나라 사람들의 얼굴이 오히려 더 폭력적으로 느껴질 정도였다. 억압의 기억 이 사실 마리화나보다 더 강력하고 위험한 것인지도 모르겠다.'"

"이 책에 나와 있는 것처럼 억압하지 않으면 자유로울 수 있을까?"

"그래서 더 외국에 가고 싶은 거죠."

"넌 담배 피우고 비행하고 이런 애들 이해가 돼? 그 아이들도 무척 답 답해하는데 말이지."

"전 불법은 안 해요. 그리고 담배는 체질적으로 안 맞아요. 워낙 예민해서 아빠가 현관에서 담배 피우는 것도 싫은데. 선생님이랑 전에 〈광기의 시대〉를 이야기하면서 우리 아빠 시대를 산 사람들이 조금은 이해되는 것 같더라고요. 그렇게 억압적인 시대를 살았으니 사람들이 순응적으로 될 수밖에. 그래서 전 억압을 저주해요. 그러다 보니 나 같은 피해자가 생기는 거고요."

"비행하는 애들 보면 외로워서 그런 애들이 많아. 혼자 있는 것이 두렵고……. 엄마 말씀 들어 보니 어려서부터 친구가 없었다고 하는데 혹시 외롭진 않니?"

"나를 내가 사랑하면 되지요. 전 외롭지 않아요. 그리고 전 나이가 비슷한 친구가 없을 뿐이지 친구는 있어요. 68년생도 있고 72년생도 있는데……."

"내가 알기에는 학교에서 친구가 없었잖아."

"우리 학교에는 없지요. 나를 이해하고 함께 이야기를 나눌 정도 수준이 되는 사람이 없는 거지요. 선생님이 물어보는 것이 친구가 없으니 노력하라는 이야기 같네요. 난 없어도 괜찮아요. 그들이 나를 따돌리는 것이 아니라 내가 그들을 따돌리는 거예요. 친구는 한 명만 있어도 괜찮은 거지요."

"이번 학교 축제 때 공연은 잘했어?"

"반응은 괜찮았어요. 어려서부터 공연을 해 왔어요. 다수의 시기하는 사람과 소수의 추종자가 있어요. 난 한 명이라도 나의 추종자가 있는 것으로 만족해요. 그 추종자들이 용기가 없어서 표현을 못할 뿐이지. 난 커서 용기가 없어 자신을 표현하지 못하는 사람들에게 용기를 주고 표현하게 하는 사람이 되고 싶어요. 이 책의 마지막에 이런 이야기가 나오잖아요. '이제 너의 재능이 새로운 것이 됐다면 너는 몇몇 안 되는 지지

자와 수많은 적들을 가지게 되겠지. 그러나 실망하지 마. 지지자들이 승리하니까. 왜냐하면 그들은 왜 자신이 너를 좋아하는가를 알고 있거든. 하지만 적들은 네가 왜 자신들의 마음에 거슬리는지 알지 못해. 그들은 지속적인 정열 없이 바람 부는 대로 흘러갈 뿐이지. 자, 이제 생각해 봐. 너의 재능이 세상을 어떻게 변화시킬 수 있는지를…….' 멋진 말이죠?"

"와, 이걸 다 외운 거야? 내용도 멋있지만 그걸 외운 너도 멋있다."

열심히 이야기를 들었다. 동영이를 위해 강남의 퍼포먼스 콘서트에도 함께 다녀왔다. 작은 갤러리 안의 퍼포먼스와 설치물들은 괴기스럽고 불편했다. 기계음이 잔뜩 들어간 노래와 영상도 그다지 유쾌하지 않았다. 그곳에서 만난 사람들은 동영이를 알고 있는 듯 했으나 와서 대화를 하지는 않았다. 네 번이나 더 만나서 『이윤정의 스타일 플레이』에 대한 동영이의 이야기를 들었다. 차츰 지겨워졌다.

그 뒤 내가 집에서 가까운 곳의 학교로 옮기고 나서, 더 이상 동영이를 만날 수 없었다. 문자 메시지는 자주 왔다. 메시지 역시 이야기를 듣기 위함이 아니라 자신의 정보를 알려 주기 위함이었다.

얼마 전 '테크토닉'이 세계적으로 유행하는 음악이라는 이야기를 들

동영이와 함께 간 이윤정 저자 사인회. 이윤정 씨가 동영이를 알은체해 줬다. 그전에 함께 갔던 퍼포먼스와 전시회는 난해했는데 저자 사인회는 스타일리스트라는 직업에 대한 이야기가 더 많아 재미있게 듣고 왔다.

었다. 예전 동영이와 갔던 신기한 콘서트에서 들었던 음악이었다. 동영이는 앞서 가는 음악 마니아였다. 다른 어른들처럼 동영이를 현실 도피자 혹은 겉멋만 든 아이라고 판단해 버린 것은 아닌지 반성이 된다.

아이들 중에서 쉽게 포기해 버린 아이도 있고, 집착에 가깝게 매달린 아이들도 있다. 그중 동영이는 계속 마음에 걸린다. 동영이만 만나면 계속 자주 못 만나는 것에 대한 변명을 하게 된다. 그런데도 불구하고 계속 연락을 하는 동영이에게 도대체 난 무엇을 할 수 있을까?

성 정체성에 대한 이야기를 할 수 있게 해 주는 책

성 정체성은 한 사람의 일생을 걸쳐서 확립된다고 한다. 그렇기 때문에 청소년기 아이들과 관련된 수많은 성 정체성 문제들에 대한 성급한 판단은 잠시 접어야 한다. 그리고 그것을 발달의 단계로 봐야 한다.

우리나라는 동성애자에 대한 진지한 관심은 없었다. 그리고 그들에 대한 정확한 정보도 없었다. 차단하는 데 급급했다. 그러니 그들에 대한 오해와 편견이 넘쳐났다.

그로 인해 청소년의 성 정체성 형성에 결정적인 악영향을 끼쳤다. 또한 동성애에 대한 사회적 차별을 더 강화시켜 동성애자가 심리적 고통을 더 겪게 하고, 비난, 폭력 등도 감수할 수밖에 없게 했다.

성적 소수자로 분류되는 청소년의 경험은 또래나 가족의 애정 결핍과 비난에 대한 두려움, 고립으로 나타난다. 성적 소수자로 분류되는 청소년들은 총체적이고 문화적인 성향을 보여 줄 긍정적인 모델을 볼 기회가 거의 없다. 이것은 이성애 청소년들과 비교할 때 감정적 빈곤, 자살 기도, 위험한 성적 행동들이 빈번히 나타나며 고립과 애정 결핍의 원인이 된다.

1995년에 발표된 동성애자 인권 선언문에는 동성애의 원인을 밝히려는 모든 노력을 이 사회의 광기와 폭력이라고 규정했다.

'동성애란 잘못된 선천적인 자질도 아니고, 나아가 성장과 교육의 왜곡에 따른 비정상적인 결과도 더더욱 아니다. 동성애를 해부하고 규명하려는 그 어떤 치밀하고 집요한 노력, 그것은 동성애의 존재 자체를 부정하고, 이것이 많은 이들의 삶 속에 자리 잡고 있다는 사실을 부인하려는 광기와 폭력에 다름 아니다.'

영화 〈천하장사 마돈나〉는 여자가 되기 위한 수술비를 마련하기 위해 씨름을 하는 소년의 이야기다. 씨름 대회에서 일등을 하면, 그 상금으로 수술을 할 수 있기 때문이다. 아이들은 영화의 주인공 '동구'는 귀여워하는데, 현실의 동구 비슷한 남자아이는 징그러워한다.

『십시일반』(박재동 외 지음, 창비)을 봤을 때 동성연애에 대한 문제가 인권 문제라는 생각이 들어서 아이들과 그 부분에 초점을 맞춰 이야기를 풀어 갔더니 이해가 빨랐다.

너무도 작아 안쓰러운 민혁이

법원에 가는 길이다. 운전을 하는 내 옆에, 열일곱 살 난 작은 남자아이가 잔뜩 긴장한 채 있다. 익숙한 길이다. 도대체 몇 명과 몇 번을 재판을 받으러 갔는지도 기억나지 않는다. 죄를 지어도 그냥 도망 다니면 된다는 아이를 설득해 법원으로 가고 있다. 강변북로에는 차들이 그리 많지 않았다. 아이는 도착하려면 얼마나 남았는지 계속 물었다. 그러다 창에 얼굴을 대고는 아무렇지도 않게 말한다.

"선생님, 차 핸들을 확 돌려서 떨어져 죽어 버렸으면 좋겠어요."

아차, 너무 방심했다. 오랫동안 만난 아이들과는 서로 믿음이 있다. 그런데 이 아이는 만난 지 얼마 안 됐다. 학교에 오지 않기에 몇 번 가정 방문을 갔고, 그렇게 집에서 학교에서 몇 번 만나 이야기한 것이 다였다. 아이와 나는 서로에 대한 믿음이 별로 없다. 그런데 마치 무슨 순서를 따라가듯 아이의 일상을 묻고, 함께 밥을 먹고, 그 아이 친구들을 만나고, 집에 가서 법원 출두 명령서를 보는 일련의 행동을 했을까? 전문가도 아닌데, 이제까지의 경험 몇 번으로 법원에 가는 편이 더 좋다는 판단을 내리고 아이를 데리고 가고 있었다.

딸들이 생기기 전까지는 나는 죽음이 두렵지 않았다. 술에 취해 칼을 들고 찾아온 아이의 아빠도, 밤길 조심하라는 학부모의 위협도 대수롭지 않게 넘겼다. 하지만 이제는 두 아이의 엄마가 됐다. 차를 돌려 죽자는 아이의 말에 깜짝 놀라 핸들을 꼭 잡았다. 아이가 눈치채지 못하게 속도도 낮췄다.

"넌 엄마 없이 사는 것이 괜찮았니? 내 딸들이 엄마 없이 살아도 괜찮을까?"

아이는 바로 사과했다. 가는 동안 아이는 말없이 하늘과 강물을 내다봤다. 법원에 도착하니 아이의 아빠는 아직 오지 않았다. 전화를 걸어보니 아이가 오지 않아도 된다고 했다는 것이다. 이런 일은 흔하다. 내가 보호자의 자격으로 법정에 들어갈 수 있다. 법정은 무척 위압적이었다. 작은 아이의 몸이 떨렸다. 팔을 잡아 줬다.

내가 타는 작은 차는 아이들을 만나는 작은 공간이 됐다. 추운 겨울날 가출한 아이에게는 몸을 녹여 주는 곳이 되고, 비밀 이야기를 하고 싶은 아이에게는 간이 상담실이 된다.

초등학교 4학년 때부터 크고 작은 사건이 일곱 개나 걸려 있었다. 알코올중독인 아빠, 어렸을 때 집 나간 엄마, 가출한 누나……. 아무도 아이를 돌봐 주는 사람이 없었다. 판사가 내게 의견을 물었다. 아이가 보호를 받으면 좋겠다고 대답했다.

움츠린 아이에게 건네 준 책

아이는 '소년심사분류원*'으로 압송됐다. 법정에서 나오자마자 다른 방으로 옮겨졌다. 나중에 아이의 이야기를 들어 보니 바로 포승줄에 묶여서 갔다는 것이다. 몇 주 뒤, 아이에게 전화가 왔다. 친구는 안 되지만 가족이나 교사는 면회가 가능하다고 했다. 당장 달려갔다. 아이는 머리를 짧게 잘랐는데 정말 작아 보였다. 면회 장소를 가로질러 긴 테이블이 놓여 있었다. 아이와 나는 마주 보고 앉을 수밖에 없었다. 그저 바라보는 것만으로도 눈물이 났다.

안에 있는 동안 누나, 아빠, 이모, 할머니 그 누구도 면회를 오지 않았다고 했다. 아이는 나더러 아빠에게 찾아가 봐 달라고 부탁했다. 있는 동안 부모가 오지 않으면 다음 재판 때 불리한 판결을 받을 수 있다. 아이뿐만 아니라 부모의 의지도 보는 것이라고 하며 말이다. 과자와 음료수를 좀 먹었을 뿐인데, 짧은 시간이 다 지났다. 한껏 몸을 움츠린 채로 아이는 나온 문으로 들어갔다. 면회는 일주일에 한 번이었다. 한 달이 다 되도록 나와 보지 못한 아이의 심정은 어땠을까? 문으로 들어가던 아이를 불러 편지 쓰겠다고 하며 손을 흔들었다. 아이는 울고 있었다.

집에 와서 편지를 썼다. 친한 친구들의 사진도 찍어서 함께 넣었다. 책도 한 권 샀다. 만화 『나의 라임오렌지나무』였다. 책을 좋아하는 아이가 아니니 만화가 좋을 것 같았다. 울고 싶으면 편하게 울게 하고 싶기도 했다. 바로 답장이 왔다. 처음 책을 읽는 것 같은데 감동적이어서 열

번도 넘게 읽고 같은 방의 다른 친구들과 함께 읽고 있다고 했다.

그 뒤 아이는 우울 증세와 보호자 방치로 인하여 보호 위탁 기관으로 보내졌다. 그곳에서는 외출이 금지됐다. 아이에게 편지가 왔다. 한 번 면회를 와 달라고 했다. 그리고 엄마 전화번호를 알려 주며 꼭 엄마에게 면회 와 달라는 말을 전해 달라고 했다. 민혁이 엄마는 전화를 받지 않았고, 문자를 남겨도 답이 없었다. 외할머니와는 통화가 돼 면회 갈 것을 부탁드렸지만, 받아들이지 않았다. 아이들이 소년원 등에 들어가면 편지를 하거나 면회를 가는 것이 좋다. 아이들에게 누군가 곁에 있다는 믿음을 줄 수 있다.

주말에 면회를 갔다. 보자마자 아이는 내게 귀찮게해서 미안하다고 했다. 나 역시 자주 못 와서 미안하다고 했다. 민혁이가 『나의 라임오렌지나무』 이야기를 했다.

"비싼 책 보내 주셨는데 소년심사분류원에 놔두고 와서 죄송해요. 놔두고 오고 싶었어요. 뭔지 모르겠지만 뒤에 오는 애들한테도 도움이 될 것 같았어요. 항상 고맙고 죄송해요."

아이는 그곳에서 고입 검정고시 준비를 시작했다. 1년이 지났다. 아이가 나온다 하더라도 대안이 없었다. 상황이 좋아진 것은 아무것도 없었다. 검정고시는 몇 과목만 합격했을 뿐이다. 차라리 그곳에 있었으면 했다. 하지만 아이는 친구들을 보고 싶어 했다. 그곳에서도 아이를 잡아놓을 명분이 없었다. 더 있을 수는 있었지만 형량을 마친 본인이 원치 않으면 그만이었다.

아이를 만났다. 이제 열심히 살겠다고 했다. 아르바이트도 하고 고입 검정고시도 봤는데 나머지 세 과목도 붙어서 친구들과 함께 고등학교에 가겠다고 했다. 그럴 수 있을 것 같았다. 아이가 많이 단단해졌다는 느낌도 들었다.

민혁이의 라임오렌지나무

그러던 어느 날, 오전이었다. 민혁이에게 문자가 왔다. 병원이라고 했다. 새벽에 아빠가 술을 마시고 지하에 있는 집으로 내려오다가 계단에서 발을 헛디뎌 넘어졌는데 의식 불명이라고 했다. 바로 전화를 했더니 아이의 목소리가 많이 떨리고 있었다. 종합 병원인데 자꾸 병원을 옮기라고 한다는 것이다. 상담 선생님이 곁에 있다는 이야기에 바로 가지는 않았다. 의식 불명인 아이의 아버지를 보는 것도, 더 작아졌을 아이를 보는 것도 두려웠다. 그래서 며칠을 문자만 했다.

결국 민혁이 아빠가 돌아가셨다. 학교가 끝나고 아이의 친구들과 함께 장례식장에 갔다. 아무것도 없는 빈소는 처음이었다. 아이가 있었던 기관에서 보낸 꽃다발이 전부였다. 민혁이는 입고 있는 까만 양복 속에 파 묻혀 있는 것 같았다. 누나들은 우리가 도착했을 때 함께 도착했고 민혁이 엄마도 있었다.

조문객들을 위한 작은 상차림조차 없었다. 하는 수 없이 문상 온 민혁이 친구들을 데리고 나가 저녁을 먹였다. 빈소를 지키고 있는 민혁이를 위해 김밥을 사다 줬다.

"선생님, 제제가 아저씨네 양자로 들어가면 참 좋겠어요. 저도 선생님 댁에 양자로 들어가면 좋겠구요."

"『나의 라임오렌지나무』 2편이 있어. '햇빛사냥'이란 제목인데 제제가 의사에게 입양이 되거든. 그런데 막상 입양된 제제는 행복하지 않았어. 공부를 해야 했거든. 그리고 라임오렌지나무에서 이제는 상상 속의 두꺼비를 키우고 있어. 나중에 시간 있을 때 한번 읽어 봐."

만나다 보면 차라리 데리고 살고 싶은 아이들이 많다. 하지만 어쩌면 내가 데리고 살지 않고 있으니, 계속 그런 아이들을 만날 수 있는 것인지도 모른다.

아이들을 만나면서 우리 엄마에게, 주변 사람들에게 가장 많이 듣는 소리 중의 하나가 '네 자식한테 그만큼 신경 좀 써 봐라'다. 나는 아이들을 일로 만난다. 내가 이제까지 경험했던 일 중에 가장 내가 잘할 수 있고 보람을 느끼기 때문에 아이들을 만나는 일을 놓을 수가 없다. 그런데 24시간 함께 있는 일이라고 하면 자신이 없다. '약간의 거리 두기.' 그게 내가 지치지 않고 아이들을 만날 수 있는 힘일지도 모른다.

*소년분류심시사원 비행을 저질러 국가의 특별한 보호가 필요한 만 12세 이상 20세 미만의 소년을 가정법원으로부터 위탁받아 수용, 보호. 심리학, 정신의학, 교육학 등 전문 지식을 근거로 각종 심리검사와 환경 조사, 상담, 행동 관찰 등을 통하여 비행을 하게 된 원인을 과학적으로 분석, 규명하고 재비행 여부를 진단하는 법무부 소속 국가 기관이다. 이곳에서의 생활을 근거로 다시 재판을 받게 된다.

외톨이가 된 아이들에게 선물하기 좋은 책

전학을 가거나 소년원에 간 아이들을 위해 책을 보내 주는 일이 가끔 있다. 아이의 성격을 파악해 그에 맞게 보내 주는 것이 가장 좋지만, 그럴 상황이 아니라면 내가 그 아이에게 해 주고 싶은 이야기가 들어 있는 책을 선택하는 것이 좋다.

『바르톨로메는 개가 아니다』(라헐 판 코에이 지음, 사계절)는 유명한 그림인 〈시녀들〉 속에서 개 노릇을 해야 했던 난쟁이 '바르톨로메' 이야기다. 인간에 대한 존엄성이라는 주제를 깊이 있는 문학으로 잘 그려 냈다. 표지도 시선을 끌지 않고 분량이 많지만 소장하고 싶은 욕심이 나는 책이다. 아주 책을 싫어하지 않는 아이라면, 이 책을 선물하는 데 망설임이 없었다. 책을 받은 아이들 중 몇몇은 이 책이 자기 인생의 책이 됐다며 고마워 했다.

『개를 훔치는 완벽한 방법』(바바라 오코너 지음, 다산책방)도 아이들에게 자주 선물하는 책이다. 아버지의 갑작스러운 가출, 터무니없이 부족한 돈 때문에 살던 집에서 쫓겨난 주인공이 동생, 엄마와 함께 엄마의 자동차에서 자며 겪는 일을 그린 소설. 가족들과 살 새 집을 구하기 위해 부유한 집의 개를 훔치는 프로젝트를 실행하는 이야기인데, 우울한 이야기를 발랄하게 그린 것이 장점이다.

『공중그네』(오쿠다 히데오 지음, 은행나무)는 괴짜 정신과 의사에 관한 소설이다. 어떤 학생 하나가 이 책의 주인공이 마치 나 같다며 선물로 준 책인데, 내용에 100% 동의할 수는 없지만 재미는 있었다. 아이들에게도 선물을 하기 시작했고, 어느 새 아이들도 나도 오쿠다 히데오의 팬이 됐다. 그리고 작가의 다른 책들을 찾아 읽으며 서로에게 새로운 책들에 대한 정보를 전하기도 했다.

『야생초 편지』(황대권 지음, 도솔)는 13년 2개월 동안 교도소에서 억울하게 갇혀 있던 작가가 교도소에서 본 야생초에 대해 쓰고 그림을 그린 책이다. 바깥에 있으면 미처 신경 쓰지 못하는, 주변의 흔한 풀꽃들이 얼마나 예쁜지 알려 준다. 글도 인간의 체온 같은 따뜻함이 묻어난다. 차갑고 삭막한 공간인 교도소와 묘한 대조를 이룬다.

아버지에게서 떼어 내야 했던 아이

　　　　　　　　　　　지옥 같은 집에서 아이가 나오는
데, 4년이 훨씬 넘게 걸렸다. 눈이 파랗게 멍들어 학교에 오는 날이 많
은 초등학교 4학년 아이, 넘어졌다고 둘러댔지만 맞은 상처라는 것은
한눈에 알 수 있었다. 당시 아동 학대에 대한 공부를 하던 때라, 아이에
게 도와주겠다고 했다. 아이는 쉽게 마음을 열었다.

아빠가 만들어 놓은 은미 자매의 상처

　이야기를 들으니 구타와 같은 단순 폭력의 차원이 아니었다. 은미는
아빠와 같은 방에서 자는데, 잘 때 꽉 끼는 거들과 쫄티를 입고 잔다고
했다. 아빠가 만지는 것이 싫다고 말이다. 원래 아빠와 자는 것은 언니
였고, 자신은 할머니와 함께 잤다. 그런데 언니가 생리를 시작하고부터

언니와 은미가 자는 방이 바뀌었다. 은미는 언니랑 할머니와 자고 싶었다. 그렇게 말했다가 아빠에게 맞았다. 때리는 아빠를 할머니가 말리다가, 잘못해서 팔이 부러지는 일까지 생겼다. 그러면서 '엄마도 아마 그래서 도망갔을 거다' 라고 했다.

이야기를 듣고 바로 '아동학대 신고전화' 129에 연락했다. 다음 날 학교로 상담원이 나왔다. 내가 들었던 이야기는 증거가 안 되니, 아이에게 직접 들어야 한다고 했다. 처음에는 남자 상담원이 왔는데, 아이의 거부로 여자 상담원이 다시 왔다. 상담원은 아이의 입소를 권했지만 은미가 거부했다.

상담원은 아이가 거부 의사를 밝히면, 가정과의 분리가 가능하지 않다고 했다. 은미 언니를 만났다. 폭력에 대해 처음에는 아니라고 하다가, 무릎의 상처를 보여 줬다. 아빠가 칼을 던져 난 상처라고 했다. 꿰매기는 했지만 처음부터 그리 큰 상처가 아니었다. 그런데 상처가 채 아물기도 전에, 무릎을 꿇는 바람에 상처가 벌어져서 큰 흉터가 남고 말았다. 술 마시고 들어온 아빠가 어른 말씀하시는데 무릎 꿇고 듣지 않는다고 때리는 바람에 그렇게 된 것이라 하며 울었다. 아빠는 너무 무서운 사람인데, 도망가 봤자 자기들을 반드시 찾아낼 것이라고 하며 또 울었다. 은미 언니도 입소를 두려워했다. 그런 아이들에게 입소를 권하기는 쉽지 않았다. 대신 위험한 일이 생기면 바로 내게 전화를 하라고 했다. 밤마다 은미 생각에 쉽게 잠들지 못했다. 매일 지옥 같은 하루하루를 보내고 있을 아이가 너무 불쌍했다. 눈만 감으면 은미 얼굴이 떠올랐다.

아빠가 마냥 두렵기만 한 아이들

며칠 뒤 수신자 부담 전화가 왔다. 아빠가 술 마시고 칼을 찾고 있다는 것이다. 일단 숨겨 놓긴 했는데 너무 무섭다고 했다. 술을 사 오라고 해서 나왔다가 전화를 하는 것이라 했다. 다시 아동학대 신고센터에 전화를 했다. 새벽이 다 가도록 전화기에 매달려 있었다. 상담원에게 늦어도 전화를 해 달라고 했더니 4시가 넘어 전화가 왔다.

경찰과 상담원이 함께 은미네 집의 문을 열고 들어가려고 했더니 은미가 나왔다. 아빠는 잠이 들어 있었다. 신고가 들어와서 아빠를 연행하고 은미는 시설에 가야 한다고 경찰이 말했더니, 은미가 두려워했다. 만약 집으로 들어오면 지금 아파트에서 떨어지겠다고 위협하며 제발 가 달라고 부탁했다. 아이가 더 위험해질 것 같아 일단 철수했다고 한다. 상담원은 신고가 접수됐으니 이제 맡겨 달라고 했다. 어떻게 해야 할지 알 수가 없었다.

그렇다고 마냥 기다리고 있자니 가슴이 아팠다. 은미만 생각하면 먹먹해졌다. 그래서 은미가 다니는 방과 후 공부방에 『이럴 땐 싫다고 말해요』를 사다 놓았다. 그리고 아이들에게 급하게 성교육을 시켜 줬다. 그때는 일단 신고를 하면 해결될 것이라 믿었다. 다만 당장 특별히 달라지는 것이 없으니 뭐라도 해야 마음이 놓였다. 성교육을 할 때 은미는 아무 표정이 없었다. 『이럴 땐 싫다고 말해요』는 '나쁜 어른들로부터 자신을 보호하는 법'을 알려 주는 책인데, 은미는 아빠를 '나쁜 어른'이 아닌 '가족'이라고 생각하고 있었다. 그 사고방식이 가장 큰 문제였다. 그리고 '싫다'는 말을 하기에 아빠는 너무 무서운 상대였다.

방법이 없었다. 계속 상담 기관에 전화할 수밖에 없었다. 답답한 마음에 시민 단체에 전화를 걸어 하소연도 했다. 다행히 능력 있는 사람과 연결돼 체계적인 성교육이 진행됐다.

성폭력 문제에 대한 현실적 한계

그렇게 3년이 흘렀다. 나는 은미를 처음 만난 초등학교를 떠났지만,

은미에 대한 생각은 떠나지 않았다. 한없이 불쌍했다. 그리고 뾰족한 대책을 내놓지 못하는 그 당시의 아동학대 신고센터가 속상했다. 은미는 내가 옮겨 근무하고 있던 중학교에 입학했다. 다행히 내 후임인 선생님이 계속해서 은미를 만나고 있었다. 드디어 은미가 용기를 냈다. 은미 아빠가 술에 취해 은미를 때린 날, 아동학대 예방센터에 있는 기숙형 대안학교로 옮겼다. 하지만 그곳에 간 다른 아이들 말로는 적응하기가 쉽지 않은 곳이라고 했다. 면회를 갔다. 한 달 만에 본 아이의 얼굴에 생기가 돌았다. 다행이었다.

은미 문제로 우리나라 전문 기관의 한계를 여실히 느꼈다. 마음이 많이 상했지만, 아이를 오래 만나기 위해서는 마음을 너무 급하게 먹지 않아야 한다는 것을 배웠다. 지금 은미는 언니와 함께 쉼터에서 생활하고 있다.

가끔 성폭행을 당한 아이들을 만날 수 있다. 초등학생의 경우, 집안에서 종종 그런 일을 당한다. 맞벌이 부모라 낮에 어른들이 없을 때, 형이나 오빠가 야한 동영상 등에서 본 행동을 장난삼아 남동생이나 여동생에게 저지를 수 있다. 비행이 심한 청소년의 경우 더 자주 성폭행의 위험에 노출된다. 밤에 술을 마시고 같은 방에서 여럿이 자면 성추행이, 둘만 있으면 성폭행이 일어나는 경우가 생긴다.

비행이 심한 남자아이들은 피임에 대한 상식도 부족하고, 성에 대한 인식도 왜곡돼 있으며 '데이트 강간'에 대한 이해도 부족하다. 따라서 여자아이들이 자기 옆에서 술을 마시거나 같은 방에서 잠을 자면 성관계를 허락했다고 생각하는 경우가 많다. 그런데 이러한 일이 알려지면 가해 학생보다 피해 학생에게 더 많은 비난이 쏟아지는 것이 현실이다. 여자가 정숙해야 한다는 잘못된 논리 때문이다. 따라서 비행 집단 아이들은 좀 더 현실적이고 시급한 성교육이 필요하다.

가정 폭력으로 112에 신고하면 경찰관이 나와도 가정 문제니까 조용하게 해결하라고 하는 것이 보통이다. 반면 여성의 전화 1366은 신고를 받으면 조사를 하는데, 가정 폭력이 심각하다고 판단되는 경우 즉시 피해자들이 보호를 받을 수 있는 쉼터를 연결해 준다. 가정 폭력에 의해 고통받는 가족 구성원을 위해 빠르고 안전하게 대책을 마련해 주는 국가 차원의 서비스가 좀 더 체계적으로 구축됐으면 하는 바람이다.

자신의 몸을 지키도록 도와주는 책

요즘은 성폭행에 대한 뉴스나 소식들을 자주 접할 수 있다. 따라서 평소에 학생들에게 자연스럽게 성교육을 할 수 있다. 교육을 하는 입장에서는 다행이지만, 그런 현실은 불행이다.

그림책 『가족앨범』(실비아 다이네르트 외 지음, 사계절), 『슬픈 란돌린』(카트린 마이어 지음, 문학동네)은 동물을 의인화시켜 삼촌과 새아빠로부터 성추행을 당한 아이들이 어떻게 고통받고, 이것을 해결하기 위해 무엇을 해야 하는지를 알려 주는 그림책이다.

『Why? 사춘기의 성』(이복영 지음, 예림당)은 초등학교 고학년 아이들을 위한 성 지식을 알려 주는데, 묘사가 사실적이다. 굳이 설명을 하지 않아도 좋을 만큼 자세하다. 아이들이 서로에게 추천하며 읽는 책이다.

『성폭력 싫어요』(델핀느 쏠리에르 지음, 푸른숲주니어)는 풍부한 사례가 있고, 토론거리들도 제공해서 수업하기에 좋다.

이런 교육을 할 때 주의할 것이 있다. 간혹 성에 관한 문제가 아이에게 보일 때, 그 문제가 노골적으로 드러나는 책을 권하는 것은 오히려 위험할 수도 있다. 성폭력에 대한 것은 특히 그렇다. 이런 경우 직설적인 성교육 책을 권하기보다 '자신이 소중하다'는 것을 강조하는 책을 보여 주는 것이 훨씬 도움이 된다. 성폭력, 이혼 등 명확한 문제를 다루고 있는 책은, 예방 차원에서 읽히거나 아픔이 어느 정도 정리됐을 때 읽히는 게 좋다.

가슴에 묻어야만 하는 창훈이

괜찮다. 그런대로 버틸 만하다. 최선을 다하지 않아도, 힘을 다해 노력하지 않아도 견딜 만하다는 것이 신기할 정도다. 하지만 배를 깔고 엎드리면 상황은 달라진다. 발부터 바닥 저 깊은 곳으로 빨려 들어갔다. 무섭고 두려웠다. 그냥 몸을 혼란스러운 머릿속과 함께 늪으로 던져 버리고 싶어졌다.

몸이 점점 무거워졌다. 물을 잔뜩 머금은 솜뭉치처럼 뚝뚝 아래로 떨어져 갔다. 이마의 주름을 만들어 눈꺼풀을 당겨 보아도 눈이 떠지지 않을 정도가 돼 버렸다. 너무 피곤해서 잠을 자야 할 것 같은데 잠을 잘 수가 없었다. 그러다가 잠이 깜박 든 것 같다. 꿈속에서 피곤했다. 머리는 뭔가 계속 생각을 하고 있는 것 같은데 무슨 생각인지 알 수가 없었다. 이제 아무것도 날 건드리지 않는다면 한없이 떨어지다가 바닥을 두드려

드려야 물기를 털고 올라올 수 있을 것 같았다.

경찰서에서 온 전화

"김창훈이라고 아십니까? 어떤 관계죠?"

"초등학교 때 만난 선생님인데요. 안 지는 6년 정도 됐고요."

"그럼 혹시 연락되는 가족이 있으신가요?"

"아버지 연락처는 모르고, 형은 지금 함께 사는 친구의 휴대전화 번호를 알아요. 누구신데요?"

"경찰입니다. 여기 중계동인데 오시는 데 얼마나 걸리시나요?"

"한 시간 좀 넘게 걸리는데요. 무슨 일인가요?"

그 한 통의 전화부터 시작됐다. 여느 때처럼 그 녀석이 사고를 쳤으리라 여겼다. 얼른 경찰서로 가서 창훈이 녀석 한 대 때려 줘야겠다고 생각했다. 사고 치지 않기로 한 지 얼마나 됐다고 벌써 경찰에게 연락이나 오게 하고……. 그런데 경찰 목소리가 뭔가 이상했다.

"안 좋은 일입니다. 투신했어요. 한 시간이면 너무 오래 걸리네요. 주민번호나 주소 이런 거 아세요?"

"찾아봐야 해요. 얼른 찾아서 연락드릴게요. 그런데…… 죽었나요?"

"모릅니다. 빨리 연락 주세요."

몸은 움직이는데 생각은 멈춰 있었다. 무엇을 찾는 데 한참이나 걸리던 내가 무의식적으로 창훈이 주소를 찾아 통화 버튼을 눌렀다. 한참 만에 경찰이 전화를 받았다. 빠르게 주소와 주민번호를 불러 주고 다시 한 번 죽었는지를 물었다.

"김창훈이 아닐 수도 있습니다. 자세한 것은 경찰서 형사 6팀에 가서 물어보세요."

"혹시 왼쪽 팔에 어깨부터 팔목까지 문신이 있나요?"

경찰이 다른 경찰에게 문신이 있는지 확인시키는 소리가 들렸고, 피가 너무 많아서 잘 모르겠지만 있는 것 같다고 하는 소리도 들렸다. 전화를 끊었다. 병원에는 갔는지, 내 전화번호는 어떻게 알았는지 궁금한 것 투성이였다. 확실한 것은 피 칠을 한 창훈이를 확인할 자신이 없다는 것이었다.

갑자기 머리의 회전이 멈췄다. 이를 닦다가 오늘의 날씨를 찾아보다가 시계를 보다가 작은방 책꽂이의 책 이름을 보다가……. 계속 몸은 움직였지만, 머리는 텅 비어 있었다. 나갈 준비를 했다. 땅을 밟는 느낌이 없었다. 허공을 걷는 느낌이었다. 다리는 무거웠다가 가벼웠다가 했다. 자동차에 올라타서도 그 느낌은 계속됐다. 가속 페달을 밟는 발의 감각이 무뎌져 앞뒤 차와의 간격을 제대로 맞출 수 없었다.

가을이었다. 햇볕이 좋았고 서울외곽순환고속도로에서 보이는 산은 어느덧 단풍이 들어 있었다. 아니 어제도 단풍은 들어 있었다. 퇴근하면서 아이들과 단풍놀이 가면 좋겠다는 생각까지 했다. 그런데 새삼 지금 단풍을 처음 본 것 같은 느낌이 들었다. 하지만 그런 이상한 감정들은 그냥 흘려보냈다. 긴 터널 입구에 들어간 기억이 없는데 빠져나오고 있었다. 터널 밖에 과속 단속 카메라가 있었는데 속도계를 보았더니 140이 넘어가고 있었다. 또 다리에 힘이 풀렸다. 너무 빨리 왔다. 외곽순환도로를 빠져나와 좁은 길로 접어들었다. 창훈이 생각이 났다. 다른 사람일 수도 있다. 최악의 경우라면 어떻게 해야 하나……?

창훈이의 죽음

경찰서에는 고개 숙인 창훈이의 아버지가 앉아 있고, 앞에서 경찰이 컴퓨터로 사건 경위를 만들고 있었다.

"……고(故) 김창훈은 2008년 11월 12일 아침 10시 소주를 한 병 마시고, 911동 15층에 올라가 '은희야, 사랑한다'라고 소리를 지른 후 투신했습니다. 14층 아주머니가 혼을 내 주려고 나왔다가 고 김창훈이 떨어지는 것을 보았고, 맞은편 아파트 1층에서 이 소리를 듣고 나온 주민도 이 장면을 목격했습니다. 고 김창훈이 평소에 죽고 싶다는 이야기를 많이 했습니까?"

내 귓가에 '고 김창훈'이라는 경찰의 목소리만 또렷하게 들려왔다. 혹시나 했지만, '고 김창훈'이라는 소리를 듣게 되니 준비 되지 않은 눈물이 흘러내렸다.

창훈이 아버지는 그렇지 않다고, 얼마 전까지 아버지 안부를 묻는 전화를 했었다고 대답했다. 등 뒤에서 그 이야기를 듣고 있다가, 내가 나서서 창훈이는 죽고 싶다는 이야기를 자주 했고, 아버지가 잘 곳도 없이 거리를 떠돌고 있는 아들에게 관심이라도 있었는지 따지고 싶었다. 아버지는 지방에서 여자랑 동거하며 가끔 올라와 용돈이나 조금 주고, 재혼한 엄마는 가끔 찾아와 술주정이나 하고, 형이 보증금을 빼서 오토바이를 사 버리는 바람에 졸지에 월세 집에서 쫓겨나 잘 곳이 없고, 후배네 집 창문을 모두 부숴 갚을 돈 80만 원이 필요했고, 교통사고 났는데 재활 치료도 안 하고 있었고, 창훈이와 사귀는 것을 심하게 반대하는 여자 친구 아버지가 있었고, 그동안에 일어났던 그런 사실들을 정말 알고나 있는지 물어보고 싶었다.

그때 아버지가 몸을 일으켜 나를 바라봤다. 6년 전 아이들을 야구 방망이, 당구 큐대 등으로 때리던 서슬 퍼런 아버지의 모습이 아니었다. 지저분한 옷, 얼마나 울었는지 얼굴이 눈물로 범벅이 돼 버린 아버지를 보고 가슴이 따끔거렸다.

"선생님, 창훈이가 죽었다네요."

그 말을 하며 다시 울기 시작하는 아버지를 보며 또 눈물이 흘렀다.

돈이 없어서 삼일장도 못 하고 될 수 있는 대로 빨리 화장하기로 했다. 화장터에도 운구차가 아니라 병원 구급차를 타고 가야 했다.

창훈이와 만난 시간들

창훈이를 만났던 시간들이 거꾸로 흘러가기 시작했다.

그렇게 가기 이틀 전에 창훈이한테 전화가 왔다. 오늘 볼 수 있느냐고 했는데 안 된다고 했다. 왜 시간이 되지 않는다고 했을까. 다음 주에 만나서 맛있는 것 사 주겠다고 하고는 전화를 끊었던 것만 기억난다.

일주일 전에 만났다. 무작정 고기를 먹자고 했다. 창훈이는 내가 먹는 것만 보고 거의 먹지 않았다. 여자 친구를 만나러 가는데 꼭 보여 주고 싶다고 했다. 하지만 바쁜 일 때문에 창훈이를 약속 장소까지 태워다 주고 바쁘게 집에 갔다.

한 달 전에도 만났다. 열아홉 살에 너무나도 사랑하는 여자를 만났다고 했다. 지금까지 막살아 왔지만 이제는 제대로 살겠다고 했다. 그래서 직장도 찾고 있다고 말이다. 좋아 보였다. 진심으로 좋아하는 여자를 만난 것 같았다. 그때까지 만났던 여자들과는 달리 사랑하는 사람이 생긴 것이다. 나이도 네 살 많다고 했다. 정말 축하한다고 했다.

1년 전에는 치킨 집에서 배달하다가 사고가 나서 병원에 입원했다고 연락이 왔다. 담배 연기 가득한 개인 병원의 병실에서 만난 창훈이는 아저씨들의 사랑을 듬뿍 받고 있었다. 싹싹하고 귀엽다고 말이다. 병원에서 나가면 취직도 시켜 준다고 했다고 자랑했다. 자신은 사람들이 너무 좋아해서 탈이라고 너스레를 떠는 모습이 너무 귀여웠다. 정말 그 사람이 소년원까지 다녀온 창훈이를 취직시켜 주면 좋겠다는 생각을 오랫동안 한 기억이 난다.

2년 전쯤에는 내 미니홈피에 이런 글을 남겼다.

세상이 무너져도 나는 안 죽는다
세상이 무너져도 절대 안 싸운다
세상이 무너져도 절대 나쁜 짓 안 한다
세상이 무너져도 절대 게을러지지 않는다
세상이 무너져도 애들이랑 놀지 않는다
세상이 무너져도 나는 일만 잘하자
내가 만날 생각하고 또 생각하는 말이야
그러니까 걱정 안 해도 돼
그리고 나 살 집 있어 비록 작지만
고시원 하나 구했어
안에서 있는 동안 번 돈으로 고시원 잡고
지금 일하고 있으니까 미래는 모르겠지만
지금은 괜찮으니까 지금부터 돈 벌면서
잘 살 거야 그러니까 걱정하지 마 선생~

3년 전, 소년원에서 학교로 편지를 보내 왔다. 소년원에서 검정고시 준비도 하고 있고, 사람들과도 잘 지내고 있다고 말이다. 편지는 창훈이가 소년원에 있는 동안 계속 주고받았는데 창훈이가 다시 학교에 다녔으면 한다고 썼던 것 같다. 학교에 잘 다닐 수 있을지 자신도 없는데 말이다.

5년 전에 창훈이는 소년원에 갈 것을 걱정했다. 집을 가출한 창훈이

To. 존경하는 고정원 선생님께 ♡

안녕? 그 동안 잘지내고 있었어?
한동안 내 소식 못 들었지? 갑자기 편지와서 놀랬지? ㅋㅋ
나 지금 천안 교도소야.. 또 사건쳤지 모..
그냥 여기서 생활하는데 갑자기 선생님 생각이 나더라구~
그래서 이렇게 편지한다~ㅋㅋ
우리 고정원 쌤 잘지내고 있나? 안 본지 꽤 됐는데 말야?
나 안 보고싶어? ㅋㅋ 나 같은 개구장이는 흔치 않아서 쉽게 잊
혀지지 않을텐데? ㅋㅋㅋ
나는 쌤이 왜 이렇게 안 잊혀지는지 모르겠다 ?ㅋㅋ
쌤이 나 한테 잘해줘서 그런가? ㅋㅋ
내가 쌤 집 것도 모르고 해서 실례되는거 알면서도 하고
보낸다 ~ㅋㅋ 아직도 등원에서 근무하는거야? 오래하셔~ㅋ
그리고 한번도 본적이 없지만 쌤 귀여운 딸은 잘지내? 싸이가서
사진 봤니까 완전 귀엽더만 !!ㅋㅋ
이름 알았었는데 까먹었다.. 미안..ㅋㅋ 내가 원래 머리가 앙 좋잖
아~ㅋㅋ 이해해주길~ㅋㅋ
나 언제 나가는지 모르지? 나 이번년도 11월 26일 날 나가~ㅋㅋ
잘하면 그전에 나갈수도 있어고ㅋㅋ
어제 한번 시간나면 편지나 한통 써주라~ㅋㅋ
직접 쓰기 곤랑으면 인터넷 서신도 있으니까 인터넷 서신 쓰던가~ㅋㅋ
너무 명령조 인가?ㅋㅋ 기분 나빴다면 미안~ㅋㅋ
여하튼 몸 건강히 잘지내고 나가면 한번 연락할께~ㅋㅋ
그때 까지 잘지내~ 그럼 안-녕♡

2009. 5. 21 일

P.S. 내가 글 제목가 없어 이렇게 밖에 못 쓰점
아해해주길 바래~ ✪ㅋㅋ

에게 쉴 곳이 없으면 쉼터나 기숙형 대안학교라도 가자고 설득했다. '아동학대예방센터'에 상담을 가서 아버지의 구타와 방임을 확인받아 바로 입소를 시켰다. 자유롭지 못한 곳이라 탈출을 했다. 자신을 그곳에 넣은 나를 찾아서 죽여 버리고 싶은 마음도 있었는데, 시간이 지나면서 센터 입소가 최선이었다는 생각이 들었다고 했다.

6년 전 초등학교 6학년인 창훈이를 처음 만났다. 정말 어이가 없는 아이였다. 등교 시간에 학교에 온 적은 한 번도 없고, 수업 중간에 아무렇지도 않게 학교 밖으로 나갔다. 지나가는 아무 아이에게나 돈을 내놓으라고 했고 누구도 무서워하지 않았다. 학교에서 제일 무서운 선생님이 때려도 안 되고, 상담을 잘한다는 선생님이 이야기를 해 봐도 소용없었다.

그때 난 창훈이가 웃는 모습이 귀엽다고 생각했다. 그래서 지나가는 창훈이에게 장난도 치고 말도 걸어 봤다. 그렇게 우린 친구가 됐다. 프로그램을 진행하러 온 미술 치료 선생님에게 부탁해서 창훈이와 친구 한 명에게 미술 치료를 받게 해 줬다. 미술 치료 선생님은 창훈이의 몸과 마음의 상태가 생각보다 심각하다며 더 자세히 알아봐야 할 것 같다고 말했다.

안녕, 창훈아

구급차가 사이렌 소리를 끄더니 멈춰 섰다. 화장터에 도착했다. 장훈이 친구들이 이미 와 있었다. 화장터에 온 아이들은 검은색만 맞춰 입고 왔지 다들 복장 불량이었다. 반짝이 검은 스타킹을 신은 아이, 소매 없고 배꼽이 보이는 망사로 된 윗도리를 입은 아이, 검은색 체육복을 입은 아이, 마스카라를 칠했는데 너무 울어서 검은 눈물을 흘리고 있는 아이……. 스무 명 가까이 되는 아이들이 화장터에 왔다. 울다가 웃다가 장난치다가 심각했다가 제멋대로 움직이고 있었다.

순간 그 아이들을 챙겨야 한다는 생각이 들었다. 밥도 먹지 못하고 왔을 텐데……. 화장이 진행되는 동안 식당에 가서 저녁을 먹였다. 그러다 화장이 예정 시간보다 빨리 끝난다는 소식을 들어서 급하게 올라왔다. 화장도 빨리 끝날 만큼 창훈이가 그렇게 작았던가……. 창훈이는 흰 상자에 담겨 있었다. 그것을 보며 아이 몇몇이 또 울기 시작했다. 상자를 두 손으로 받아든 창훈이 형이 내게 왔다.

"아직도 따뜻해요. 우리 창훈이 아직도 이렇게 따뜻한데……."

그렇게 창훈이는 갔다. 내가 만난 아이들 중에 처음으로 책 한 권 권해 보지 못한 아이였다. 그 오랜 시간 만나면서 그냥 살아 있어 주는 것만으로도 고마웠다. 친구들을 참 좋아했던 창훈이는 지금쯤은 하늘로 돌아갔을까? 아니면 하나하나 안타까운 친구들 옆에 남아 눈물을 훔치고 있을까?

집에 돌아왔더니 휴대전화에 문자가 한 통 와 있었다.

"누구보다 속상하고 힘드실 텐데 싹 보내고 오세요. 오늘까지만 힘들어하시구용. ♥ 선생님이 제일 걱정된다. 진짜 쌤이 어떻게 했는데……. 그 미운 오빠 보내고 선생님 조금만 우시고!!! 조심히 다녀오세요. ♥♥"

찬물에 얼굴을 담근 듯, 번쩍 정신이 들었다. 기운을 차려야 한다. 아직 만나야 할 아이들이 너무 많다.

편지를 받았다. 편지를 읽으니 이제
까지 받은 칭찬 중 가장 큰 칭찬을 받은 것 같다. 벌써 4년을 만났고, 보고만
있어도 기특한 녀석이다. 어느 새 나와 같이 생각하고 나와 같은 말을 하고 있
다. 믿어 주고 기다려 주고 곁에 있어 주니 아이들이 변했고, 그 모습을 확인
할 수 있었다. 이제는 이 아이들이 어른이 돼 나처럼 좋아하는 일을 신 나게
하는 것도 보고 싶은 욕심이 생긴다.

핸드폰에 '알라뷰쌤♥' 이라고 항상 저장되어 있는 ♡하는 정원쌤께.

Happy Birthday to you. 쌤! 생일 축하합니다! 생일 축하합니다! 사
랑하는 선생님의 !! 생일 축하합니다. ^^

선생님! 안녕하세요. 몇 년 만의 편지인지……

내년엔 꼭 꼭 얼굴 보고 축하해 드리겠습니당. 쌤 생일을 생각하니 중
2 때 교육복지실에서 작은 미니 케이크로 노래를 불러드렸던 거 띠올리
요. 저희뿐만 아니라, 언니 오빠들도 쌤께 케이크 드리고♡♡. 전 사실
그때 깨달은 게 있어요.

"진심과 믿음은 어느 누구에게나 통하는 거구나"라는 거예용. 교육복
지실에 되게 다양한 아이들이 드나들었잖아용. ㅎㅎ 재미있는(?) 왕따

은아, 택용이부터 무서운 일진 재혁이 등등까지 ㅋㅋ 모든 아이들의 마음의 문을 열어 놓은 쌤이 멋져 보였고 지금도 그렇게 생각해요. 저도 쌤이 마음의 문을 열 수 있게 도와준(?) 아니 도움을 받은 1人입니다. ㅋㅋ 대학교 자기소개서를 쓰다 정말 곰곰이 생각하니 선생님 이야기가 나오더라구용(︶︶). 선생님이 아닌 정말 든든한 인생 선배! 랄까. ㅋㅋ

　무섭고 힘들 때 항상 쌤 전화번호를 눌렀던 기억이. ㅋㅋㅋㅋ 성폭행당해서 응급실에 뛰어간 재은이 일 있을 때도 정말 눈앞이 캄캄했고, 아영이 가출했을 때도, 연예인이 된다며 집을 나갔다가 큰일 날 뻔한 규현이 찾으러 간 날도, 항상 같이 역경을 극복한 사이? ㅋㅋ 그리고 즐거울 때도 같이 나눈 게 생각나요. 저희를 바다로 인도해 주신!! ㅋㅋ 중2 때, 다른 학교 캠프에 끼어 간 것도, 글구 고1 때인가 쌤이 아기 낳고 얼마 안 됐으면서 저희를 위해 바다 간 것두!! ︶︶ 진짜 재미있게 놀았던 기억이……

　쌤 ㅋㅋ 웃길지도 모르겠지만 제가 제일 선생님이 멋있었던 순간이 언제인 줄 아세요? 바로 바로!! 다른 학교 캠프 갔을 때 우리가 담배 피울까 봐 '가그린' 챙겨 주실 때♡_♡. 그때 전 진짜 쌤이 멋있었어요. ㅋㅋ 선생님이라는 그 고정관념과 틀을 깨 준(?). wow! ㅋㅋ

　선생님! 눈을 3번 깜빡이니 벌써 고3 말기를 보내고 있어요. 고등학교 시절은 정말 대조되는 순간, 순간이 많았던 것 같아요. 자격지심으로 인한 상처부터 뿌듯함까지. 제가 어느 대학을 갈진 모르는 거지만 졸업할 생각하니 정말 후~~~~~런해요. 속이 ~~~~~ 뻥! 뚫리는 느낌?? ^^ (드디어 제대로 된 나의 style을 발휘할 수 있겠군. ㅋㅋㅋㅋㅋㅋㅋㅋㅋㅋㅋㅋ)

항상 노력하고, 잘할 자신이 충만한 저지만!! 기쁨도, 시련도 지금처럼 항상 조언하고, 충고해 주세요. 함께해요. ^^ ♡×100

선생님은 아마 제가 아는 사람 중 제일 창의적인 사람 같아요. 그리고 의리파! ㅋㅋ 책을 많이 읽으셔서 창의적일 거라는 생각을 하며……. 저의 선물은…… ☞☜ …… 북마크, 입니다!! ^^

소소하고 작은 것이지만 보는 중에 '이거당!' 이라는 생각이 들어서. ^^ 모양은 부디 마음에 드시길.♡ 여러 개가 있었는데 이게 쌤께 가장 잘 어울릴 것 같아서요! 애용하며 저의 생각을 해 주시길…….

선생님! 정말 정말 고마운 거 많은 선생님!!!! 자주 보지 못하지만 언제나 마음속 큰 자리를 차지하고 계신 선생님!! 언제나 우리 편에 서 주실 선생님!! 함께라면 두려울 것이 없는 선생님!!! 살아가며 쭉 나의 든든한 빽, 그리고 인생 선배로 남아 줬으면 하는 선생님!! 언제나 애정이 넘치는 선생님!!♡

I ♡ U & 생일 축하드려요.^^ 글구 선생님 보고 싶어용!! ^^ 이제 추워
지는데, 감기 조심하시구용! 언제나 행복한 일만 가득하세요!

2010. 8. 언제나! 귀염둥이 공주이고 싶은…

　　　　　　　　　　　　오늘도 누군가의 문자가 와 있다. 이
제는 도움을 청하는 소리에 익숙해졌다. 밤새 그 아이 때문에 잠을 못 이루는
일도 많이 줄었다. 학교와 아이들과 가정과 사회와 타협하는 방법도 조금은
알았고, 오래 만나야 할 아이들과 그렇지 않은 아이들도 재빨리 구분할 줄도
알게 됐다. 그리고 아이에게 필요한 책을 권해 주는 속도도 빨라졌다. 하지만
아이들의 문제를 해결하기까지는 언제나 비슷한 시간이 걸린다. 겉으로 보기
에 경미해 보여도, 실제 아이들의 상처는 깊기만 하기 때문이 아닐까?

　그러나 이제는 예전처럼 지치지 않는다. 스무 살, 내가 처음으로 만났던 아
이들의 이름을 되뇐다. 그 아이들과 새끼손가락 걸던 것을 떠올린다. '내가
먼저 너희들 곁을 떠나지 않겠다'는 약속……. 그 약속을 어기지 않도록 오늘
도 힘을 낼 생각이다.

| 본문에 나오는 책들 |

1. 변화하는 아이들
학교를 다니지 않는 경진이의 책 읽기
『Friendship』, 메이브 빈치, 정현종 옮김, 이레, 2002./『세계의 위대한 인물 사전』, 편집부 지음, 반석출판사, 2007.

아빠의 짐까지 짊어지고 사는 기태
『열네 살 1, 2』, 다니구치 지로 글·그림, 양억관 옮김, 샘터사, 2004.

불안한 가정 속에서 고통받는 정민이
『독이 되는 부모』, 수잔 포워드, 김형섭 외 옮김, 푸른육아, 2008./『따로 따로 행복하게』, 배빗 콜 지음, 고정아 옮김, 보림, 1999.

지적 장애 영만이의 30년 후 이야기
『도서관』, 사라 스튜어트 글, 데이비드 스몰 그림, 시공주니어, 1998./『남쪽의 초원 순난앵』, 아스트리드 린드그렌 글, 마리트 턴크비스 그림, 마루벌, 2006.

자살을 시도한 진숙이가 선택한 꿈
『얘들아, 너희가 나쁜 게 아니야』, 미즈타니 오사무, 김현희 옮김, 에이지21, 2005.

북한에서 온 윤주
『강아지똥』, 권정생 글, 정승각 그림, 길벗어린이, 2008./『뚝딱뚝딱 목공 만들기』, 강선영 지음, 영진닷컴, 2004./『DIY 내가 만든 우리집 가구』, 박종석, 소리들, 2000./『가구의 책』, 우치다 시게루, 고현진 옮김, 미메시스, 2005.

2. 꿈을 찾는 아이들
엄마가 그립기 때문에 미워하는 아이
『엄마 마중』, 이태준 글, 김동성 그림, 소년한길, 2004.

교사와 싸우고 자퇴서를 던진 창석이
『타조알 선생의 교실 풍경』, 이성수, 나라말, 2007.

요리사의 꿈을 찾은 성훈이
『음식 잡학 사전』, 윤덕노, 북로드, 2007.

엄마 노릇이 부담스러운 진희
『하이킹 걸즈』, 김혜정, 비룡소, 2008./『구덩이』, 루이스 쌔커, 김영선 옮김, 창비, 2007./『내 인생의 스프링캠프』, 정유정, 비룡소, 2007./『크레이지 허니문 604』, 구완회, 올림, 2007.

내 책을 가져다 꿈을 키우는 성아
『상처받은 내면아이 치유』, 존 브래드쇼, 오제은 옮김, 학지사, 2004.

빨간 풍선 친구들과 함께 떠나고픈 은희
『별볼일 없는 4학년』, 주디 블룸, 윤여숙 옮김, 창비, 1999./『빨간 풍선』, 알베르 라모리스, 이미림 옮김, 분도출판사, 1982.

3. 책과 대화하고 싶은 아이들
책 속에 숨은 아이

「아이 러브 뮤지컬」, 김기철, 효형출판, 2002./「잘 찍은 사진 한 장」, 윤광준, 웅진, 2002.

왕따를 넘어선 공연
「4학년 수학이랑 악수해요」, 김동균 외, 웅진주니어, 1998.

외로워 둘만 붙어 다니는 아이들
「영두의 우연한 현실」, 이현, 사계절, 2009./「4teen」, 이시다 이라, 양억관 옮김, 작가정신, 2004.

악몽으로 고통받는 아이
「프레드릭」, 레오 리오니, 최순희 옮김, 시공주니어, 1999.

우울증으로 극단적 선택을 한 은영이
「빨간 나무」, 숀 탠 글 · 그림, 김경연 옮김, 풀빛, 2002.

가정 폭력으로 심하게 삐뚤어진 희주
「바람의 딸 샤바누」, 수잔느 피셔 스테이플스, 김민석 옮김, 사계절, 2005./「위험한 하늘」, 수잔느 피셔 스테이플스, 이수련 옮김, 사계절, 2003./「자린고비의 죽음을 애도함」, 윤영수, 창비, 1998.

4. 소통하고 싶은 아이들

엄마 잃은 슬픔을 뒤늦게 겪는 태경이
「마지막 거인」, 프랑수아 플라스, 윤정임 옮김, 디자인하우스, 2002.

뿌리를 잃고 흔들리는 아이
「국어시간에 시읽기」, 배창환 엮음, 나라말, 2000.

10년이 넘게 만난 '문제아'
「문제아」, 박기범, 창비, 1999.

비행을 막 시작한 소연이
「우리 누나」, 오카 슈조, 김난주 옮김, 웅진닷컴, 2002./「악어 클럽」, 막스 폰 테어 그륀, 정지창 옮김, 창비, 1989./「휠체어를 타는 친구」, 졸프리드 뤽, 김라합 옮김, 보리, 1997./「아주 특별한 우리 형」, 고정욱 글, 송진헌 그림, 대교출판, 2002./「괜찮아」, 고정욱 글, 최호철 그림, 낮은산, 2002.

외계인 명호의 지구 적응기
초등과학학습만화 'why?' 시리즈, 예림당./「뱀은 왜 혀를 날름거릴까요?」, 장길호, 다섯수레, 1996./「행성」, 신시아 프랫 니콜슨 글, 빌 슬라빈 그림, 전은실 옮김, 미세기, 1999./「똥이 어디로 갔을까」, 이상권, 창비, 2000.

성 정체성이 조금 다른 아이
「존재는 눈물을 흘린다」, 공지영, 창비, 1999./「이윤정의 스타일 플레이」, 이윤정, 앨리스, 2008.

너무나도 작아 안쓰러운 민혁이
「나의 라임오렌지나무」, J. M. 바스콘셀로스 원작, 이희재 만화, 청년사, 2003.

아버지에게서 떼어 내야 했던 아이
「이럴 땐 싫다고 말해요」, 마리 프랑스 보트 글, 파스칼 르메트르 그림, 홍은주 옮김, 문학동네 어린이, 1999.

교실밖 아이들
책으로 만나다

초판인쇄 2010년 11월 30일
초판발행 2010년 12월 6일
6쇄발행 2014년 12월 24일

지은이 고정원
펴낸이 박옥균
편집 강동준
마케팅 김희숙
그림 조혜원 | **디자인** 달·리 크리에이티브
인쇄·제본 갑우문화사

펴낸곳 리더스가이드
출판등록 2010년 7월 2일 제313-2010-201호
주소 서울시 마포구 동교로 12길 42 204호
전화 02-323-2114 | **팩스** 0505-116-2114
홈페이지 www.readersguide.co.kr
이메일 readersguide@naver.com

ISBN 978-89-964840-1-1 03370